T

2 0 2 3

ISSUE NO. 1

翻译研究

第一辑

文学译介与文化传播

上海译文出版社

《翻译研究》编辑委员会

主任 | 高　方　何　宁

委员（按姓氏拼音排列） | 曹丹红　陈新仁　高　方　何成洲　何　宁　胡开宝　孔德明　蓝红军　李德俊　刘成富　刘军平　刘云虹　罗选民　王东风　王加兴　王克非　王　宁　王守仁　魏向清　文　旭　吴　赟　许　钧　许明武　杨金才　叶　琳　尹海燕　袁筱一　祝朝伟

主编 | 刘云虹

副主编 | 魏向清　曹丹红

编辑部主任 | 曹丹红

秘书 | 张晓明　骜　龙　施雪莹　吴天楚

通信地址：南京市栖霞区仙林大道 163 号（邮编 210023）
　　　　　南京大学仙林校区外国语学院
电　　邮：nju_fyyj@163.com

前　言

人类文明的交流与发展离不开翻译活动。翻译不仅有悠久的历史，也有多样的形式。据记载，在中国，最早的翻译活动可追溯至夏商时期；在域外，公元前三千年的古亚述帝国已出现正式的文字翻译。数千年的发展历程中，中国和西方都出现了几次翻译高潮，例如我国东汉至唐宋的佛经翻译、明末清初的科技翻译、鸦片战争至"五四"的西学翻译、改革开放以来的全方位翻译等。这些大规模的翻译活动如同"新水注入""中华文化的长河"，促进了中国文字、文学、文化和思想的发展。进入新世纪，随着中外文学文化交流的深入，随着国家与社会需求的变化以及科学技术的进步，翻译活动呈现出更为多样的形态，具备更为多元的功能。如果说过去的翻译活动更为注重"引进来"，那么当今的翻译活动也积极谋求"走出去"，将优秀的中国文学、文化与思想推介至世界。如果说过去的翻译活动重在介绍他者、认识他者以确立、丰富、发展自身，那么随着中国国力的进一步增强，当今的翻译活动也承担着建构中国国家形象、促进世界了解中国、提升中国国家软实力与国际地位的重任。如果说过去翻译活动主要由译者完成，那么在科技发展的助力下，机器辅助翻译技术以及人工智能翻译技术也越来越成为不可忽视的手段与力量，正在改变着翻译的生态，影响着人们对翻译的认识与评价。

蓬勃发展的翻译实践引发了不同身份的主体对其进行探索。如果将支谦的《法句经序》视作中国翻译研究的开端，将西塞罗的《论最优秀的演说家》视作西方翻译理论的源头，那么中西对翻译活动的思考与研究都已有两千年的历史。不可否认，最初的翻译思考直接由翻译实践促生，首先是为了解决翻译实践难题。正是这些针对实际问题的经验总结和理性探究使翻译活动得以引发关注，逐步从边缘走向中心。二战后，由于语言学理论的引入，翻译研究具备了"科学"色彩，为翻译学的确立奠定了基础。20世纪70年代，国际译坛多位学者不约而同提出"翻译学"这一术语，为一门学科"正名"，并初步设想了这一学科的基本架构。在中国，1979年《翻译通讯》创刊，1982年中国翻译工作者协会成立，1987年"全国首届研究生翻译理论研讨会"和"全国第一次翻译理论研讨会"分别在南京、青岛召开，这一系列事件便是中国建立"翻译学"的最初尝试。半个多世纪过去，在几代人的努力下，"翻译学"早已不再只是畅想，而成为了一门实实在在的学科，具备较为完备的学科体系、学术体系与话语体系，教学、研究、实践齐头并进，共同推动学科发展。与此同时，日益发展的翻译实践、逐步壮大的翻译学科也向研究者提出挑战。如何在国际竞争日趋激烈的当下推动中国文学文化走向世界,令翻译更好地服务于国家战略?如何培养各层次翻译人才,以适应国家与社会的政治、经济、文化需求?如何在翻译学科内部实现理论与方法的更新,以持续不断地激活学科发展的内生动力?这些问题均激励着研究者,以更为自觉的意识、更为自主的思考、更为多元的视角、更为深入的研究来回应现实。

在这样的背景下,南京大学外国语学院创办《翻译研究》集刊,顺应了翻译活动重要性日益凸显、翻译学科日益发展的趋势。《翻译研究》关注历史,关注实践,关注翻译基本问题与焦点问题,鼓励学术探讨与学术争鸣,鼓励翻译理论创新,常设翻译观察、译论探索、译史研究、译家研究、文学翻译研究、译介与传播研究、术语翻译研究、翻译教学研究、翻译技术研究、学术访谈、书刊评介等栏目,以翻译研究拓展精神疆域,驱动思想创新,促进中国特色学术话语体系构建,为推动翻译学科发展与翻译研究前沿探索、推进中外文明交流互鉴贡献力量。

目　录

翻译观察

当下值得关注的几个有关翻译的问题 / 许　钧 ……………………… 1

译论探索

汉译：从心痛到心动——兼及全译极似求美论 / 黄忠廉　张小川 ……… 10

译无定法不成译 / 傅敬民 ………………………………………………… 23

互文翻译模式与文学审美研究 / 刘军平 ………………………………… 35

探寻世界翻译发展的多维关联：翻译史研究的全球史路径 / 蓝红军　黄瀚慧
……………………………………………………………………………… 57

身心合一：关于翻译主体性的再思考 / 罗迪江 ………………………… 67

文学名著复译的伦理原则与伦理目标 / 冯全功 ………………………… 80

文学翻译研究

斯宾塞 *Amoretti* 的译者行为研究——以曹明伦、胡家峦和屠岸为例

/ 李正栓　张　丹 ………………………………………………… 92

葛浩文删译中国当代文学的类型、成因及启示——以《天堂蒜薹之歌》为例

/ 王树槐　张梦楠 ………………………………………………… 105

译介与传播研究

广东革命家对马克思主义在中国的早期翻译与传播 / 王东风 ………… 118

质、制、治：法律文学对外翻译与国际传播进路 / 赵军峰　龙新元 ………… 137

对外翻译传播：译文话语的"辞屏"建构 / 陈小慰 ………… 151

毛泽东著作政治话语英译对比：基于语料库的考察 / 黄立波 ………… 164

视听翻译新热点：中国无障碍电影研究——一项焦点小组访谈的调查
/ 肖维青　刘禹辰 ………… 182

翻译观察

当下值得关注的几个有关翻译的问题

浙江大学　许　钧*

摘　要： 在新的历史时期，翻译活动呈现出前所未有的"丰富性、复杂性与创造性"。作为人类跨文化交流的重要活动，翻译随着社会的发展和交流的需要，在路径、形式、内容、对象和目标等诸多层面都发生了重要的变化，出现了一些值得关注的新现象、新问题。本文聚焦"翻译之为用的实际评价""中国话语的译介原则与方法"和"文学翻译中的语言问题"，通过观察提出问题，期待学界以高度的学术敏感性展开相应的思考与探索。

关键词： 翻译价值；中国话语；译介原则；文学翻译；语言问题

Title: Noteworthy Issues for Present Translation Studies

Abstract: In the new era, the field of translation studies has taken on unprecedented new characteristics of "richness, complexity and creativity". As an important activity of cross-cultural communication, translation has undergone important changes in many aspects including pathways, forms, content, objects, aims etc. Meanwhile, new phenomena and problems worthy of attention appeared accordingly. Focusing on "evaluation of translation practice", "principles and methods of translating Chinese discourses" and "linguistic issues in literary translation", the present paper hence proposes that corresponding consideration and exploration be made with high academic sensitivity.

Keywords: evaluation of translation practice; Chinese discourses; translation

---

*　作者简介：许钧，浙江大学外国语学院教授、博士生导师。研究方向：翻译学与法国文学。联系方式：xujun@nju.edu.cn。

principles; literary translation; linguistic issues

在新的历史时期,翻译一词具有更为深刻的意义,翻译活动呈现出前所未有的"丰富性、复杂性与创造性"(许钧、刘云虹,2016:100)。我曾在多个场合强调指出,作为人类跨文化交流的重要活动,翻译随着社会的发展和交流的需要,在路径、形式、内容、对象和目标等诸多层面都发生了重要的变化,出现了一些值得关注的新现象、新问题,需要我们翻译学界以高度的学术敏感性进行思考与探索。基于本人对翻译活动的长期观察与思考,本文提出三个方面的问题,希望引起学界的重视。

1 翻译之为用的实际评价问题

关于翻译,有很多问题值得我们研究,其中有一个问题,一直没有得到很好的解决,就是翻译之为用的评价。对这个问题,我们现在似乎有个现成的答案,就是季羡林先生谈翻译之为用的那段话,他以中华文化的发展为例,指出"中华文化之所以能长葆青春,万应灵药就是翻译。翻译之为用大矣哉!"(季羡林、许钧,2001:3)把翻译的作用提高到中华文化永葆青春的"万应灵药"的高度来认识,应该说已经很到位了。我对季羡林先生的这段话,十分认同,在多篇文章中引用过。可是作为一位在高校从事翻译教学与翻译研究的教师,我经常听到同行们抱怨,说翻译成果在高校教师职称评价中,没有得到应有的承认,很多单位甚至根本不把翻译当作学术成果。实际上,如果再把目光投向社会,我们会发现,对翻译价值的认识,基本上还是停留在工具性的层面,翻译不可缺,但是很"廉价"。如果说在高校,翻译往往被认为"无用""不算成果",深深地挫伤了高校教师的积极性,在翻译师资队伍建设与翻译人才培养方面造成很多的问题,那么在社会上,翻译的廉价,则往往造成翻译不被重视,似乎谁都可以做翻译,翻译的质量得不到切实保证,翻译的作用因此大打折扣。这些问题应该得到我们的关注。

首先是翻译之用评价的工具性与功利化。无论是学界,还是社会各界,往往是在实用的层面去考量翻译的作用。这样的一种状况直到现在还没有大的改变,有两种情况尤其值得重视。一是随着语言服务行业的兴起,翻译被定位于语言服务的范畴,这种定位容易将翻译的作用归结于其工具性。二是在中国文化走出去的过程中,"翻译界和文化界对于中国文学的对外译介与传播或多或少表现出某种急功近利、急于求成的功利主义倾向"(刘云虹,2015:3)。工具性与功利性这两种情况应该引起翻译学界的高度警觉,因为前一种情况把翻译的作用定位于实用层面,归结于工具性,必然导致矮化翻译的结果,而后一种情况缺乏对翻译复杂性的认识,只从市场角度评价翻译作为一种工程项目的近期效益,而未从精神建构的角度来衡量翻译作为一种促进人类文明交流和发展的事业所产生的长远的历史影响,急功近利,必然会导致翻译焦躁症与市场决定论。更加值得关注的是,我们的翻译学界缺乏翻译价值观的指导,过分强调翻译活动的实践功能,在中国文学外译与传播的讨论中,片面强调以所谓的实际效果为准绳,忽视对翻译过程的多层面研究以及对翻译价值的深刻认识。

其次是学术界轻视或忽视翻译价值。高校职称评审中不把翻译成果作为教师研究成果,这一现象很普遍。针对这一现象,我曾写过一篇文章,题目叫《关于外语学科翻译成果认定的几个问题》,发表在《中国翻译》杂志2017年第2期上。我写这篇文章的目的很明确,一是在实际的层面,为翻译成果在高校教师职称评审中的认定提供某种参照,二是在理论的层面,希望引起翻译学术界对翻译价值的进一步思考与探索。很遗憾,这篇文章尚未得到学界应有的重视,翻译学界对文章所涉及的有关翻译价值的探讨没有足够的呼应。

实际上,无论是整个学术界,还是我们外语学科,对翻译价值的认识还远远没有到位。我可以举两个比较普遍的现象。一是学术译著的作用被明显矮化。学界有重研究、轻翻译的倾向。一个学者,花了多年时间钻研,费尽心血翻译了一本很重要的学术著作,在很多高校不被计入学术成果,可有的学者根据这部学术译著,作了一点介绍与肤浅的阐释,标之为论文,便被堂而皇之地视为研究成果。这种现象很普遍,但没有引起我们翻译学术界的重视。这是很不正常的。二是学术译著被明显侵权。我们现在都特别强调学术规范,凡引用他人的观点、文字,都必须交代出处,不然就会被视为抄袭,至少是学术不规范。在这一方面,我也做了一些观察,发现学术界对学术著作与学术译著明显采取两种不同的做法。对学术著作的引用,注释比较规范,但对学术译著的引用,往往只注明作者,根本不提译者。这种做法,实际上已经构成了侵权。我们翻译学术界,对翻译主体有深入的研究,但在学术译著的引用上,翻译主体被忽视、被侵权,我们却视而不见。这种现象前些年很严重,这几年有了比较多的改善。

就学术影响的具体层面看,就我有限的观察,哲学社会科学中有很多学科的发展,是离不开翻译的。以哲学学科为例。我看了最近五年的《哲学研究》,把参考文献当作观察点,发现该杂志发表的文章,所列的参考文献中,有相当一部分是学术译著。这就说明了一个问题,学术译著是学术研究不可忽视的理论资源和参照,对学者的学术思想与观点的形成,具有重要的价值。我很高兴地看到,前几年,南京大学的中国高校哲学社会科学成果评价中心完成了一项有关哲学社会科学图书学术影响力的研究报告。这项研究工作由南京大学苏新宁教授主持,在科学的数据支撑下,就改革开放之后中国出版的人文社会科学图书的学术影响力做出了评价,出版了《中国人文社会科学图书学术影响力报告》。这份报告很明确,中国人文科学图书学术影响力并不限于中国学者的著作,还包括学术译著,该书主编苏新宁的几点观察引起了我的特别注意:一是"国外学术著作在我国人文社会科学领域发挥着很大的作用,产生了很大的学术影响";二是"大量的国外管理理念、国外管理学经典著作对我国管理学初期研究起了很大的作用,使得学者在研究中大量地参考引用国外的著作";三是关于"马克思主义、哲学和政治学",报告特别强调"国外大量的经典著作在这些学科的研究中发挥着很大的作用,并产生着极大影响。"(苏新宁,2011:10-11)在苏新宁提出的这几点中,我们可以看到"很大""极大"这样的评价字眼,充分证明了学术译著对我国人文学科的发展及相关学者所从事的研究工作所起的重要推动力和学术影响力。而学界在引用译著时,对译者的忽视或轻视,就其根本而言,是对翻译的不尊重和对翻译价值的不认可。

关于翻译之为用的评价,在新的历史时期,我们学界需要在对翻译价值已有研究的基础之上,结合翻译的新使命,对翻译如何促进中外文化交流、文明互鉴,如何推进人类命运共同体的构建,进行多层面的研究,尤其是进行历史的研究。同时,对社会或学界对翻译之为用的理解偏差或轻视现象,要予以警惕,敢于揭露与批评。

2　中国话语对外译介与传播的原则与方法问题

当下,中国话语体系建设面临着两个必须思考的问题:一是中国话语体系和中国话语的科学性,二是中国话语的可接受性。无论是哲学社会科学话语,还是外交、政治话语,在对外译介与传播的层面,都有不少疑惑需要澄清,也有不少问题需要解答。我们发现,就翻译界而言,对于中国话语本身的科学性关注与思考不多,而对中国话语的译介方法讨论不少,有的研究很有启发与价值。但其中我们也注意到,中国话语的对外译介,考虑更多的是可接受性,似乎只要能够被接受,任何方法都是值得鼓励的。由此,逐渐形成了一种较为普遍的情况:在国内,官方的或个人的话语不容置疑,少有人提出质疑或批评,而一旦译成外语,这种国内通行的话语很有可能以可接受性、以表达地道的名义,遭遇所谓的"变通",有的被修改,有的甚至被替代。比如,在有关中国话语译介与传播的研讨会上,有专家就提出,中国话语多战争隐喻,翻译时需要变通,以任正非的语言为例,认为类似"杀出一条血路来"的表达,如果直接译成英语,军事气息太浓,英语读者难以接受,应该做软化处理,译为"开拓出一条新路来"。又比如,我们国内的一些新概念,像"双循环"新发展格局,如果直译,外媒会不解或者误解,翻译时应该做变通。这些问题如何认识?翻译时应该改还是不改?实际上,任正非是军人出身,他说话向来有军人的风格与气势,面对霸权与压制,他的一些带有战斗气息的话语,是他独特而有意的表达。软化变通,是否合适,值得思考。但是,由任正非的话语表达,我们去聚焦当下的有些话语,战争隐喻确实很多,对此,我们要反思的便是话语本身了。对原文本、源话语而言,翻译在某种意义上,也是一种考验,翻译可以反过来促使原文本、源话语进行反思。通过翻译,对拟译的话语可以有新的审视、新的评价,可以为改善源话语起到参照作用。外媒对我们国家或政府提出的一些新观念、新概念、新话语的不解或者误解,我个人认为,这不仅仅是语言层面的问题,有立场、意识形态和政治的因素在起作用,为了外媒的所谓接受,篡改或变通我们的话语,是否合理,需要商榷,需要探讨。

实际上,认识的不一,也会导致翻译方法和处理方法的不同。不同语种之间,对同一新概念、新术语的翻译,也会出现差异或不同。比如中国翻译协会和中国翻译研究院在2023年初发布的2022年度新词的英文与法文的译法参考,就反映了这方面的问题。同一个词语,如"人类文明新形态""马克思主义中国化时代化"的英文译法为"a new model for human progress""to adapt Marxism to the Chinese context and the needs of our times",而法文的译法则为:"Une nouvelle forme de civilisation humaine""la sinisation et l'actualisation du marxisme"。对比之下,我们可以看到两者对于原文的理解和处理差别甚大,比如"人类文明新形态"两个语种译文所用的 model 与 forme,human progress 与 civilisation humaine。"马克思主义中国化时代化"的翻译,差异更大,涉及对原文的理解与表达两个重要方面。此处所反映的问题是多层面的:中国话语的关键概念或词语,不同语种的翻译是否需要有统一的原则?对原文的理解是否应该有统一的认识?不同语种对同一关键词语的翻译,为何会出现如此大的差异?哪种方式更符合我们翻译的目的?

两年前,我注意到"译·世界"微信公众号转引了一篇来自"中华思想文化术语"公众号的文章,题目叫《陈明明大使谈如何翻译中国政治概念》。陈明明先生曾任中国驻新西兰、瑞典等国的特命全权大使,早年任过外交部的翻译室主任,也担任过中国翻译协会的常务副会长,是外交与政治文献翻译的权威专家。据有关报道,他曾在北京大学等高校和机构做讲座,就中国政治话语的译介阐明了自己的一系列观点。其中最为重要一点,便是要用地道的英语来译介中国话语,有时考虑到读者的接受,需要调整原文、进行变通。据该文章介绍,陈明明先生提出过两个例子,都是习总书记的话语(原话),很具代表性。一是与习总书记生态价值观相关的著名金句:"绿水青山就是金山银山",二是体现一切为人民的思想的一段表述:"在人民中寻找发展动力、依靠人民推动发展、使发展造福人民"。这是习总书记在达沃斯主旨演讲中说的一句话。从话语的表达看,可以说兼具严谨的科学性与表达的生动性,思想深刻,语言鲜活。但在翻译中,陈明明先生提出了自己的见解,认为第一句不应该简单地直译为:"Lucid waters and lush mountains are as good as mountains of gold and silver",而应该进一步深刻理解并表达"金山银山"的含义,译为:"Lucid waters and lush mountains are invaluable assets"。这一译法已被中国官方媒体广泛使用,十九大报告英语版也采用了这一译法。但我们注意到,同一个金句,在中国的对外宣传机构也存在多种译法,有的很忠实,采用的是直译,有的则大胆改译,把"绿水青山"也改了,译为"良好的生态环境",原本形象、生动、亲民的表达,变成了抽象的表达,从根本上篡改了原语的表达风格与特征,也失却了原文所指向的亲切易懂的表达诉求。这个例子的翻译,有特别值得思考的地方:形象性的话语,是否有必要译成抽象性的表达?我记得,在2021年12月16日,我参加了国际法语国家组织举办的2021年度五洲文学奖评审会,参加会议的评委有诺贝尔文学奖获得者勒克莱齐奥、法兰西学术院院士奥巴尔迪纳、法国著名诗人维纳斯·古丽-嘉塔等。会议开始前,我曾就"绿水青山就是金山银山"的翻译,请教了勒克莱齐奥等作家,他们的回答惊人地一致,认为直译最佳。类似这样的句子或说法的翻译,我们发现几点:一是没有统一的原则,随意性很强;二是从形象化变为抽象化,失却了原文的语言风格;三是只考虑语言的所谓通顺,忽视了这些具有独特表现力的话语特质。这些问题,需要学界进一步思考。

关于第二个例子,据那篇文章说,陈明明先生将之译成"Development is of the people, by the people and for the people"。我们都知道,这句译文的后半部的句式与表达,出自林肯在葛底斯堡的演讲,译界一般定译为"民有、民治、民享"。这样的翻译,看似很经典,估计听众听到这样的译文后也会欣然接受,甚至会鼓掌。但是,我们不得不遗憾地看到,习总书记独具风格、逻辑严谨、思想深刻的表达,变成了林肯思想与表达的简单挪用。据那篇文章介绍,说这一译法"国际上反应很强烈,引起了共鸣"①。可细细考量,我们想问:译文受众欢迎的到底是什么?是误以为习总书记对林肯的引用?是认为翻译高超?看似受欢迎的翻译背后,失却的是习总书记思想的深刻性与科学性。更有甚者,有网络跟帖者据此提出荒谬的观点:"中国的发展理念,如果能用西方的核心概念来表达,是一个完美的对接。"对此类观点,我们不能不引起警觉:中国话语的对外译介,有方法问题,更有原则问题。学界需要对以下问题做出思考与回答:中国话语本身的科学性和感染力是否有值得反思的地方?中国话语对外译介进行变通的依据是什么?在原文中,中国话语的科学性与表达性如果没有问题,译介中是否需要变通与改变?中国政治、外交话语的概念与独特表达在译介中是否要尽量保存?是否必要以可接受性与语言地道的名义去变通甚至改变中国话语的独特立场与表达风格?

3 文学翻译中的语言问题

前不久北京对外经贸大学举办的一次有关翻译专业博士点建设的研讨会上,王东风教授在论及当下的翻译研究时指出,现在有一种倾向,翻译研究离本体越来越远,少

---

① 公众号来源:https://mp.weixin.qq.com/s/X77uKASDBIG75xc_hzAitg。查询日期:2023-01-18。

有就语言问题展开深入思考与探讨。我很认同王东风教授的这一看法。新时期的翻译研究,出现了新的气象,有理论构建与创新,有对中国文学外译的多维研究,更有对中国话语译介与国际传播的探索,值得鼓励。但我发现,在当下的翻译研究中,特别是对文学翻译的研究,对语言问题的关注很不够。

世界的认识、表达与构建,语言不可或缺。换句话说,没有语言,就无法认识世界、表达世界与构建世界。当我们考察翻译、理解翻译时,语言往往是我们需要考量的第一要素。正因为如此,五四运动,首先有白话文运动,再次有新文学运动,然后有新文化运动。没有白话文运动,就难以有新文学运动和新文化运动。我曾指出,在五四运动前后,"翻译是先锋,语言是利器",着重论述了翻译与语言的紧密关系,认为语言的革新,是文化革新与思想创新的基础,指出"在语言变革与思想启蒙进程中,翻译的方法具有特殊的意义"(许钧,2019:2-3)。在《红与黑》汉译的大讨论中,我也曾提出要从文字、文学、文化三个层面去考察翻译问题。文学,是语言的艺术,是文化的沉淀。文学翻译,从文本的语言出发,由一词一句开始,最后又回归到一词一句。语言,是文学创作关注的基点。莫言写过一篇文章,叫《语言是作家安身立命之本》,他明确追求个性化的语言表达,把他书写的文字打上了自己独特而深刻的风格烙印。阿来持有类似的观点,认为文学最重要的还是语言。文学翻译,在其形式上,是语言的转换和生成,涉及理解、表达、生成、接受与传播等翻译的全过程。我们的文学翻译研究,视野在不断扩大,讨论的问题越来越多,研究的方法也极大丰富,但是对于文学翻译的语言问题的本体性的探索,在很大程度上被忽视了,传统观念被质疑、批判,变通的翻译策略被追捧。在我看来,有两点尤为值得关注:

一是文学翻译的"信"的原则被动摇。《文学翻译模式与中国文学对外译介——关于葛浩文的翻译》一文对这一问题有关注,有论述,也有分析(刘云虹、许钧,2014:6-17)。文中特别提到《文汇报》2013年9月11日头版"文汇深呼吸"栏目刊登的"中国文化如何更好地'走出去'"系列报道之七《"抠字眼"的翻译理念该更新了》,该文第一段便明确指出:"做翻译就要'忠实于原文',这几乎是绝大多数人对于翻译的常识。但沪上翻译界的一些专家却试图告诉人们:常识要更新了!"(刘云虹、许钧,2014:11)当日的中国新闻网转载了该文,题目为"'忠于原著'成文学走出去'绊脚石'",之后人民网、新华网、中国经济网等国内主流媒体又转载了中国新闻网的推文(刘云虹、许钧,2014:11)。翻译研究界对于文学翻译的"信达雅",有质疑也有批评,有学者就认为"信达雅"这一"三字经"桎梏了我们的翻译。文学翻译中的"信",大都与语言问题相关。文学翻译要坚持忠实于原文的原则,"抠字眼"是不能随意否定的。严复有"一名之立,旬月踟蹰"之说,这个名,就是词,就是字眼。本雅明在《译者的任务》中推崇的理想翻译,是逐行对照的翻译,对原文本的尊重,对纯语言的探寻,都应该以尊重原文的语言表达为出发点。

二是文学翻译以接受为名,对原文的语言表达做随意的变通。翻译界对"信"的质疑与批评，是以破除所谓陈旧的翻译观念为目的的。而破除了"忠实于原文"这一陈旧观念，在我看来，是为翻译主体的变通、删改，甚至连译带编打开了一种通道。语言问题，涉及人类思维的根本。没有语言的革新，不可能有思想的创新；没有语言的突破，也不可能有文学的拓展。诗歌的独特性，首先在于语言的创造性。对于诗人而言，诗是生命的表达，诗人语言所能抵达的深度与广度，便是生命疆域所可能构成的深度与广度。好的诗人，是把生命的体验与言说推向生命未曾抵达的边界。这样的语言，普通的读者一时难以理解，是必然的。这样的语言，给翻译造成障碍，引起抵抗，也是可以理解的。但是，面对这样的困难与障碍，译者应该在语言的险绝处坚持探索，在目的语中再现出诗人语言的创造性，体现源语表达的特质，还是以读者的接受为名，以目的语所谓地道、通畅和可理解的表达为名，随意加以变通？法国著名文论家、诗歌翻译家博纳富瓦（Yves Bonnefoy）针对翻译界所谓变通的做法，认为自己像诗人策兰（Paul Celan）一样，面对有的翻译，"觉得自己做出的努力尤其促使他抗拒将自己的语言转换成另一种语言，因为身为诗人，他总是焦虑地、一字一句地检验自己的语言，因看到它遭践踏、遭戕害，可能还永久地遭到了毁损而痛苦。"（博纳富瓦，2020:314）策兰的担忧与痛苦，导致了他对翻译的拒绝。作为翻译学者，当我们看到以读者接受为名对原文随意加以改造、变通时，是否应该意识到这种变通与改造可能践踏的就是原作者的心血，毁损的就是原文的特质？在《在抵抗与考验中拓展新的可能——关于翻译与语言的问题》一文中，我曾提出："面对原作对目的语提出的挑战，翻译者的态度与行为便显示出各种样态，有妥协的，有任意改造的，有归化处理的。但也有接受挑战的，在目的语对原作的抵抗处，去寻找新的可能性，在异的考验中，在自我与他者的直接抵抗中，探索语言新的可能性，拓展新的表达空间。"（许钧，2019:5）鲁迅是个范例，他很清醒，自觉地反对随意变通这种翻译方法。他的清醒，在于他认识到翻译应该引进新表达、改造汉语、改造思想。他的自觉，便是他坚定地维护原文的特质，坚决地在抵抗处寻找翻译的可能，拓展思想的疆域。

文学翻译，尤其是中国文学外译，往往强调译语的地道与流畅。对于文学语言，余华有独特的见解。他提醒要警惕文学语言的"普通话"现象。此言意味深长。他所言的"普通话"，是标准化，是大众化，是没有个性化的语言。如今的文学翻译，是否也有"普通话"现象？值得翻译界警惕。

参考文献

[1] 季羡林,许钧,2001. 翻译之为用大矣哉[A],载许钧等（编）,文学翻译的理论与实践——翻译对话录[C]. 南京:译林出版社,3.

[2] 刘云虹,许钧,2014. 文学翻译模式与中国文学对外译介——关于葛浩文的翻译[J]. 外国语,(3):

6-17.

[3] 刘云虹,2015.中国文学对外译介与翻译历史观[J].外语教学理论与实践,(4):1-8.

[4] 刘云虹,许钧,2016.如何把握翻译的丰富性、复杂性与创造性[J].中国外语,(1):95-100.

[5] 苏新宁,2011.中国人文社会科学图书学术影响力报告[M].北京:中国社会科学出版社.

[6] 许钧,2019.翻译是先锋,语言是利器——五四运动前后的翻译与语言问题[J].外国语,(4):2-3+6.

[7] 许钧,2019.在抵抗与考验中拓展新的可能——关于翻译与语言的问题[J].语言战略研究,(5):5-6.

[8] 伊夫·博纳富瓦,2020.声音中的另一种语言[M].许翡玎,曹丹红,译.南宁:广西师范大学出版社.

(责任编辑　张晓明)

译论探索

汉译:从心痛到心动
——兼及全译极似求美论

广东外语外贸大学　黄忠廉
大庆师范学院　张小川*

摘　要:汉译指将外语译为汉语的翻译活动或结果。伴随汉外双语教育不断进步、汉译实践渠道多样化,汉译语言恶性欧化问题加剧,干扰了本土汉语的健康发展。考察当下令人心痛的汉译、对比令人心动的汉译,可助探究汉译规律;汉译同义选择是用汉语精确转换原文的过程,也是实现汉译极似求美的手段。

关键词:汉译;极似;求美;恶性欧化

Title: Maximum Similarity and Language Beauty in Complete Translation : Examining Optimal and Suboptimal Chinese translation

Abstract: Chinese translation refers to translation activities or products from any foreign language into Chinese. With the continuous progress of foreign language education in China and diversified Chinese translation practice, malign Europeanization of Chinese in translation has intensified, thus stymieing the robust development of Chinese language. An examination of suboptimal and optimal Chinese translation helps explore the laws of Chinese translation. Selection of synonyms in Chinese translation is the process of accurately transforming the original text into Chinese to achieve

---

* 作者简介:黄忠廉,博士,广东外语外贸大学翻译学研究中心教授、博士生导师。研究方向:翻译学。联系方式:zlhuang1604@163.com。张小川,硕士,大庆师范学院翻译系副教授、系主任。研究方向:翻译学。联系方式:zxcbrook@sina.com。

maximum similarity and language beauty in Chinese translation.

Keywords: Chinese translation; maximum similarity; language beauty; malign Europeanization

1 引　言

2016年国家语委在《国家语言文字事业"十三五"发展规划》中指出,"到2020年,全面提升语言文字事业服务国家需求的能力,实现国家语言能力与综合国力相适应。"宏观方面,中国国家语言能力实现了发展进步,2022年北京外国语大学国家语言能力研究中心发布的《国家语言能力指数报告》显示,"中国的国家语言能力指数为0.67,仅落后于美国的0.85,居世界第二位。"40年来,中国公民的语言能力也获得了较大发展,多数人都发展为多言多语人,但公民语言能力与国家语言能力并非等比提升关系(李宇明,2021)。微观层面,当下我国国民语言能力仍旧堪忧,外语水平在上升,汉语水平却在下降,近期又出现一股抑外扬汉的热潮。外语与汉语在高考中的比例甚至是设置都在改革,大学语文与大学外语教学的存废改革也备受关注。翻译,作为汉外语言文化交际的前线阵地,常常是争论中的焦点所在。目前,因翻译而起,不但现代汉语普通话具有恶性欧化问题,甚至在世界华语界,华语欧化也具有普遍性和特殊性(刁晏斌,2022)。考察当下令人心痛的汉译、对比令人心动的汉译,可助探究汉译规律、辨析汉译语言质量标准,规避汉译恶性欧化。本文仅以偶见于《光明日报》的汉译为例(括号内为译文见报的日期)。

2 汉译现状令人堪忧

2022年,北京外国语大学国家翻译能力研究中心公布了2021年全球国家翻译能力指数,数据显示中国国家翻译能力从2019年的第三位超越英国跃居世界第二位。但生产、科研、文化和生活领域均随处可见汉译语言问题,其原因可从宏观管理和微观实际解释。宏观管理方面,凭借"中国文化走出去"等国家战略,国家翻译能力虽不断攀升,但从目前仍旧没有颁布关于翻译问题的专门立法可见,政府的翻译管理能力与翻译管理实施尚有提高空间;微观实际方面,社会快速发展给我国的语言生活提出了不少亟须解决的新问题,如现代汉语普通话教育和外语教育的快速发展,客观上拉低了翻译主体的准入标准,大量未经系统翻译培训、不具备翻译资格证书、懂汉外双语的公民,在经济发展浪潮下和市场巨大需求的诱惑下,或临时,或长期,纷纷加入翻译行业,不可避免地提高了不良汉译产出率。

汉语教育方面,根据教育部2022年报导,目前全国普通话普及率从70%提高到80.72%,识字人口使用规范汉字比例超过95%,文盲率下降至2.67%。在海外,截至2021年底,180多个国家和地区开展中文教育,76个国家将中文纳入国民教育体系。外国正在学习中文的人数超2 500万,累计学习和使用中文人数近2亿。可以说现代汉语普通话教育在世界范围内得到了较大发展,普及性教育为汉译问题语言的产生提供了汉语侧因素。外语教育方面,外语承担着"让世界读懂中国"的重任。因此,虽然民间舆情偶见对外语学习的不满情绪,但政府始终清楚并坚持外语教育的关键性。对外语教育的重视,并非中国独有,许多国家都把外语教育作为国家战略计划。美国的外语教育以西班牙语、法语、汉语、阿拉伯语为主,具有明显的国内国际政治、意识形态、军事等因素,日本和韩国的考试也都包含英语科目。由于种种原因,中国外语教育存在费时低效、小才拥挤、大才难觅、大而不强等问题,突出表现为语种不足和水平不高。英语独大,重试轻用,形成了英语教育劳民伤财、负担沉重的全民印象(张挺,2015)。以上种种,为汉译问题语言的产生提供了外语侧因素。

中国汉外双语教育进步,当然是国家建设成绩,值得国人骄傲与肯定,但二者建设问题的结合客观上加剧了汉译语言恶性欧化,干扰了汉语作为本土语言的健康发展。下面以《光明日报》汉译为例,窥其一斑。光明之译,即《光明日报》名人名言的汉译。《光明日报》因其显赫的地位而颇具影响,光明之译一般是慎重之译、精当之译,但有的汉译或不忍卒读,或不知所云,影响了汉语的美,失却了汉语之魅。请看2012年1月3日诺贝尔文学奖获得者著名日本作家大江健三郎为《光明日报》的题辞:

[1] 自分の生涯の仕事を少しずつ大魯迅の方向へとねがいながら、いさら仕事を重ねてきました。
原译:我将自己的终生事业一点点地向大鲁迅的方向靠拢,在此过程中积累(自己)小小的工作。

原译译得"大大的不好",难以想象出自大家笔下。笔者曾请教通日语或留学日本归来的语言文学博士,终不得上佳的汉译。翻译是语言的碰撞,文化的对接,心灵的幽会。语际变化问题的后面是文化大背景。有时原文越看似简单越考验功夫,汉译越是令人怦然心动,跃跃欲试。比如遇见 How old are you? 会怎样译? 会不会随人而译? 比如:

问小孩:多大了? /几岁啦?
问女郎:芳龄几何? /妙龄多少?
问中年:贵庚啦?
问老年:高寿了? /您高寿?
……

灵动汉译的背后操手是语境,语际翻译的背后是跨文化交流。宏观管理不足、微观实际诱因和译者译技不足是造成汉译问题的重要原因。

3 汉译的艺术美

翻译,指人或/和机器将甲语文化信息变化为乙语以求信息量相似的智能活动和符际活动(黄忠廉,2019)。翻译作为创造性的语言活动,属于语言艺术的范畴。艺术的本体是广义美(乔利丽,2020),因此,从翻译本质看,优秀汉译应当具有思维与/或语言上的美感,甚或令人怦然心动。

翻译时的一番感悟让人兴奋。译前阅典查籍,译中如履薄冰,译后聆听高见,有时不免生出种种惊悸。这仅是生理的表征,其生理机制是大脑中枢产生的兴奋传至生理器官的反映;究其深层原因,则是灵魂的触动,或惊讶,或兴奋,或敬畏,皆源于心灵的颤栗。由双语碰撞、情感共鸣而生的心灵颤栗,才是对翻译至高至真的体会;反言之,动人的翻译具有体验思想撞击的震撼力,触动双语转化的启示力,反思跨文化交际的警示力。

面对语际转化的奇妙和跨文化交际的奥秘,译者是否有过惊喜? 是否因越简单越不好译而感到诧异? 翻译先译意,看译得对不对,是否找到了确当的表达,意义上门当户对;再看好不好,求印欧语系内部的等值等效不得,只能求得交际意图的极似。如:

[2] Life is short, art is long.
原译:人生短暂,艺术长存。
试译:人生朝露,艺术千秋。

原译几乎对译,传达了原文本义;试译用意象"朝露"代概念"短暂",用意象"千秋"代概念"长存",不经意间有超胜原文之美,不过,胜似终究也是似。换译的"朝露"本指清晨的露水,现比喻存在时间极短促的事物,也比喻明澈纯净的事物,如"人生如朝露,何久自苦如此"(《汉书·苏武传》)。借古文韵味而译,更助于汉译传播,如:

试译:人生如朝露,艺术垂千秋。

有人说,学了翻译,会重识汉语,重识中国文化,才知"公安局"的"公安"指"公共安全",才开始关注司空见惯的汉语及周边的一切。还有人说,一句 bye-bye 不能简单地译作"再见",还有十余种译法,可"再见"回译为英语,译法却寥寥无几。对翻译,对语言,进而对文化油然而生敬畏。

只有历经了翻译,才知自己多么空虚,才发现自己多么无知。也只有在翻译中,汉语才受到严格的考验,英语受到真正的检验。比如汉译英,形式上要做加法,一不小心,就会掉了个零部件。在翻译的转化腾挪之中,汉语丰富空灵,英语滴水不漏,汉语简洁,英语繁复,等等等等,一一逼得译者去感悟反思,以至有人说,借由翻译,才发现所学的多是一知半解,不深入,不全面,才知要还的学债很多,才知精读原来并不精,语法原来并不清,词义辨析原来并不明。只有经过汉外互译,语言学习才能真正渐入佳境。例如:

[3] Don't waste time in useless speech, when it is action that is needed.(克雷洛夫)

原译:需要采取行动时,切莫空谈浪费时间。(2013-8-12)

《光明日报》选译本句,很符合"空谈误国,实干兴邦"的时代语境。原文本属寓言,原文后一句着意强调,汉译要考虑上下文。若单独译作名言,要充分考虑汉语名言的特点,可译作"脚踏实地起于行,请莫空/虚/谈度/误/费/废光阴",为了平仄协调,最终选定:

试译:"脚踏实地起于行,切莫空谈误光阴。"

4 外汉全译求极似

优秀汉译令人心动,糟糕汉译令人心痛,汉译质量标准问题需用翻译规律解释。从语对方向看,汉外双语的翻译转换包括外译汉与汉译外两个方向,其中外译汉方向可简称为汉译。从原文与译文的相似程度看,翻译包括全译与变译。全译指人或/和机器将甲语文化信息变化为乙语以求信息量极似的智能活动和符际活动(黄忠廉,2019)。全译法的操作实践,需依据全译的内在规律。从定义可见,翻译的内在规律是追求原文与译文信息的相似;全译的内在规律是追求原文与译文信息的极似。

综上,结合翻译的语对方向与信息相似度可知,采用全译法的外译汉实践,其目标是追求外语原文与汉语译文信息的极似,故汉译之令人怦然心动,妙就妙在译文与原文极似。译文与原文极少"相等",更多是"相似",通过内容转移,形式更换,才可化解原作内容与译语表达手段之间的矛盾,求得译文与原文形式的极似。如:

[4] I'm a student.
汉语人译Ⅰ:我是一名/个大学生。
汉语人译Ⅱ:我是个/名大学生。
汉语人译Ⅲ:我是大学生。
汉语人译Ⅳ:我学生。
汉语人译Ⅴ:我是男/女生。
汉语人译Ⅵ:我男/女生。
汉语机译Ⅰ:我是一个/名学生。
汉语机译Ⅱ:我是个/名学生。
汉语机译Ⅲ:我是学生。

汉译力求信息量极似,即尽可能地传达原文的信息。极似包括意似、形似及其统一体即风格似。例中的机译已相当不错地传达了原作信息,"我是一个/名学生→我是个/名学生→我是学生",与原文越来越近似,由形似走向意似,最终走向风格似。极似由转化而求得,转化可分解为"转换"和"化解",重在转换,转移原文内容,用译语更换原语形式,旨在化境。不过,人译超越机译之处在例中十分明显:用汉语"代词+名词"表示判断,如"我男/女生"虽为口语,却含古汉语句法的味道,机译所能人译都能,人译还能根据语境由欧化走向汉化,由书面走向口语,由共性走向性别。

欲求极似,必须化解原文之意与译语之形之间的矛盾。比如,英汉语属于不同类型,英语偏形合,词句间凭形式手段连接,以形显义,语法和逻辑关系尽显于如下手段:代词、副词、连接词、介词、词缀变化、词类的形态变化(如名词、代词的性、数、格,动词的时、体、态,形容词、副词的比较级、最高级)等。如:

[5] Jack: I won 100 goldfish.
Tom: Where are you going to keep them?
Jack: In the bathroom.
Tom: But what will you do when you want to take a bath?
Jack: Blindfold them!

汉语偏意合,词句间凭词语或意义连接,以意驭形,逻辑自明。汉语无词形变化,介词、连词、代词少用,不用或少用关联手段,靠语序表达语义,善用紧缩句,语境简省等。

英译汉,自然要化形为意,隐形入意。汉译时 them、in、but、when 等显示英语形合的手段悄然消释:

杰克:我赢了 100 条金鱼。	杰克:我赢了 100 条金鱼。
汤姆:你打算在哪儿养它们?	汤姆:养哪儿?
杰克:在浴室里。	杰克:浴室。
汤姆:那你洗澡的时候怎么办?	汤姆:可你洗澡怎么办?
杰克:蒙住它们的眼睛。(汤先营 译)	杰克:蒙上。(拙译)

本例取自 2011 年 11 月 1 日《光明日报》。原译并非不能说,但非汉语常态,带翻译腔。汉语对话语境可省谈话对方"你","养"的对象 them 可承前句省略,思维更空灵。"养哪儿"更口语化,回答直奔地点,无需介词。but 虽为转折,"那"译不错,若用"可"既不失转折之义,又兼反问语气。不能一见 when 就译"当……时候",一见 if 就译"如果";文末的 them 可减,形式上略有所亏,"蒙上"一旦入句,语境上得以补偿:"蒙谁"?"蒙什么"? 辗转理解,愈幽愈默。

在意似的基础上讲究形似,可得风格的相似。如:

[6] A bride in hand betrays mischief at heart.(伊索)
原译:手里的贿赂暴露了心中的险恶。(2013-7-8)

原文以 betrays 为界,前后各 4 音节,对应平稳,且 hand 与 heart 有押韵之趣,朗朗上口,富有乐感。原文含 A 与 B 两类行为,A 显于外,B 隐于内,A 是 B 驱动的结果;原译可改为"黑手行贿,居心不良""行贿在手,恶在心头""手头行贿,心头有罪"等。这一逻辑关系汉语不靠词汇手段,仅凭语序和逗号即可关联。而原文的 betray"暴露"彰显了前后两个短语之间的关系,如 Confusion betrays the guilty.慌张显示有罪。/神色慌张必有鬼。前者属直译,后者属意译;前者囿于形,源于对译,略显生硬;后者脱于形,脱胎换骨合七律,显然优于前者。可见,英语靠形合,汉语则靠意合,形断意不断。据此,改译还可精益求精:

试译:"手头行贿,心里有鬼。"

5 极似的方法:同义选择

汉译组构,指汉译中较小语言单位构成较大语言单位,构成短语、小句、复句和句群四种语言或言语实体的过程及其成品(黄忠廉,2022)。汉译组构过程从属于汉译转化过程,汉译组构同义选择是用语言精确表达的过程,是实现汉译极似与求美的手段。

词与句是翻译转换过程的关键单位,汉译组构的成功需要处理好汉译同义词组构择优问题与汉译同义句组构择优问题。同义的魅力在于同义单位间主体相似,细节有别,用于准确描述具有细微区别的表达对象。同义之"义"包括单位基本义和单位语境义。同义之"同",一指同于单位基本义或语境义,其余稍有不同;二指同于单位表达效果,其余稍有不同。可见,汉译组构同义选择的过程,是用语言精确描述客观对象的过程,对译者双语能力、跨文化能力、艺术素养均有一定要求。成功的翻译是组合中见聚合的艺术,从横向看是组合的艺术,从纵向看是选择的艺术。

翻译常常因难生巧,巧就巧在翻译是选择的艺术,其奥秘在于词、语、句、段、篇本身及之间丰富的同义选择,比如同义词、同义短语、同义句、同义篇的选择。同义或近义为译者创造了无限选择空间,可用不同形式表达同一内容,这就催生了令人怦然心动的艺术。如:

[7] True benefactors have seldom conferred favours on the ungrateful; for the honour of mankind I will hope never.(莱辛)

原译:真正行善的人很少施恩惠给忘恩负义之徒;为了人类的光荣,但愿今后再无此类做法。

试译:真善人很少施惠于负义汉;但愿永不施惠,以利他人。

此例见于《光明日报》2013 年 2 月 4 日,其中"真正行善的人"可以简化为"真善人";"施恩惠给"可向古汉语求助,凝炼为"施惠于";"为了人类的光荣"口气过大,用词过高,可入语境降级译作"以利他人";never 后面省略了 conferred favours on the ungrateful。the ungrateful 意为"忘恩负义之徒",为与"真善人"对应,可临时造词"忘恩徒"或"负义汉",于是可得试译。

又如:

[8] It is better to be deceived by one's friends than to deceive them.

本例是劝诫性隽语,劝诫人们权衡轻重,具有警醒作用。It is better X than Y 类名言语义上属于比较结构,舍 Y 取 X,汉译既可用单句,也可用复句。如:

A 式:X 比 Y 好/强;

B式:X优于/胜过Y;
C式:要是Y,不如X;
D式:与其Y,不如X为好;
E式:与其Y,为什么不X;
F式:与其Y,还/倒/真不如X;
G式:与其说Y,不如说X;
H式:与其说是Y,不如说是X;
I式:与其Y,不如/毋宁X。

所谓隽语,即意味深长、耐人寻味的话。一般而言,汉语隽语精练简短,流畅上口,易于接受。据之舍A、B式,以求对仗:原文可照译为单句,但在音节铿锵和形式美感上不如对应好,从名言形式读记心理角度看,单句不如复句受中国读者喜爱。舍C、D式,以求书面:因二者略带口语色彩,前后形式不齐整,缺乏书面性。舍E、F、G、H式,以求简练:因为四种译式前后两句字数不对应,用字也过多,需凝炼以求美。剩下I式,"与其Y,不如X"和"与其Y,毋宁X"均为比较文言的说法,但后者更文,前者文白夹杂,可接受程度更高,最终可得:"与其欺友,不如被欺。"/"与其欺友,不如友欺。"因汉语少用被动,所以取后一方案:

试译:与其欺友,不如友欺。

6 汉译求美

从汉译的信息原则看,汉译追求原文与译文信息的极似,简称汉译极似;从汉译的艺术属性看,汉译追求表达上的美感,简称汉译求美,包括简洁之美、流畅之美和汉语之魅。

6.1 汉译:追求简洁之美

由上不难"发现",汉译时时处处都在避繁趋简,这应归结于汉语空灵的文化底蕴。汉译要立志追求言简意丰。拜古人所赐,与其他语言相比,简洁是汉语第一优点。要想文字简洁干净,可求三化:词化、(短)语化和(小)句化。汉译欲求简明,首先要追求词化和语化,这是汉译洁美的灵魂。最常用的是词化,即用词表达短语的意思,简明扼要。语化,即用汉语短语表达原文句子之意,用成语或四字格等高度凝炼的结构。句化,既包括复句译成单句,也包括复杂长句译成紧凑的短句,用得相对较少。

如：

[9] He who speaks the truth ought to stand higher than he who hears it. (福劳里恩)
讲真理者站得比听真理者高一些。(2013-7-29)

stand higher(站得较高),一语三关。空间上高人一头,心理上理直气壮,理论上高人一筹。原译未译出 ought to;含比较意味的"一些"略显口语;原文通常译为"讲真理的人应该比听真理的人站得更高"。为求简洁,it 汉译时可承前省略,将"真理"提前,将"听真理者"词化为"听者",可得"真理宣讲者比听者要站得更高",更像汉语格言。

又如：

[10] Auch aus Steinen, die einem in den Weg gelegt werden, kann man etwas Schönes bauen. (歌德)
挡路的石块也可以筑成美丽的建筑。(2013-10-14)

原文是诗,韵脚为 en,两句诗各九个音节,两两对应。若在诗中,应译作诗,若是摘出当作名人名言翻译,也可脱离语境译作一句"绊脚石也是好建材"。"挡路的石块"不正是"绊脚石"?

再如：

[11] The man who has made up his mind to win will never say "impossible". (拿破仑)
原译:那个决心要取得胜利的人,将永远不会说"不可能"这个词。(2013-9-9)
试译:决意取胜者永不言"败"。

汉译受原文形式束缚,拖沓无力;"不可能"指什么?意义上指向 win,即"不可能获胜",正话可以反说,取一"败"字。有时简化要适度,小心过简成陋简,造成意义偏离,比如"决心获胜"就不能词化为"决胜",因"决胜"意为"决定最后的胜败"。试译减字一半,才是最地道最精炼的汉语。

6.2 汉译:追求行云流水

汉语讲空灵,以有限载无限,因此善用流水句。流水句由多个简单句构成,语义关系松散,语调上似断还连,可分为复句和句群两种,以复句为主,句群为次。流水句是汉

语一大特色,其隐性逻辑关系主要由逻辑语义、时空语序和大小语境体现,形散意也散,唯独意不乱,汉译时要充分利用。如:

[12] With his handsome face, his fiery glance, his strong body, his purple and gold cloak, and his air of destiny, he moved through the parting crowd toward the Dog's kennel.

原译:容貌英俊、目光炯炯、体魄健壮、身着紫红色镶金斗篷的国王,带着主宰一切的神态,穿过让开的人群,朝着狗窝走去。①

试译:国王容貌英俊,目光炯炯,体魄健壮,身着镶金紫红色斗篷,一副主宰万物的神态,穿过避让的人群,朝狗窝走去。

原译"国王"带长长的定语不是汉语的常态。试译各小句按逻辑语义、时间顺序和空间顺序——流出。原译"国王"拖着长长的定语,为汉语所不惯,若将"国王"提前,统帅全句,由整体而局部,由上而下,由外貌而精神,由形象而行动,由自身而周边,由人而畜,人物描写得通透,气如高山泻流水。

6.3 汉译:追求汉语之魅

翻译是令人怦然心动的艺术,既为艺术,就要创造,就能穿行于文字,移步换景而美不胜收。为此,不少译人苦苦思译,白头搔更短,捻断数茎须;可是,一旦觅得,汉外语言之难迎刃破解,凿开文化壁垒,汉语的魅力将尽显风采,译者有时不免小有得意。请看鲜活之气如何体现于故事性描写的汉译。如:

[13] **God told me**
Late one night at the insane asylum one inmate shouted, "I am Napoleon!"
Another one said, "How do you know?"
The first inmate said, "God told me!"
Just then, a voice from another room shouted, "I did not!"

原译: 上帝告诉我的
一天晚上,一个疯子在疯人院里大喊大叫:"我是拿破仑!"
另一个人说:"你怎么知道的?"
那个疯子说:"上帝告诉我的!"
就在此时,一个声音从隔壁屋子里传出:"我没说。"

---

① 湖北第20届外语翻译大赛英语专业笔译初赛试题。

本例由汤先营译,选自《光明日报》2012年2月27日,汉译中"一量名"结构(如"一个疯子")用多了会欧化汉语;night 本是"夜里",late 则显更晚,意为"在深夜;夜半更深;深更半夜;钟鸣漏尽;半夜三更";"一个疯子在疯人院里",根据语境疯人院里夜半高呼者必是疯子,同居一屋者也是疯子;Just then 译作"就在此时",乃词典之译,而非入境之译,未突出幽默的情境性;原译"一个声音……传出"削弱了 shout 的气势,有损原作的生命气息。原译将文末的感叹号译作句号,减弱了原作的情感,应还原,以留足原作的感情分量。为原译换装,汉译就更鲜活了:

试译: 上帝说的
夜深了,疯人院有人大叫:"我是拿破仑!"
有人问:"何以见得?"
疯子说:"上帝说的!"
话音未落,邻居一声高喊:"我没说!"

[14] Is life worth living?
　　It depends on the liver!
法译:La vie, vaut-elle la peine?
　　C'est une question de foi(e)!
原译:生活值得过下去吗?
　　那就取决于活着的人和他的肝好不好了。
试译 A:活路在何方?
　　全在你和肝!(拙译)
试译 B:活得好不好?/活的意义在哪里?
　　全在你肝保。/全在肝脏和自己!(卢岩 译)

本则广告构思巧妙,原文已是佳作。英语 liver 兼"生活者"和"肝脏"二义,属于双关;法译 foi(忠诚)与 foie(肝脏)音近形似,靠语法手段和非语言手段即括号融两词于一体,译文功能基本对等,还以双关之效。汉译则颇见难度:原译虽已出意,但失文字游戏之妙;有人曾断言此例无法译出原味。试译上下句押韵,汉译靠词汇手段,即用"你和肝"将 liver 的二重意义析出,集语表形式、语里意义和语用意图于一身,也算半斤八两,还以原文的广告效应。

汉译并非移字过纸,更非文字搬家,在正确理解原文的前提下,更需要精湛的文字功夫和深厚的文化底蕴。为补益现代汉译,求援于古文,滋养于生活,浸润于文化,都是译者必不可少的功课。

7 结　论

考察令人心痛的汉译,发现汉译不当具有外语不逮、汉语不济、译法失当三个因素。对比令人心动的汉译,发现优秀汉译具有思维与语言之美,给人惊、巧、奇、叹之感。汉译追求极似与美,前者追求汉译与原文之信息量极似;后者从翻译的艺术属性出发,追求汉译表达的美感,包括简洁之美、流畅之美和汉语之魅,汉语译文应当与本土汉语一样,具备工整上口的简洁性、逻辑通顺的流畅性和富有"韵""蕴""史""文"的汉语魅力。汉译语言单位从小到大逐级组合,处理好汉译组构同义择优问题,是汉译极似求美的重要手段。同义的魅力在于同义手段均是总体相似,细节有别;同义手段各自发挥功能,在不同的语境或语域下准确传达原文的内容。

参考文献

[1] Baker, M. & G. Saldanha. 2010. *Routledge Encyclopedia of Translation Studies* [M]. Shanghai: Shanghai Foreign Language Education Press.
[2] Bell, R. T. 2005. *Translation and Translating: Theory and Practice* [M]. Beijing: Foreign Language Teaching and Research Press.
[3] Pinkham, J. 2000. *The Translator's Guide to Chinglish* [M]. Shanghai: Shanghai Foreign Language Education Press.
[4] Shuttleworth, M. & M. Cowie. 2005. *Dictionary of Translation Studies* [M]. Beijing: Foreign Language Teaching and Research Press.
[5] Yule, G. 2000. *Pragmatics* [M]. Shanghai: Shanghai Foreign Language Education Press.
[6] 北京外国语大学国家语言能力研究中心,2021. 国家语言能力指数发布[J]. 外语教学与研究,(5):164.
[7] 刁晏斌,2022. 华语的欧化与欧化的华语[J]. 长江学术,(2):90-102.
[8] 何三宁,2015. 翻译质量评估模式研究[M]. 北京:中央编译出版社.
[9] 黄忠廉,2022. 汉译组构优化研究[M]. 北京:商务印书馆.
[10] 黄忠廉等,2019. 翻译方法论[M]. 北京:中国社会科学出版社.
[11] 李宇明,2021. 试论个人语言能力和国家语言能力[J]. 语言文字应用,(3):2-16.
[12] 乔利丽,2020. 艺术与美之关系的哲学辩护[J]. 艺术百家,(5):25-31+107.
[13] 文秋芳,2022. 中国特色的辩证研究范式——以国家语言能力研究为例[J]. 语言文字应用,(4):49-60.
[14] 余承法,2014. 全译方法论[M]. 北京:中国社会科学出版社.
[15] 张挺,2015. 语言教育舆情现状及其特点分析[J]. 语言文字应用,(5):44-52.

(责任编辑　吴天楚)

译无定法不成译

上海大学　傅敬民*

摘　要：任何事物都存在相应的客观规律。任何学科都以探索真理与客观规律为己任。翻译的复杂性只能说明翻译的复杂，并不表示翻译的杂乱无序，更不表示"译无定法"。然而，"译无定法"这一概念的存在，也非空穴来风，自有其产生和存在的历史性和社会性。本文运用症候阅读与系谱性研究，旨在通过对"译无定法"这一概念的考辨与反思，揭示其正反功能，探讨"译无定法"与"译有定法"之间的辩证关系。文章认为，"译无定法"是或然，而"译有定法"则是实然与必然，翻译实践、翻译理论、翻译批评及翻译教学的健康发展，都须以"译有定法"为原则，并在此原则指导下，增强翻译实践、翻译理论、翻译批评、翻译教育的"法"意识，引领翻译法则、翻译共性等"法"性的研究。

关键词：翻译研究；翻译法则；翻译共性

Title: Where There Is No Law, There Is No Translation

Abstract: Objective laws and principles are intrinsic to all things. All disciplines share the responsibility of exploring truth and objective laws. The complexity of translation only serves to demonstrate its intricacy; it does not indicate disorder or suggest that there are no definite laws. However, the concept of "no definite laws in translation" has its own historical tradition and social context. This paper aims to reflect on the concept of "no definite laws in translation" through symptomatic reading and genealogical research, revealing its positive and negative functions, and exploring the dialectical relationship between "having no definite laws" and "having definite laws" in translation. The paper argues that "having no definite laws in translation" is no more than probabilistic, while "having definite laws" is imperative

---

* 作者简介：傅敬民，博士，上海大学外国语学院教授、博士生导师，《上海翻译》主编。研究方向：翻译理论与实践，包括社会翻译学、《圣经》汉译、应用翻译批评等。联系方式：kookworm@126.com。

and essential. Therefore, definite laws are requisite and principal for translation practices, translation studies, translation criticism, as well as translation education. We should be strongly conscious of the principle of "having definite laws" in translation, and go further for the exploration of translation universals and laws.

Keywords: translation studies; translation laws; translation universals

1 引　言

我国译学界存在着一个概念——"译无定法"。这一概念,在历史上有其产生与传播的渊源,与此同时也有其认知的局限性。一方面,它对于促进"译者对翻译方法的不断探索"(左飚,2015:27)具有主观性积极功能,另一方面,鉴于该概念本身的歧义性,必然会产生相应的负面影响,导致翻译实践、翻译研究、翻译批评、翻译教学等领域的困惑。

"译无定法"所潜在的弊端源自其歧义,而其歧义盖因"定法"的语义游移不定而致。什么是"定法"？它可能是"官方正式制定或规定的成法",也可以是"约定俗成的方法"。汉语中的"定"与"法",其概念本身就模棱两可。《现代汉语大词典》对二者的定义都多达十几种。其中,"定"可以指"安定、评定、镇定、稳定、固定、确定、规定、约定、预定、必定"等。而"法"最为正式的意义是指"由国家制定或认可,以国家强制力保证实施的行为规范。代表统治阶级的意志。贯穿在法律、法令、条例、决议等条文和国家认可的判例、习惯之中。"这应该是我们平常所谓的"法律法规"。除此之外,它还指"标准、模式、规范、规律、方法、办法",当然还有"佛法、法术、魔法、法家"等用法,作动词时可意指"仿效、效法"。因此,如果说一个人不遵法,未必一定就是"犯法",也可能是违犯了佛法、规律,或者不按照既定的标准、模式说话做事。

依此推论,"译无定法"至少可能析出以下含义:1)翻译没有确定的法律法规、法令条例;2)翻译没有规定或确定的方法、办法;3)翻译没有确定的规范、标准、模式;4)翻译没有稳定的规律;5)翻译缺失确定或约定俗成可以效法的东西;6)翻译没有一定的法则。

本文认为,有效的翻译研究概念,既要涵盖面广而具有普遍运用价值,又要有足够的弹性来适用于具体的问题。然而,上述基于"译无定法"析出的含义,无论哪一种,不仅与当下我国的翻译及翻译研究现状不符,而且也有悖于我国翻译史实,弹性有余而普遍价值不大。尽管目前我国缺乏明确针对翻译的立法,但是我们可以看到,在中国译协以及相关学者(如黄友义,2011;赵军峰,2022;滕梅,2014)的推动下,翻译的相关政策法规正在逐渐健全;至于翻译方法、规律、规范、标准、法则,既是翻译研究中的传统话题,也是现代翻译研究作为相对独立的学位学科关注的对象,更是将翻译纳入制度化管理、规范化发展轨道不可或缺的基本要素。因此,对于"译无定法",我们有必要正本清源,消除它可能带给翻译的负面认知影响,彰显其对于激发创新意识的积极功能,推动我国翻译发展。有鉴于此,本文通过考辨"译无定法"所蕴含的辩证关系,反思其正反功能,回眸其历史诉求,阐释其现代价值,并在此基础上提出"译无定法不成译"的观点。

2 "译无定法"之考辨

"译无定法"可能与"文无定法"不无关系。中国文化历来有"通变"的思想,具体在人事上体现为"圆滑世故",而在文学创作上则以"文无定法"为主张。曹靖华(1962)曾在一篇探讨翻译的文章里说:"古人说:'文无定法。'"(《翻译通讯》编辑部,1984:172)由于文章并未标注具体出处,因此难以确定该古人是谁。事实上,古人似乎并未具体地表达过"文无定法"这一概念。何新国(2014:4)在其题为《从"有定法"到"无定法"——"文无定法"的几点理解》的文章中指出:"'文无定法'最早出自何处?恐怕很难精确考证。这里随机引用三条资料:一是'夫文岂有定法哉!意所至则为之。题意适然,殊无害也'(金·王若虚《滹南遗老集·文辨三》);二是'文有大法,无定法'(元·郝经《陵川集·答友人论文法书》);三是'诗文一道,岂有定法哉'(清·叶燮《原诗·内篇上》)。这三条资料都强调写文章没有固定不变的方法"。该文还提出了一个颇值得人们玩味的问题:"这三人都是辞章家兼学问家,那个时代他们写作散文延续的必定是先秦、两汉或者唐宋的文章传统,他们创作诗词采取的必定是唐宋时期已经成熟定型的诗词格律。他们的文学创作分明都有法可依,可为什么他们反而要宣传文无定法呢?"(何新国,2014:4)这也是本文对"译无定法"的疑惑。

这类现象在翻译研究界也非鲜见。20世纪30年代,林语堂写过《论翻译》一文,文章开篇就以"论译学无成规"为题,认为:"谈翻译的人首先要觉悟的事件,就是翻译是一种艺术。凡艺术的成功,必赖个人相当之艺才,及其对该艺术相当之训练。此外别无成功捷径可言,因为艺术素来是没有成功捷径的。"然而,他又指出:"翻译的艺术所倚赖的:第一是译者对于原文文字上及内容透彻的了解;第二是译者有相当的国文程度,能写清顺畅达的中文;第三是译事上的训练,译者对于翻译标准及手术的问题有正当的见解。"然后,他又提出了三种翻译标准:忠实标准、通顺标准、美的标准(引自罗新璋、陈应年,2021:496-498)。既然无"成规",何来"翻译标准"?既然是"翻译的艺术所倚赖的",岂不是对翻译提出基本要求或成规?且不说翻译是否只是艺术,单就艺术而言,难道艺术就没有成规吗?似这般自相矛盾的观点,在其他翻译研究文论中屡屡可见,且大都出自名家之笔。傅斯年(1919)一方面认为译书的方法"本是随人自己定去,不能受别人的限制",另一方面他又说:"论到大体,也有共同的原则。"其中包括三个方面:1)用直译的笔法;2)用白话;3)第二等以下的书,可用"提要"的方法,不必全译(引自朱志瑜等,2020:634-635)。林以亮在《翻译的理论与实践》一文中也是开篇就道:"翻译根本没有什么发展,更谈不上有什么秘诀。"与此同时,他又开列了"一个翻译者所应具有的条件":对原作的把握、对本国文字的操纵能力、经验加上丰富的想象力(引自罗新璋、陈应年,2021:839-842)。似这般的春秋笔法,虽然意涵"文无定法,有大法",但总让人产生"只许州官放火、不许平民点灯"的感觉。因为,说"文无定法"的人,往往都是一些深得文法之道者。了解了这点关系,似乎又让人明白了一点其中的道理——随心所欲是要有资本(经济资本、社会资本、文化资本、象征资本)的。然而,孔子所谓的"随心所欲",后面不是紧跟着一句"不逾矩"吗?看来这真是颇耐人玩味的事实。

无论如何,在我国翻译研究传统中,"译无定法"作为一种观念的存在,这是事实。而且其形成也不乏相应的理据。梳理起来,大概有以下三个方面:

首先是语言学尤其是语义学对于词汇意义不确定的阐述。1995年,刘重德发表过一篇题为《词无定义、译无定法》的文章。文章认为,"词,在孤立状态中,是没有传之百代而不悖、放之四海而皆准的固定不变的意义的,其真正含义取决于大大小小的上下文。……对于一个脱离语境的孤立词语,谁也无法一锤定音,一言定义。"而"译无'定'法,是由词无'定'义产生的。词既无'定'义,词的翻译也就必然无'定'法。词义决定于语境,语境是千变万化的,因而词的译法也就不得不随之千变万化"(刘重德,1995:40)。由"词无'定'义"产生"译无定法"的结论,其实很有风险。意义的问题、语义的问题,不同的学科、不同的学派,各执一词,可以立论,却难以证伪。指称论和观念论从语言符号的意指关系来说明语言的意义,形式主义语义学则从语言系统的内在关系来说明语言的意义。然而语用学意义理论却质疑上述理论均未考虑语言符号与言语行为主体的关系以及言语行为主体之间的交往关系(钱伟量,2003:185)。本文无意对此问题展开系统论述,只是想表明本文对此问题的基本认识和立场。

任何翻译都是以翻译词语为基础的。如果词语的意义无法确定,所谓的翻译就是一句空话。但词的意义真的是无法确定的吗?任何词语,无论是单个的词还是多个词汇组合的词语,都是有意义的。一个语言符号,如果没有什么意义,就没有必要存在。任何语言符号的创制,都是为了表达特定的意义。然而,任何词语的意义都不是固定的、封闭的,而是处在开放的、发展的状态。因此,一个词语的确定意义,往往需要依据特定的语境而定。对此,弗雷格在19世纪末就已经明确提出了:"一个语词只有在语句的语境中才具有意义"(涂纪亮,1988:35)。但这并非说,词或词语脱离了语境就没有意义,而是说词或词语意义的确定,需要参考语言情境(context of situation)。任何词或词语都具有其"所指"与"能指"。语言情境限定了词或词语的特定意义。语言情境可以千变万化,但特定语境中的词语,其特定意义不可能千变万化,必然有特定所指的意义,否则无法沟通。平常我们所说的"词本无义,义随文生",并非说词本身无意义,而是词脱离了具体的语境难以确定其意义。确定语境中的词,必然有确定的意义。翻译的重要任务之一就是要根据语境确定词义。任何词或词语的意义都可以限定于内涵义(能指)和外延义(所指)。而无论是外延义或内涵义,虽然不同的使用者可能会赋予其个性化或私人化意义(如情感意义),但原则上都不能超出言语社团的共享特征(不排除例外),否则语言符号的沟通就无法进行,双语词典的编纂也缺失基础,翻译也必然陷入无所依凭的乱象。不能理解或不能被理解的意义,对于翻译来说毫无意义。

其次是翻译的问题层出不穷,即"新理踵出,名目繁多"。不同的时代有不同的问题,针对同一翻译问题,不同的译者可能会提出不同的翻译对策。上面谈到的刘重德(1995:40)一文曾引用过赵元任的一段话:"翻译中有时因情形不同而应有不同的译法。如果硬要一一对应求信反而失信。这是有据的科学分析"。文中注明是引自赵元任《信达雅的信的幅度》(1967)一文。刘靖之编著的《翻译论集》(1981)收录了赵元任《论翻译中信、达、雅的信的幅度》一文,并且该文脚注中附录了作者题解"这篇东西大致的内容本年4月3日曾在伯克莱加州大学1967年度教授讲座用英文讲过,不过说法跟举例跟本文有很多不同的地方。英文的讲题叫 *Dimensions of Fidelity in Translation*"(引自《翻译通讯》编辑部,1984:405)。刘重德所引应该源自英文,在刘靖之所收录的赵元任文章中根本找不到刘重德所引的那段话。想来应该是赵元任自己可能觉得他的说法也不太能立论,所以在正式发表的中文文章中删除了那段话。其实我觉得赵元任的那段话并无不妥,因为语境情形不同,有时的确需要采取不同的翻译方法。但是,所谓不同的翻译方法也未必是千变万化、漫无边际,既然词语处于特定的语境,其语义必然也是万变不离其宗,不能脱离语境任意遨游,对相关问题的处理必然也应该有据可循,有"法"可依,不可以信马由缰。中国有句古话:"兵来将挡,水来土掩",问题有多样性,解决问题的方法自然也多样化。但这都不能构成"译无定法"的托词。任何翻译问题,总是能找到一定的方法来解决。基于翻译问题的多样性来立论"译无定法",有可能导致翻译的虚无主义。只要是翻译,必然指向特定的翻译对象,产生特定的翻译问题,寻求特定的解决途径。所谓特定的解决途径或方法,也不是漫无边际,而是在一定的理论指导下、为了实现一定的目的与功能来进行。

第三,翻译的主体性。只要是人参与的翻译,就必然伴随着主观性、创造性、个性化。但如果据此认为"译无定法",似乎简化了翻译行为的复杂性,混淆了译者主体性、读者主体性以及创作主体性。翻译行为的行动者,即译者,兼具读者和作者身份,又不同于读者和作者。译者的主体性与读者的主体性并不一样。读者在阅读作品时,他必然是按照自身的知识背景、阅读经验、历史视野来阅读、理解和阐释作品,鉴于每个人的知识背景、阅读经验和历史视野都有所差别,因而,对于同一作品,不同的读者(可能)会有不同的阅读感受。译者当然首先也必须是阅读者,但是,译者的阅读不是旨在满足自己的阅读感受,而是旨在将所感受的内容用另外一种不同于原作语言的文字表达出来,是一种任务型的阅读,一种"因循本旨""实宜径达"的阅读体验。阅读的目的是挖掘原作的思想内容,其中自然免不了会介入译者自身的价值观、知识观。但作为译者,实际上要尽可能压制这种自我介入的冲动,从而使自己所获得的阅读感受接近作者所要表达的思想。因此,译者的阅读不能像一般读者的阅读那样任由思绪的飞扬。对于任何一次翻译来说,译者通过阅读所得到的理解,无论怎样富有想象、绚丽多姿,都必须做出最终的理解与阐释,在可能多的理解中确定单一的选择。翻译的目的就是要限定每一个词或词语在特定语境中的特定含义,译者只有自己确定了意义,才能再表达出来。而译者的主体性表达,既不同于创造,"翻译的有本可循,使得我们在'创造'前添加了一个'再'字"(袁筱一,1996:75),也不同于创作,"翻译,也是一种创作,一种'有限的创作'。译者不必兼为作家,但是心中不能不了然于创作的某些原理,手中不能没有一枝作家的笔"(引自罗新璋、陈应年,2021:838)。译者主体是限定性主体,受限于原作,受限于翻译目的,受限于翻译功能,受限于翻译的从属性。毋庸置疑,"特定历史条件可能大力促使对译者主体性的张扬,译者顺理成章地成为翻译实践活动的主体。主体亢进,喧宾夺主,乃至到了哗众取宠的地步,在翻译实践中并不鲜见。如果说翻译的变形不可避免,对翻译的如此'变态'在理论上就需要小心对待"(孙艺风,2003:6)。不假思索地张扬翻译的主体性,并且以翻译的主体为"译无定法"辩护,无异于将翻译置于万劫不复的境地。因此,"如果文学翻译丢开了以原作为主、接受原作制约的'从属性',所谓'主体性'无非是夸夸其谈罢了"(引自许钧,1998:132)。

3 "译无定法"之反思

从某种程度而言,"译无定法"表达了人们对于翻译理想境界的认识,一种收放自如、随心所欲的境界。林语堂的"译无成规"说,钱锺书的"化境"说,傅雷的"神似"说,无不体现了这些学者对于这种"译无定法"之理想追求。然而,这种境界并非"无定法",而是译者以充分了解"定法"为前提,将相关"定法"潜移默化地内化于心,遇到问题能够从善如流,不再依赖谨慎的理性就能做出正确的判断,不假思索地找到解决问题的方法。这是一种逐渐摆脱"定法"约束的自动化翻译过程,"它不是简单地遵循规则,而是自我反思的过程,一种自我监督机制,可以随心所欲地运用"(切斯特曼,2020:200)。显而易见,要真正做到这种"译无定法"并不容易,是译者的翻译水平达到相当高度之后才具有的境界。而且,高级别译者的这种随心所欲翻译境界,并不代表他们真的"译无定法",也不代表他们会一直处于"译无定法"的状态。在看似"译无定法"的境界中,实则已然将"定法"了然于心,是一种"无意识地意识到""定法"的境界,是"译有定法"的升华。切斯特曼(2020:202)认为,"正常的无意识过程又可以在这些更高阶段根据情境需要变成有意识的。一个专家型行为人,就其定义而言,具有按照意愿操控监控思维的能力,可以在机械行为和谨慎行为之间根据情况进行切换"。由此可见,即使是那些已经达到相当高水平的译者,也会而且必须往返于"译无定法"与"译有定法"的境界之间。而以这种翻译已然得心应手的"译无定法"境界来要求所有的译者,则无异于削足适履。

事实上,"译无定法"并非只是翻译达到得心应手的阶段才具有的一种境界。初级水平的译者在翻译时也会因毫无章法或茫然失措而处于自动化翻译的状态。这种"译无定法"的自动化翻译状态,自然与从善如流的"译无定法"境界不可同日而语。这类初级水平译者的"译无定法",是"无定法"可依的失衡状态。他们可能既不了解翻译的本质属性,也未能掌握翻译的基础性规范,同时也由于缺乏有效的实践训练而形成不了语言规范意识、翻译理论意识、翻译策略意识、翻译情境意识、翻译伦理意识、翻译质量评价意识。简而言之,他们缺乏"译有定法"的意识与能力,只是凭直觉思维"踩西瓜皮"翻译,不具有识别翻译特征的知识与能力,未能掌握决定如何翻译的规则,是一种完全个性化(atomistic)的"译无定法"。本文写作的初衷,恰恰在于对这种翻译现象的担忧。其实,称这类翻译"译无定法"并不十分准确,甚至有冤枉之虞。严格地说,这类译者也具有相应的"定法",否则不可能具备翻译的基本条件。但是,他们所具有的"定法"比较粗陋肤浅,主要参考一些明显的语言转化规则和翻译认知,并基于有限的知识作为"定法"来对翻译问题做出判断,实施"无意识的有意识"翻译行为,而对于翻译的整体性认识则明显阙如。正因为如此,切斯特曼(2020:210)针对翻译培训提出:"应该增强学员的意识,让他们意识到,在源语文本与合法译文之间存在着大量合理合法的关系。这方面意识的增强,导致学员逐渐培养起弹性的态度和反应,进而应该可以增进翻译行为的'灵活性'。而灵活性,恰恰是职业译者的特点。"值得注意的是,切斯特曼的这段话,是他在探讨翻译规范之际所说的,因此,此处所谓的"灵活性"翻译,是以学员增强了相应的翻译规范意识为前提,即以学员充分掌握相应"定法"为基础。换句话说,"翻译成功与否关键在于是否对译入语中规范的存在有清醒的意识"(孙艺风,2003:4)。毋庸置疑,翻译的"定法"并不局限于翻译规范。

左飚(2015)曾以"译事双无"为主题撰文,从"鼓励译者在翻译实践中解放思想、打破成规、大胆探索"出发,主张"译无定法"与"译无止境"。他认为:"'译无定法'与'译无止境'是翻译中互相关联、互为因果的两个方面:'译无定法'表示译者对翻译方法的不断探索,'译无止境'表明译者对翻译质量的不懈追求;'译无定法'的信念产生'译无止境'的结果,'译无止境'的目标激发'译无定法'的探求;'译无定法'是创新的动力,'译无止境'是求真的态度。"(左飚,2015:27)显而易见,左飚是从"译无定法"的积极功能视角予以解读,其中的"定"取其"固定、僵化"之意,"法"则指"翻译方法"。然而我们也要认识到,如果脱离了相关语境,如果人们以本文引言中对"译无定法"析出六种含义的任何一种来解读,那么,它所带来的负面影响,也是我们不能忽视的。如果不能正确地认知"译无定法",就会使得人们以为翻译不存在相应的、可以根据具体情况确定的方法、标准、规律与法则,甚至以为翻译根本没有什么可以依凭的相关规范和约定俗成的惯例,以语义的不确定、语法的不对称性、"一千个人读哈姆雷特就会有一千个哈姆雷特"或者"翻译是艺术"等为理由,以中国传统文论中的"诗无达诂"(董仲舒《春秋繁露·精华》)、"把笔无定法"(苏轼《论书》)或"如我解佛所说义无有定法"(《金刚经》)为依据,遮蔽翻译研究的科学性,陷翻译于虚无。实际上,"把笔无定法"之后紧跟着一句"要使虚而宽",其实后面这句才是重点,明确指出"把笔"之一"定法"。

"译无定法"观念的形成,与人们传统上将翻译认知局限于译作,局限于语言符号、文本(尤其是文学文本)翻译有关。人们往往基于译作翻译标准多元性做出"译无定法"的假设性陈述,从而使得翻译批评长期游离于经验感悟式的碎片化状态,囿于"译无定法"的惯性思维而惰于"译有定法"的追求。现代翻译研究显然不满足于这一现状,而是旗帜鲜明地主张"译有定法",认为"翻译标准不仅是翻译主体在翻译事件中遵循的原则和努力的方向,也是批评主体用以鉴赏、阐释和评论译作的尺度,其重要性对于整个翻译活动,包括理论的建设和事件的开展,都是不言而喻"(引自刘云虹,2015:173-174)。此处的关键不仅强调了翻译实践的"定法"重要性,也彰显了翻译批评"定法"的重要性。

由此可见,"译无定法"与"译有定法"之间的关系,包含着历史唯物主义辩证法。在"无定法"中包含"有定法"的诉求——随心所欲,不逾矩;在"有定法"中存在"无定法"的理解——不识庐山真面目,只缘身在此山中。

4 译有定法:历史诉求与当代阐释

中国传统文化素来对于"无形"与"定形"的辩证关系有充分的认识。对于"兵无常势,水无常形""形兵之极,至于无形",我们的古人认识到"无形则深间不能窥,智者不能谋"(《孙子兵法·虚实篇》)。而作为深得"文理之术"的《文心雕龙》,其中更是不乏相关精辟论述:"文场笔苑,有术有门""思无定契,理有恒存"(刘勰,2008:406);"是以执术驭篇,似善弈之穷数;弃术任心,如博塞之邀遇。故博塞之文,借巧倪来,虽前驱有功,而后援难继;少既无以相接,多亦不知所删,乃多少之并感,何妍媸之能别乎?若夫善弈之文,则术有恒数,按部整伍,以待情会,因时顺机,动不失正"(刘勰,2008:404)。由此可见,掌握了写作之术来驾驭、安排文章,就像善于下棋的人精通各种招数;放弃写作之

"术",随心所欲地写文章,则像赌博那样去碰运气。像善于下棋的人那样去写文章,那么他掌握的写作之术就有一定的规律性,应该顺应有利的时机,有所变通,但不背离写作的基本法则。

就翻译而言,自古迄今,我国也从未放弃"译(应)有定法"的诉求。其"定法",在很长一段时期里表现为"翻译标准"。如支谦认为,"其传经者,当令易晓,勿失厥义""今传胡义,实宜径达""受译人口,因循本旨,不加文饰,译所不解,则阙不传"(引自罗新璋、陈应年,2021:22);道安指出:"案本而传,不令有损言游字"(引自罗新璋、陈应年,2021:27);慧远则提出了执中的观点:"质文有体、义无所越""依实去华,务存其本,……以裁厥中焉"(引自罗新璋、陈应年,2021:52-53);僧叡针对具体的翻译定法提出:"胡音失者,正之以天竺;秦言谬者,定之以字义。不可变者,即而书之"(引自罗新璋、陈应年,2021:38);及至彦琮著《辩正论》制定"八备"、玄奘立"五不翻"、赞宁成"六例",无不可视为佛经汉译之"定法"(引自罗新璋、陈应年,2021:63-64,93,88-91)。对佛经汉译的"定法",王澍(1957)从翻译标准视角指出:"它们虽然还没有正面提出翻译标准,但是在它们所运用和主张的直译、意译、新译各种方法背后,不能说没有悬着一个他们各自认为好的翻译的标准,他们都是想通过自己所主张和运用的方法来达到那种境地,不过受着历史条件的限制,当时这些译者和论者都没有提出明确的翻译标准而已"(《翻译通讯》编辑部,1984:117)。

清代以降,"定法"日趋健备。魏象乾(1740)提出"正"译:"了其意、完其辞、顺其气、传其神;不增不减、不颠不倒、不恃取意"(引自朱志瑜等,2020:146)。而马建忠(1894)则提出"善译"作为"定法":"夫译之为事难矣,译之将奈何?其平日冥心钩考,必先将所译者与所以译者两国之文字深嗜笃好,字栉句比,以考彼此文字孳生之源,同异之故。所有相当之实义,委屈推究,务审其音声之高下,析其字句之繁简,尽其文体之变态,及其义理精深奥折之所由然。夫如是,则一书到手,经营反复,确知其意旨之所在,而又摹写其神情,仿佛其语气,然后心悟神解,振笔而书,译成之文适如其所译而止,而曾无毫发出入于其间,夫而后能使阅者所得之益与观原文无异,是则为善译也已"(引自朱志瑜等,2020:177)。梁启超(1897)明确提出:"今日而言,译书当首立三义:一曰,择当译之本;二曰,定公译之例;三曰,养能译之才"(引自朱志瑜等,2020:192)。其中"定公译之例"即制定翻译标准。除了"定名号"之外,他在文中还论述了三个方面:1)当法《内典》,"译书有二蔽:一曰徇华文而失西义;二曰徇西文而梗华读。夫既言之矣,翻译之事,莫先于《内典》"(引自朱志瑜等,2020:200)。2)译者了解翻译材料的重要性,认为"凡译书者,将使人深知其意,苟其意靡失,虽取其文而删增之、颠倒之,未为害也。然必译书者之所学与著书者之所学相去不远,乃可以语于是"。强调翻译中文本类型及语体的重要性,认为翻译"宜悉仿《内典》分科之例,条分缕析,庶易晓畅,省读者之心"(引自朱志瑜等,2020:200-201)。以为"著译之业,将以播文明思想于国民也,非为藏山不朽之名誉也",为实现该功能,他强调"以流畅锐达之笔行之",批评严复译《原富》"文笔太务渊雅,刻意模仿先秦文体,非多读古书之人,一翻殆难索解"(引自朱志瑜等,2020:284),并且主张"文俗并用"(引自朱志瑜等,2020:291)之举。3)论及重译和出版:"佳书旧有译本,而译文佶屈为病不可读者,当取原书重译之"。而出版界"各不相谋",导致一书"彼此并译",造成资源浪费,因此须"定一通例,各局拟译之书,先期互告,各相避就"(引自朱志瑜等,2020:201)。

  我国近代翻译"定法",其集大成者一般认为非严复的"译事三难:信达雅"莫属。潘文国(2008)基于严复自称此"三者乃文章正轨,亦即译事楷模",视"信达雅"为"文章正轨"的基本内容,认为"严复把翻译等同于写作"(引自张柏然等,2008:14)。然而,就现代翻译的视角来看,无论是严复的"信达雅"还是钱锺书的"化境"、傅雷的"神似",都属于翻译文本与翻译过程的"定法",关注译品质量及其保证质量的方法,缺乏对翻译功能与翻译效果的"定法"考量。及至现代翻译研究,无论是翻译理论还是翻译批评,其对象都已不再囿于译作及其过程,而是涵盖影响翻译的诸多因素,既有内在的,也有外在的,将与翻译相关的各个要素都纳入其考察范围。在严复之前的翻译散论中已经对于翻译出版、翻译选材、翻译功效多有论述,而现代翻译研究、翻译批评的范畴也在不断拓展。杨自俭(2008)认为,"应该根据不同的批评对象研究不同的评价标准",而且"翻译标准是比较单一的文本评价标准,而翻译批评标准包括翻译和翻译研究两个系统的、全范围的评价标准,其中包括翻译标准"(引自张柏然等,2008:9-10)。这实际已然告诫我们,翻译"定法"之领域,不能只是局限于翻译作品和翻译过程。然而,就目前情形而论,"译无定法"的负面效应在翻译批评领域有所体现,使得翻译批评成为人云亦云之场所。有鉴于此,刘云虹(2015:204-207)曾基于前人的翻译批评原则,提出了五项原则:1)翻译批评不仅要对翻译结果进行评价,更应充实对翻译过程的剖析、对翻译主体的探寻,尤其要对市场经济和媒体时代共同催生的各种翻译现象和翻译事件予以及时的关注和必要的引导;2)应该合理借鉴其他相关学科的理论资源和研究方法对翻译活动进行多学科的阐释与评价;3)具有针对性;4)具有历史和文化视野;5)应体现出整体性与实践性。之所以会提出这五条原则,说明目前在这些方面还做得不够。如果再审视"译无定法"在翻译教学中的影响,或许更加令人担忧。在翻译教学中,无论是教师还是学员,如果缺乏对"译无定法"的理性、辩证理解,都可能产生茫然失措之感。因此,在翻译教学中,既要了解"译无定法"的内涵与外延及其正反功能,同时也要加强"定法"意识的培养,否则难免翻译教学的盲目性。在我看来,翻译教学中,对于文本的阐释,尤其是对于应用文本的阐释,应该力求认识到文本的本身意义,而不是以"译无定法"为由加以无限的阐释。毕竟,"我们的任务不是在艺术作品中去发现最大量的内容,也不是从已经清楚明了的作品中榨取更多的内容。我们的任务是削弱内容,从而使我们能够看到作品本身"(苏珊·桑塔格,2003:17)。翻译教学的功能,与文学教育有别,它应该尽力让学生知道翻译本身应该怎样,而不是让学生茫茫然迷失于"译无定法"。

诚然,我们也需要避免对翻译"定法"本身的认知教条主义。所谓的"定法",并非只是翻译标准、翻译规范、翻译批评(评价)标准,也不只是政策法规或约定俗成的惯例。具有普遍意义的翻译理论、翻译策略、翻译原理、翻译原则等,都是"定法"。以翻译理论为例,"翻译理论的最终目的,事实上应该是建立翻译行为法则"(切斯特曼,2020:90),而且,"意识到一般理论以及理论概念的解释功能,在任何领域都已经成为职业培训的重要组成部分"(切斯特曼,2020:204)。因为一般的翻译理论须源自实践再接受翻译实践的检验。一旦翻译理论经过历史的检验具有普遍意义,那么自然而然会对翻译具有相应的指导意义。故此,翻译理论的"定法"性,未必只是限定、指导、监督的功能,它同时也有解释的功能。好的翻译理论,应该能够有效地解释相关翻译行为、翻译事件或翻译现象,提供相应的洞见,从而反过来对于翻译具有限定性的作用,发挥"定法"的功能。

5 余 论

翻译研究经历了长期的碎片化之后,亟待在新时代步入有序的学科发展轨道。作为现代翻译研究重要分支的描写翻译研究,其核心话题之一即翻译规范,聚焦"翻译法则""翻译共性",折射出对于"译有定法"的强烈诉求。图里(Toury,2001:259)认为,"科学及准科学以持续不断探寻法则为特征"。在他看来,尽管有关翻译法则的性质、表述,以及对翻译法则的把握与接受,都具有历史的不确定性,但仍然是大家探索的永恒目标。他本人提出了两条法则:"干预法则"和"标准化法则"。切斯特曼(2020:92)在此两条法则的基础上提出了"规范性翻译法则"。

在描写翻译研究的引领下,莫娜·贝克(Baker,1993:243-245)运用语料库研究方法研究翻译语言特征,并在前人研究的基础上总结出六个方面的共性假说:1)明晰化;2)消歧与简化;3)语法规范化;4)避免重复;5)对目标语特征的夸大;6)源于中介过程的特定翻译语言特征分布。近二十年来,我国在语料库翻译研究方面也成绩斐然,肖忠华、王克非、胡开宝、胡显耀、秦洪武、黄立波、朱一凡、庞双子等一大批学者都以各自的努力不同程度推动了这方面的研究,为"译有定法"提供系统科学的依据。

然而,当下的"翻译法则"及"翻译共性"研究,大多集中于译作及其翻译过程,聚焦于语言特征,对于区域国别、文本类型、创作与翻译等方面的共性或法则研究,尤其是翻译作为语言服务、翻译作为知识生产与传播、翻译作为文化软实力等方面所具有的法则与规律,无疑还有大量的学术研究拓展空间,这也为未来的相关研究提供了广阔的研究前景。任何事物的发展都有其规律。"马克思主义关于世界的物质性及其发展规律、人类社会及其发展规律、认识的本质及其发展规律等原理,为我们研究把握哲学社会科学各个学科各个领域提供了基本的世界观、方法论。"(习近平,2016:11)当下,翻译作为一门相对独立的新兴学位学科,需要突破传统翻译研究聚焦文本(尤其是文学文本)的局限,亟须在辩证认识"译无定法"的基础上破除相关迷误,增强"译有定法"之意识,充分有效地运用先进的科学技术和方法,全方位地探寻翻译的本质特征与发展规律,为"译无定法不成译"提供科学依据和创新动力。

参考文献

[1] Baker, M. 1993. Corpus linguistics and translation studies: Implications and applications [A]. In M. Baker, G. Francis & E. Tognini-Bonelli (Ed.). *Text and Technology*. [C] Amsterdam: John Benjamins, 233 - 250.

[2] Toury, G. 2001. *Descriptive Translation Studies and Beyond* [M]. 上海:上海外语教育出版社.

[3] 《翻译通讯》编辑部,1984. 翻译研究论文集[C]. 北京:外语教学与研究出版社.

[4] 安德鲁·切斯特曼,2020. 翻译模因论——翻译理论中的观点传播[M]. 傅敬民,译. 上海:上海外语教育出版社.

[5] 何新国,2014. 从"有定法"到"无定法"——"文无定法"的几点理解[J]. 应用写作,(1):4 - 5.

[6] 刘重德,1995. 词无定义、译无定法——《英汉翻译例句词典》序[J]. 山东外语教学,(1):40 - 43.

[7] 刘继华,张明林,2015. 译无定法,意义为重[J]. 中国翻译,(6):117 - 122.

[8] 刘勰,2008. 文心雕龙[M]. 徐正英,罗家湘,注译. 郑州:中州古籍出版社.

[9] 刘云虹,2015. 翻译批评研究[M]. 南京:南京大学出版社.

[10] 罗新璋,陈应年,2021. 翻译论集[C]. 北京:商务印书馆.

[11] 苏珊·桑塔格,2003. 反对阐释[M]. 程巍,译. 上海:上海译文出版社.

[12] 孙艺风,2003. 翻译规范与主体意识[J]. 中国翻译,(3):3 - 9.

[13] 涂纪亮编,1988. 语言哲学名著选辑(英美部分)[C]. 北京:三联书店.

[14] 习近平,2016. 在哲学社会科学工作座谈会上的讲话[M]. 北京:人民出版社.

[15] 许钧编,1998. 翻译思考录[C]. 武汉:湖北教育出版社.

[16] 袁筱一,1996. 最难的事[J]. 读书,(04):72 - 77.

[17] 张柏然等编,2008. 中国译学:传承与创新[C]. 上海:上海外语教育出版社.

[18] 朱志瑜等编,2020. 中国传统译论文献汇编[C]. 北京:商务印书馆.

[19] 左飚,2015. 译事双"无"议[J]. 上海翻译,(1):27 - 30.

(责任编辑　吴天楚)

互文翻译模式与文学审美研究

武汉大学 刘军平*

摘　要： 本文在中西比较诗学的视野下，审视了互文性在翻译领域的应用，重点探讨了互文性与文学翻译的关联性。互文性强调文本之间的相互依赖，相互影响。从这一观点出发，作者试图对中西互文性涵义及基本理论发展脉络作出钩沉，并从中梳理出互文性翻译的基本特点和基本模式。在哈蒂姆和梅森三种互文性分类的基础上，作者拓展了互文性翻译类型，构建其与互文文学翻译实践的关联模式。作者认为，互文翻译中译者要充分阐明中外诗歌互文的特点，识别互文审美的秘响旁通之标示，唤起相对共通的事物的审美联想，采取适当的翻译策略以传递互文性的奥义暗合和互文契合。此外，本文强调了文学翻译过程就是艺术审美的再现过程，重建互文关联性是互文翻译的美学使命。

关键词： 互文性；翻译；范型；契合；审美

Title: An Investigation into the Intertextual Translation Models and Their Aesthetics

Abstract: The paper examines the name and nature of intertextuality from East-West comparative poetics and explores the relevance between intertextuality and literary translation. Intertextuality emphasizes on the interdependence and mutual impact of different texts. The author intends to uncover the historical connotations of intertextuality and retrace its theoretical developments, and critique on the distinctive features and fundamental models of East-West intertextuality constructs. On the basis of three kinds classifications of intertextuality proposed by B. Hatim, and I. Mason, the author conceptualizes six models for translating intertextuality, and

---

* 作者简介：刘军平，博士，武汉大学外国语学院教授、博士生导师，武汉大学翻译研究中心主任。研究方向：翻译学、中西比较文化。联系方式：junpingharvard@sina.com。

substantiates his views with specific poetic translations practice. The author holds that it is imperative for the translator to recognize the intertextual features in East-West poetic translation practice and concurrently adopt appropriate translation strategies to convey the intertextual allusions and affinities. Furthermore, the translator must be aware of the intertextual and aesthetic values by way of evoking the aesthetic inter-relationships between texts and commonalities among things, thus by employing the double-focused or multi-focused translation strategies to achieve his purpose. Finally, the author emphasizes that intertextual translation is a process of representing the aesthetic values of the literary texts. To establish the bonds between the intertextualities is the aesthetic task of the translator.

Keywords: intertextuality; translation; models; affinity; aesthetics

1 引 言

作为当代西方后结构主义思潮中产生的一种文本理论,互文性广泛应用于文学批评理论、文化批评及翻译研究。作为后结构主义的标识性术语,克里斯蒂娃意义上的互文性通常指两个或两个以上的文本间发生的关联关系,总是与先在的文本产生互动而新意迭出。中国古代文论虽然没有系统的互文理论之名,但古人在诗歌和诗学领域却具有互文之实。汉语的"互文"谓上下文义互相阐发,互相补足,互文见义,主要指错综使用同义词,避免字面重复的修辞手法。刘勰的《文心雕龙》引用、吸收和改写了众多美学概念、美学命题,充实了汉语修辞学中的"互文"手法的内涵,如《辨骚》篇"虽取熔经意,亦自铸伟辞"(引自祖保泉,1993:82),凸显互文影响及创造性。"义生文外,秘响旁通"隐含意义向四通八达关联(引自祖保泉,1993:775)。逮至近世,王国维的《人间词话》在总结古典诗学的基础上,挖掘了诗词的互文美学价值。吴宓以《学衡》为载体,运用古典人文主义方法,对古今中西诗学资源进行了整合。钱锺书的《谈艺录》以"暗合"和"引譬连类"来指诗文之义理、词章之契合或互文性。王佐良的《论契合》从比较视野角度,审视了中西诗歌译介的互文价值。叶维廉《中国诗学》考察了英汉诗歌互译空间对位与张力,试图重建汉语诗歌本源的美学向度和互文美学。钟玲则的《美国诗与中国梦》以美国现代诗与中国文化的渊源、汉语诗歌译文之经典化为主题,探讨诗歌翻译的中西主题互文实践。毋庸讳言,汉语传统意义上的互文作为修辞格,尚未形成系统的互文理论。互文性理论具有悠久的应用历史、诗学资源和理论价值,其理论范式可从中西对比的角度,予以翻译维度的关照和深入梳理。

近年来,国内诸多学者对互文性的研究主要从三个大的方面来做。一是20世纪80年代开始,人文学科对互文性理论本身的译介;二是20世纪90年代起,文学界从文学理论或比较文学的视野出发,对互文性概念和理论演变的轨迹和整体形态、互文性的类型、术语和基本理论特征等做了较为系统的辨析和研究;三是从20世纪90年代中期开始,翻译研究学者尝试将互文性的基本原理介入到文学翻译研究中。就互文翻译研究而言,西方学者哈蒂姆和梅森较早做出了开拓性的研究,其对翻译中的互文指涉进行了研究,并提出了"积极互文""消极互文"与"反互文"等分类法(Hatim & Mason,1990:123-124)。勒费弗尔以翻译拉丁经典作家卡特拉斯的诗作为契机,探讨了文学暗示及其对文学翻译产生的积极意义。(Lefevere,1992:98-99)上述研究为深化互文性翻译范式奠定了理论基础。但由于文学翻译中的互文性术语概念指涉比较宽泛,中西互文概念内涵和外延迥异,虽然国内互文理论应用于翻译研究已有近三十年,但有关问题的探讨尚待深入,有关互文基本翻译类型研究有待厘清,互文基本翻译策略有待加强,翻译的互文美学价值有待进一步挖掘。本文试图就互文翻译模式、翻译策略和美学价值等维度做出探讨。

2 互文之意蕴与互文翻译理论

20世纪30年代,西方学者初次提出了文本之间存在关联关系。互文的原创思想起源于巴赫金和沃罗辛洛夫,二者将其称为文本的"对话""情景性""互为主体性""文本间接触"。克里斯蒂娃于1964年首次提出了互文性这一概念。"任何文本都是马赛克引文的建构;任何文本都是其他文本的吸收转化。"(qtd.in Hatim & Mason,1990:125)互文文本指向的是先前的其他文本,与其他不同的文本相互交叉,成为其他文本链中的一部分。它既承接过去,也指向无始无终的未来。克里斯蒂娃区分了传统符号学(semiology)和解析符号学(semiotics)的差异。她批评传统结构主义过分关注静态语言(thetic),并将其视作同质结构。克里斯蒂娃的互文性所强调的是动态的、异质性的语言组合。她说:"我们借用柏拉图《蒂迈欧篇》中的一个概念Chora(切诺),说明互文性本质上的动态感和稍纵即逝的静态状态"(Kristeva,1974:25)。"这就是Chora(切诺)所表述的意义。因此,进入这一过程,也就意味着打破主体所赋予的符号意义,从而构成了符号形成的异质性空间。"(Kristeva,1974:100)也就是说,互文概念抓住了语言的异质性特征,将语言看作一个意指过程,而不是一个静态的系统。要之,互文作为一种场景性、容纳性的容器,符号在其中碰撞交叉,留下印迹,构成一种动态的语言异质同构。

用隐喻来说,"互文就是将原有文字刮去后再度使用的羊皮纸(palimpsests),在新墨痕的字里行间还能瞥见先前文本的未擦净痕迹"(福勒,1991:136)。它有三个方面的基本含义:一是确定的文本与它所引用、改写、吸收、扩展或在总体上加以改造的其他文本之间的关系;二是任何文本都是一种互文,在一个文本之中,不同程度地以各种多少能辨认的形式存在着其他的文本,任何文本都是对过去的引文的重新组织;三是文本的介质随着时代的更迭会发生改变,从早期的符号文本结绳记事到图画文本,从西方的纸草到羊皮卷,从楔形文字再到石质记事板,从东方的龟甲文到青铜器铭文,从简牍到帛书再到纸张,再到当今的电子媒介文本的超文本,互文的演变由于介质演变的不同,产生不同的意旨或语义呈现样态。如最新 ChatGPT 和 AIGC 生产的文本内容,就是通过不断学习它类文本,形成了自身新的、开放性互文文本。再如新出土的战国时期的简牍引发对《道德经》新的阐释,形成了不同版本的互文。质言之,互文之"文"乃天地万物的信息产生出来的现象、纹路、轨迹,描绘出了阴阳二气在事物中的运行轨迹和原理,或者现代信息技术产生的各种超文本和内容文本。它表明,文本本身从介质到表述方式都在不断演进,互文语料库的内容也随着时代的演变在不断更新和开放。

西方不同的理论家对互文性有着不同的理解和阐释,克里斯蒂娃、巴特、热奈特、里法泰尔、德里达、布鲁姆、哈琴等人都对互文性理论进行过探讨。如法国结构主义文学理论家热奈特的互文性理论主要指五类文本间跨越关系,即互文性、副文性、元文性、超文性和广文性。跨文性彼此间不是绝对分立的,而是有着这样那样的关联和交叉,涉及文本、作者、读者、叙事、文类、模仿、引用、抄袭、用典、戏拟、拼贴、批评等文学的诸多领域。伯格朗迪和德塞勒(Beaugrande & Dressler, 1981)较早将互文性概念引入语篇研究,提出将语篇性的意图性、可接受性、情境性、信息性、互文性、连贯性和衔接性等作为语篇性标准;纽伯特和施里夫(Neubert & Shreve, 1992)着手将这七种标准用于建构语篇翻译模式;话语语言学家费克劳夫(Fairclough, 1992)探讨了文本即"部分重复"和"部分创造",提出了"凸显互文"(Manifest Intertextuality)概念,以区别不同语篇风格和体裁等。国内将互文性应用于翻译及话语研究的较早的一批主要学者有杨衍松(1994)、蒋骁华(1998)、秦海英(1999)、赵静(1999)、辛斌(2000)、秦文华(2002)、刘军平(2003)、祝朝伟(2004)、罗选民(2006)等,他们从不同角度探讨了互文性与文学话语翻译的关系。上述研究极大地推动了互文性理论朝着纵深发展。

大致而言,互文性按照其表现形式来分,可分为广义互文和狭义互文。广义互文指新文本与旧文本本身及外界语境因素的关联,狭义互文指新文本与旧文本指涉意象或意义存在一致性。就翻译研究本身而言,大致可以分为显性互文、隐性互文和混合互文三种。显性互文是指从其他文本的直接引文和引用。隐性互文指的是与其他文本发生关联或依赖于其他文本。混合互文指的是同一文本空间内同时既有直接又有间接引文。在总结哈蒂姆和梅森(Hatim & Mason,1990)互文指涉分为内互文、外互文和反互文三类的基础之上,借鉴中国传统互文理论资源,笔者根据已有的互文分类,进一步拓展为六类翻译互文模式:(1)内互文翻译:注重保存存在于文本之内的语义及音律的互文关系;(2)外互文翻译:存在于二种不同语言文本之间的关系;(3)反互文翻译:滑稽、模仿的指涉文本;(4)主题互文翻译:文本从风格及题材角度共享某个相似的主题或结构;(5)用典互文翻译:把文学典故融化在新的文本中、富于文化暗示,形成意味深长的互文;(6)翻译互文:译文通过翻译的媒介对原文进行模仿、化用和创意翻译。在上述分类中,主题互文性同比较文学的平行研究和影响研究相似,但互文侧重于风格与式样的模仿与套用。用典互文是中国诗歌的主要特征之一。互文性研究学者或从文学语言学、话语、翻译的角度来研究互文,由于研究目的殊同、选择的语料不同、体现的目的和功能不同,因而可能形成不同类型的划分。

在笔者看来,互文性翻译的理论和实践应该主要围绕以下研究范围来进行:(1)对国外互文性理论研究的历史、现状和理论源流进行梳理,锚定文学翻译中所采用的互文性的基本策略。(2)对上承先秦,继始于陆机、刘勰、王国维、钱锺书、王佐良等的本土互文发展思想的脉络,进行钩沉发掘和辨析。(3)对英汉语诗歌翻译中的互文类型即语类、结构、主题、功能互文进行对比研究,探求其共同转换规律。(4)对文学翻译中的指涉、套语、文学暗示等互文因素作出分析,总结其特征。(5)探讨互文性在诗歌翻译中的韵律问题,英汉节奏音韵上的互文所具有的美学价值,须尽量采用适当策略予以重现。原作中互文形式与内容的和谐统一,在目的语中需要完美再现。(6)涉及互文性与文学意象的传递:原文中的意象套语需通过译者的审美经验和作者的审美经验达到最大程度的统一。(7)有必要探究作为译者的主体审美,以及主、客体间的互动关系。互文性具有极强的意向性和意指作用,不同的主体意向会产生不同的意义阐释。主体审美的维度将充分展现译者的能动性。作者、译者(其他译者)、读者三者之间互为主体性,也是互文构成的一个有机部分。(8)论述审美艺术意境的再创造与互文性的关联。作为诗歌翻译是怎样再现原诗的客观物境,再创造原诗的主观情意,做到二者相互交融。为了使目的语的读者沉浸于相同的想象性艺术境界,译者和作者要心神交汇,融入一体,这是译者最高的审美追求。(9)探讨诗歌互文翻译中的社会文化因素,将诗歌翻译的互文性置放在更广阔的社会文化背景下予以审视,目的是考察文化差异通约的可能性。文学翻译的艺术特点在于读者不仅得到美的享受,而且是认识和反映社会现实的途径。此外,以中西互文性的通约性为枢纽,尝试建立具有普遍话语意义的互文文本。(10)有必要探究互文性与自我翻译或译仿的现象。20世纪30年代中国现代新诗的诗人一面进行创作,一面进行翻译,其中有些诗人如卞之琳将自己的诗作翻译成英文;大洋彼岸美国现代派诗人庞德、宾纳等多人对中国古典诗歌进行仿译。中西互文激荡交汇给互文体验留下了丰富的素材。限于篇幅,本文将聚焦上述涉及的若干方面内容。

为什么会产生互文？互文性产生的理据何在？笔者认为，互文性产生的理据可以从以下几个方面去考量。(1)影响的焦虑理论。著名文学批评家布鲁姆从心理学角度为互文性理论提供了心理依据。互文性阅读的产生源于一种"影响的焦虑"。它意味着一代代经典作家皆生活在前辈经典作家的影响之下，所有文学作品可能受到前人或传统的影响(Bloom，1994:9)。他说："Strong literature, agonistic whether it wants to be or not, cannot be detached from its anxieties about the works that possess priority and authority in regard to it"(Bloom，1994:10)。(2)从认知心理上说，互文现象其实是一种记忆的关联，从格式塔心理上说，互文是言语行为自我完形的机制，或者是概念化范畴或认知框架的映射。它是基于文化约定俗成的知识构型，框架连接多个认知域的知识网络，并与某个特定的语言形式相关联，从而建立概念与概念之间相对应的连贯和顺应模式。"一个语篇能在心智上形成一个统一的、可被接受的认知世界，语篇具有连贯性，形成这样的认知世界主要是基于以下条件的:1)概念成分上的照应性;2)命题发展上的索引性;3)语用推理上的顺应性。"(王寅，2007:381)从照应性、连贯理论与原型理论来看翻译，互文性翻译就是看译者在目的语中所采用的语言表达内容，能否激活与原语相同或相似的框架，从而建立两种互译语言的语义照应性、标记索引性和语境顺应性。(3)符号的意指作用：在交际中需要将符号置放于更宽广的文化、文本情境，符号需要与先前的文本建立联系，加入先前的文本阅读体验，或产生共情表述。(4)文本诠释"效果历史"的继承与创新，在翻译过程中译者通过再创造，再现"历史流传物"即文学用典的互文特性。"在这个意义上我们可以说，在理解中所涉及的完全不是一种试图重构本文原义的'历史理解'。我们所指的其实乃是理解本文本身。但这就是说，在重新唤起本文意义的过程中解释者自己的思想总是已经参与了进去。"(伽达默尔，2002:495)翻译中融古于今的新表述，就是一种互文创造。

互文性理论关照下的翻译研究与先前的结构主义框架下的翻译研究区别何在？首先，结构主义语言学构架下的翻译研究关注的是产品，其将翻译文本看成是自给自足的产品。译者可以编码和解码信息，确定作者意图，强调意义的连贯和连接等。读者的理解和反应都可以控制在翻译文本的各种因素之下。翻译研究对译本的理解主要聚焦于语言结构和文本意义上面，而不太关注意义的转译生成过程。因此，译本的意义是稳定的，其局限性在于把所指与能指关系看作单一的和线性的，忽视了意义的多义性和参与文本创造的复杂性，从而无法回答语言与主体的互动关系问题。由此推及，既然原文文本的意义是固定的，那么目的语的译文也只有一种正确的译文。其次，后结构主义语言学构架下的翻译研究突出的是多重对话和解释过程。斯坦利·费什(Fish，1980)把文本的意义生成部分地看成是作者和阅读者之间的阐释过程，读者积极参与和建构文本的多重意义。解释学、读者反应和接受美学对翻译互文的启迪是，在翻译过程中因译者和读者、因时因地、因审美体验，故而文本的意义有所不同。在互文视野下，文本多重阐释的可能性带来的是无数个差异性的目的语文本存在的可能。等值概念由于阐释的多重性和译文的多样性而遭遇挑战。再次,互文文本框架下的翻译研究则将文本看成是与其他文本产生的互动关系(Farahzad,2008:125-131)。

由上推论而知,文学翻译实践可看作是一种互文实践活动。翻译发生在两种不同的语言、不同的社会历史文化之中,原文的去语境化和目的语的语境再植,是一种新的互文实践活动。在互文性框架理论中,不存在先在的原文文本或原创文本,我们可以将原文文本区分为"原型文本"和目的语的"平行文本"(Farahzad,2008:26)。捷克斯洛伐克翻译学者波波维奇(A. Popovic)提出了"平行文本"(Metatext)这一概念,指的即是对某一文学文本的各种各样的加工,包括作家的创作、读者的阅读、评论家的评论、译者的翻译等,也就是说原文文本和译文文本都包含前文本,生成文本(译文)是两种互文性的结合。波氏试图从风格与题材的角度对译文与原文的区别进行描写。原文文本和译文文本的关系可以称为"前文本"(Protext)和"平行文本"(Metatext)。由于平行文本在不受"前文本"的制约下重复了其内容和形式,可以说这两种文本的关系是互文性关系。译文体现了两个层次的互文性:第一个层次是原文中语内互文,即"前文本"在内容和形式上指向它与原文中所有文本的关系。其特点是原文的意义依赖于主体、文本和读者之间的对话过程,意义存在不确定性和多义性。在第二个层次上,平行文本(译文)隐形重复和改变"前文本"的内容和形式,所生成的文本既不是完全意义上的"前文本",因为它只能保存其中一种可能的意义,还因为生成文本展现的是不同的社会历史文化或互文语境,它也不等同于"前文本"(Farahzad,2008:127)。

事实上,文学翻译本身就是一种在语言、文本、文化等层面展开的互文活动。在这一活动中无论是语内翻译的理解和阐释,还是语际表述过程中的意象和符号再现,皆离不开互文思考。如果原文本身存在互文关联,作为起点的原文和作为终点的译文必须再现其互文意蕴,由此,原文互文与译文互文,自然产生一种无法分割的互文关系。如果原文文本不存在纯粹的互文意旨,那么,为了兼顾目的语传播效果,在目的语中根据语境再创造互文特征,翻译的创造性则不言而喻。互文翻译研究所要做的就是力图阐释、揭示和重建这类互文关系,以再现文学翻译审美的独特价值。

3 文学翻译中互文翻译模式的分类与建构

历史上伟大的文学作品都受先前互文作品的影响,通过不同时代作家妙译回春,使原作在一代又一代人之间获得了永恒的生命。互文翻译不仅追求表面相似(simulacrum),也寻找不同文学经典中的差异性存在的契合(affinity)关联,也就是寻觅和糅合原文和译文的意旨方式。这种神合貌离、曲径通幽的翻译转换方式,指向的是文学互文价值等值的本体。毫无疑问,文学互文翻译,如同人类的生物基因和文化基因一样,在翻译中传播,在传播中模仿,通过翻译这种介质复制而延续至今。在归纳总结前贤研究互文性翻译理论的基础上,笔者尝试提出六种互文性翻译模式,并佐以实例加以探讨。

(1) 内互文翻译:识别存在于文本之内的互文关系。首先是解读文本呈现的共同主题和意义,其次是互文性标记的识别,从符号学和文本角度观察互文文本发生的现象,在译文中予以重现。内互文翻译有两层意思,其一是同一语种内的阅读和阐释。在著名符号学大师托多洛夫(Tzvetan Todorov)看来,内互文阅读即是一种翻译,翻译的过程起始于阅读,阅读即是翻译,等同于阐释学中的理解即翻译;其二是,作为读者,其所阅读的翻译文本时常提醒其原文文本存在语内互文,译文语内互文依赖原文互文(qtd. in Eoyang, 1993:160)。文学文本的内互文同时具有可译和不可译的双重特征。雅各布逊曾谈及诗歌中使用大量的语法修辞,这些有规律的模式的选择与人类基本认知能力和普遍语言结构有关。这说明了翻译的可译性原理。但在雅各布逊看来,"诗歌中双关语的语音与语义建立的关联是不可译的"(引自刘军平,2019:166)。这说明不同的韵律回响之间不可能有完全的等值,也说明了从符号学角度看诗歌翻译诗律翻译时,具有相当大的挑战性。"在历史上诗的音都先于义,音乐的成分是原始的,语言的成分是后加的。"(朱光潜,2008:170)由于诗歌的意义在很大程度上是依赖诗律来传递的,文学翻译更有必要尝试传递这种互文音律的音响手段。

英诗的音乐手段即韵律形式如头韵、双关、拟声等手段的使用在诗歌中反复呈现,构成互文回响音律。请看勃朗宁的《哈默尔恩的彩衣吹笛人》英文:

> Into the street the Piper stept,
> Smiling first a little smile,
> As if he knew what magic slept
> In his quiet pipe the while;
> Then, like a musical adept,
> To blow the pipe his lips he wrinkled,
> And green and blue his sharp eyes twinkled,
> Like a candle-flame where salt is sprinkled;
> And ere three shrill notes the pipe uttered,
> You heard as if an army muttered;
> And the muttering grew to a grumbling;
> And the grumbling grew to a mighty rumbling;
> And out of the houses the rats came tumbling.
> Great rats, small rats, lean rats, brawny rats,

Brown rats, black rats, gray rats, tawny rats,
Grave old plodders, gay young friskers,
Fathers, mothers, uncles, cousins,
Cocking tails and pricking whiskers,
Families by tens and dozens,
Brothers, sisters, husbands, wives—
Followed the Piper for their lives.
From street to street he piped advancing,
And step for step they followed dancing,
Until they came to the river Weser
Wherein all plunged and perished!
(Robert Browning, "The Pied Piper of Hamelin", VII)

美国语言学家皮尔斯把符号的能指和所指分为标识性、象似性和归约性。从三种大的符号分类,又可以分出 59 049 种不同类别的符号(qtd. in Culler, 1981:23)。就上述诗歌的象似性和标示性而言,诗文传递的是群鼠发出的从小到大的拟声,本阙诗内描述了群鼠乱舞,唧唧喳喳到声若洪钟的场面,拟声词的频繁使用构成了原文的内互文音律的标示性和象似性。翻译上述诗律的关键所在是,传递互文中的直接语音象征 muttered, muttering, grumbling, rumbling, tumbling 等词语构成的语义互文,brawny, brown, tawny 构成了头韵互文,如 s 表示速度轻快或水响声的动感,ing 的反复使用构成了联觉语音的标示性象征。在互文翻译实践中有必要充分调动各种补偿手段,以传递"多音齐鸣"的乐感手段(张旭,2008)。

原文不仅在音韵上可以构成互文性,而且在词汇、句法、节奏、语义或逻辑衔接、文化语境上也可以构成互文。例如,詹姆士·洛威尔的诗作《喷泉》中的一节:

Ever in Motion,
  Blithesome and cheery,
Still climbing heavenward,
  Never aweary.

永在登攀,
  载愉载欢,
离天三尺,
  不胜悦颜。(作者自译)

诗歌中 blithesome, cheery 的互文涵义表达了兴奋惬意之情，而 motion 与 climbing 则是语义互文。译文试图在汉语中传递"喷泉"的上升喷发，也试图用互文性中的同义反复"载欢"和"悦颜"来传递译文的内互文性。此外，译者尝试用毛泽东《十六字令》中的诗句"离天三尺三"在汉语中试图重建"heavenward"的互文联想。也就是说，根据原文中所包含的互文意旨，译者可以稍稍做出改变，根据语境予以互文重塑。换言之，原文没有直接互文标记，但有语义和语境呈现，译文可以用互文表述进行转译重塑。

（2）外互文翻译。外互文翻译主要传递的是存在于不同语言之间文本之间的关系。外互文是互文呈现的常态或最主要的表现形式。就语义互文性翻译而言，需要聚焦文本内意义和象征的再现和互文关联。值得注意的是，英语文学中互文表达十分丰富，同一暗示历久弥新。例如 Rose 一词，可以联想到莎士比亚的诗句"What is in a name that which we call a rose. By any other name it would smell as sweet"，威廉·布莱克的诗歌"The Sick Rose"，罗伯特·赫里克的"Gather Your Rosebud While You May"，不一而足。意大利著名符号学家艾柯的小说《玫瑰之名》表现出了很强的互文性，它使人作出源源不断的联想，威廉到威廉·莎士比亚，或哲学家威廉·奥卡姆，小说中的人物培根既指向罗杰·培根，又暗示弗兰西斯·培根，故事的题材和谜局让人时刻想到柯南·道尔或侦探福尔摩斯。可能真正会让读者或译者掉进互文性阐释的迷宫。从一方面看，人物对话的互文指对原有文本、历史、思潮等诸方面的创造性转化，从另一方面看，互文也是对已有文本的诠释与重新诠释并生成新的意义，互文翻译则是互文意义的对话、碰撞和融合。正如艾柯所指出的，"玫瑰这一意象有如此丰富的含义，以至于现在它已经没有任何含义了；但丁笔下神秘的玫瑰；代表爱情的玫瑰；引起战争的玫瑰；使艺术相形见绌的玫瑰；以许多其他名字出现的玫瑰；玫瑰就是玫瑰就是玫瑰就是玫瑰"（艾柯，1987：96）。读者在《玫瑰之名》中从头到尾可以读到艾柯利用互文的匠心，整个文本在不同的层面上被赋予各种解释学的意义。这些解释和来源为理解文本设下了各种灵活的意义，它们对理解和翻译文本至关重要，不可或缺。

此外，外互文也指译文与译文之间的联系，此类互文一般不是纵向追溯，而是横行排列，一般只有翻译批评过程中作平行比较研究时才引用。例如，杜甫的《春望》中"感时花溅泪，恨别鸟惊心"有三种平行译文：

1) Troubled by the Times—flowers bring tears.
   Dreading Parting—birds startle the soul.（张廷琛、魏博思，1991：83）
2) Blossoms invite my tears as in wild times they bloom;
   The flitting birds stir my heart as I'm parted from home.（许渊冲，1988：151）
3) Touched by the times even flowers weep tears.
   Fearing leave the birds tangled hearts. (Mair, 1988：208)

虽然译文表述人称视角和措辞有所不同,但三种平行文本的译文可以说是互文关系。后结构主义观点认为,人类的每一种具体语言都是同一普世语言即所谓"纯语言"的体现。具体语言分有了"逻各斯"这个统一体,翻译就是返回到"逻各斯"这个统一体来。从"一与多"的互文关系来看,无论是"dreading parting""stir my heart"还是"fearing leave",作为平行译文皆分有了原诗"恨别"的核心语义。"翻译最终表述的是,语言之间建立的相互关系。事实上这种关系无需翻译就潜藏在语言之中,翻译只不过是对这种关系的再确认而已。翻译的最终目的是,通过协调语言的多元性使他们相互连接、相互补充成为无所不包的普世语言,即'纯语言'。"(刘军平,2019:288)抑或阐释本雅明的表述:原作与译作密不可分,译作是原作的来世。从这种角度看,平行译文之间,译文与原文之间都存在互文关系。翻译就是寻找构成这一普世语言的核心成分或意义,或者说每一种演变了的语言存在互文关系。同理,根据目的语译文构成互文的原理,可以允许几种平行译文并行不悖。

(3) 反互文翻译:反互文指的是滑稽模仿的互文性指涉(contratextuality, pastiche),这种模仿保持句法基本结构不变,通过改变语义,从而达到一种特殊效果。反互文翻译就是在目的语中需要再现反互文的意旨特征。托多洛夫在谈及符号理论时曾指出:"模仿或再现同时将意旨作为共同的事业:因此我们发现,通过乔装打扮,它构成了符号的问题意识"(Todorov,1982,112)。中外语言不乏通过模仿互文,形成反互文的情形,其中包括在特殊的言语环境里语言改变了使用,以增强文本的形象性、生动性或达到诙谐幽默效果。例如:To Toufu or Not to Toufu? (是吃豆腐,还是不吃豆腐?) I had no outlook, but an uplook rather.(我没有世界观,有的是向上爬的欲望。) They came, they saw, they bought out.(他们来了,看见了,收购了。) July is the cruelest of the month.(七月是最残酷的月份。) Critics rush in where poets fear to tread.(批评家蜂拥而至,而诗人退避三舍。) 上述英文反互文的运用常见于文学标题、习语、诗歌、惯用法等场景,模仿已有的文本类型。从已有的翻译策略来看,反互文翻译基本上采取亦步亦趋的直译。只有熟悉两种语言文化背景的译者,才能建立互文场景联想和译文暗示。

反互文性还包括在已有互文上的创作和改编,但在意境上"青出于蓝而胜于蓝"。例如,大家最熟悉的互文和反互文是禅宗高僧神秀和慧能的两个不同的偈子:

身是菩提树,心如明镜台。
时时勤拂拭,勿使惹尘埃。

The body is the tree of perfect wisdom (bodhi).
The mind is the stand of a bright mirror.

At all times diligently wipe it.

Do not allow it to become dusty. (Chan Wing-tsit, 1969:431)

神秀的前两句以菩提树和明镜台,比喻身心与本性之明净纯洁,后两句突出身心修养的功夫,摒除杂念,诗句的比喻形象生动,富有哲理。

六祖慧能的《六祖诗法诗》反互文偈子是:

菩提本无树,明镜亦非台。
本来无一物,何处惹尘埃。

Fundamentally perfect wisdom has no tree.
No has the bright mirror any stand.
Buddha nature is forever clear and pure.
Where is there any dust? (Chan Wing-tsit, 1969:432)

同样的话题,慧能参透佛法的功夫更上一个境界。强调渐修的功夫,其引用的互文是"树"和"明镜",认为菩提、心性皆是假名,突出万法皆空,"空故纳万境"。在翻译这类互文文本时,译者需要了解前后文的关联,捕捉交际语用的真正含义。译者在寻找互文性标记方面并不难,但翻译时跨出原语文本到平行文本的互文空间,再现原文的交际价值、语用价值及其修辞审美价值有一定难度。即使采用直译,也存在符号指涉的改变。根据翻译语境需要,尽量保留反互文特征。在反互文模式中,译者需要的是双重聚焦,甚至是多重聚焦才能传递原文的互文审美。一般来说,反互文翻译通常适合采用(1)句型移植法:套用现成的惯用句法或习惯表达法;(2)融贯法:前者把原来的反互文性句型保留下来,后者保存的是平行文本中的语义;(3)替换法:用目的语语言相类似的互文表述重构互文话语。

(4)主题互文翻译:指的是文本之间共享某个相似的主题或结构,而主题互文翻译则需要照顾到两种语言主题转换的相似性特征。从宏观上看,主题互文性与比较文学的影响研究有些相似。从传统上看,就中西主题互文而言,有丰富的文学实践范例。维吉尔《埃涅阿斯纪》模仿(互文翻译)的是古希腊作品,或者说是古罗马人对古希腊人的"翻译征服"。就语内翻译而言,林语堂的《京华烟云》在情节上与《红楼梦》不无相似之处,甚至有人认为日本的《源氏物语》模仿了中国作品《游氏窟》。美国作家蓝朵(Alice Randall)的《风逝》(*The Wind Done Gone*)在主题上反讽了米切尔(Margaret Mitchell)的《飘》(*Gone with the Wind*)。改编后的《风逝》中高雅的维希礼在《风逝》中被描写成一个品德不端者,而果敢刚毅的巴特勒在《风逝》中却被改编成了一个无赖,爱上了黑人女议员,最终破产。由于该作品在主题等方面与原著多处相似,而引来一场知识产权官司。主题互文性有两个方面值得注意,一是后人对前人的模仿要么是狗尾续貂,要么是超越了前人的经典之作。如作家刘心武举七年之功,呕心沥血,根据各类探轶成果和丰富的想象力,重续《红楼梦》后二十八回,评论认为其作品缺乏清人的语境,无法与原著相提并论。二是知识产权问题。主题互文在多大程度上是创造性使用?转换性使用的限度怎样界定?应该肯定的是,在中西文学史上,不少作家化腐朽为神奇,在前人的作品上推陈出新,其中包括翻译和改写前人的作品。无论如何,在一种文学传统内,也存在非常明显的主题互文性。例如,围绕中国的"情人节"七夕,自《古诗十九首》起诗人们兴会淋漓,唐代四位诗人杜牧(《秋夕》)、杜甫(《七夕》)、白居易(《七夕》)和李商隐(《七夕》)分别创作了不同的七夕主题互文诗,诗人们的主题"欢情与别离"通过相似的意象"牵牛、鹊桥"等一一呈现。

《迢迢牵牛星》

迢迢牵牛星,皎皎河汉女。
纤纤擢素手,札札弄机杼;
终日不成章,泣涕零如雨。
河汉清且浅,相去复几许?
盈盈一水间,脉脉不得语。

Far, far away the Cowherd Star;
Bright, bright riverside Weaving Maid.
Slender, slender her fingers are;
Clack, clack her shuttle's tune is played.
She weaves all day, no web is done.
Like rain her tears drop one by one.
Heaven's River's shallow and clear;
The two stars are not far apart.
Where brimful, brimful waves appear,
They gaze but can't lay bare their heart. (许渊冲,2009:99)

许渊冲的翻译在语义互文和音韵互文上力图达到与原文一致,叠音词、双声词和双韵词的反复使用,不仅传递了织机响声的语音组合,叠音词如"迢迢""皎皎""纤纤"等词汇的使用,译者在译文中予以重复再现,犹如一唱三叹的吟诵,不知不觉间便被带入那种相思之苦,较好地再现原文的互文性。这种音韵之美恰似"诗中妙境,每字能如弦上之音,空外余波,袅袅不绝"(钱锺书,2008:682)。

从另一方面看,主题互文性与翻译、创作之间存在耦合的关系。这种主题互文的结果可能产生的是庞德称为的创译(Creative Transposition)。例如美国诗人凯瑟的创意译诗《藏起我们的爱情》:

> 你认为我们俩藏起爱情,
> 是因为往事伤心?因为迷信?
> 我们是野蛮时代两个公民,
> 早被教会了伪装和克制,
> 藏起我们这芳香的、危险的爱情。(引自赵毅衡,2013:200)

比较六朝《乐府诗集》中梁武帝所作《有所思》:

> 谁言生离久,适意与君别。
> 衣上芳犹在,握里书未灭。
> 腰中双绮带,梦为同心结。
> 常恐所思露,瑶华未忍折。

凯瑟通过借用汉语诗歌《有所思》,在主题上进行了创译。虽然与梁武帝的原诗有异曲同工之妙,但六朝乐府的缠绵闺情几乎消失殆尽。凯氏对中国古典诗歌的互文性借用,不是简单的翻译,而是一种再创作,也可以说是翻译与创作合二为一了。20世纪上半叶,中西之间不乏借他人之酒浇自己块垒的例子。诗人们借助的是中国诗歌的题材,表述的是现代人的复杂心理。"我感到我正在写的诗与这些中国古代诗人们早就写出的诗多么相似。我的现代式的孤独感、漂泊感、失望感,穿过许多世纪的时间,数千英里的空间,与他们会合了。"(引自赵毅衡,2013:207)

主题互文翻译的存在,说明文学翻译和文学创作是水乳交融,你中有我,我中有你的一种存在。可以设想一下,如果没有文学互文性,文学翻译的张力和魅力将难以为继。世界文学史如果没有互文性翻译的滋养,旧瓶中的新酒则不会那样的甘醇芳香。一国文学受不同文学互文的影响,借用不同国籍作品的传统,在互文纽带上找到交叉点,形成了世界文学的"互文现象"。塞万提斯影响了威廉·福克纳,福克纳影响了加西亚·马尔克斯,马尔克斯影响了托尼·莫里森。即使主题相同,在新的语境下通过主题互文,也会催生新的意义,互文译介或双语创作在一定程度上推动了世界文学的交流,促进了新的文学风格和式样的传播。

(5) 用典互文翻译:把典故融化在目的语新的文本中,翻译并传递富于文学寓意、暗示和意味深长的含义。中国文学传统把用典互文分为生熟和明暗,生熟就是用不熟悉或熟悉的典故。明暗就是读者看得出在用典故或读者看不出在用典故,暗用更可贵。请看王维诗歌中《辛夷坞》的用典互文:

木末芙蓉花,山中发红萼,
涧户寂无人,纷纷开且落。(《辛夷坞》)

The budding twigs of lily magnolias,
Burst into the crimson flowers.
A deserted stream trickles alone,
And the flowers bloom for their natural drops.(刘军平译,2002:53)

"木末芙蓉花"借《楚辞·九歌·湘君》"搴芙蓉兮木末"句意起笔,也是对屈原《楚辞》的互文。但英译文"lily magnolias"无法呈现中国古典诗歌赋予植物的某种品格特征,翻译策略上只能直译。而上述诗行中"无人"的出现,指向一个主题"空寂",展现了道家"无言独化"的境界。译者尽量避免用呈现主体的"I"来侵入场景,而用"deserted stream"的翻译呈现,在西方读者中力图建立一种互文共鸣。作为译者有必要加强自身文学修养,从而在翻译过程中建立起互文审美联想。通过"厚译"法,或在译文注释中说明该主题用典互文。

中西文学互文翻译就是译者善于从两种文学的暗合之处,寻觅相通之处。"通过把历史上互不关联的文本和思想会聚在一起,我试图找到一个共同的基础,在这一的基础上,中国文学和西方文学——尽管它们的历史和文化背景完全不同——可以被理解为彼此相通的。"(张隆溪,2006:7)的确,自我与他者的相遇,需要建立翻译审美的关联性。这种互文关联性即是一种似曾相识的感知。如英国诗人拜伦的佳句:"Everything is the same, but you are not here, and I still am. In separation the one who goes away suffers less than the one who stays behind."在钱锺书的译句里成为:"此间百凡如故,我仍留而君已去耳。行行生离别,去者不如留者神伤之甚也"(钱锺书,2008:537 - 538)。这种翻译手法即是钱氏本人提出的"暗合"和"引譬连类",也即互文用典翻译法。通过译文中套用"行行重行行"的用典手法,钱氏译文的口吻和意境直逼拜伦原文,情感表达及风格也十分暗合,这就是互文性再创造的魅力所在。这种互文再创造与其说是寻着表面相似,不如说是译者或读者寻觅心灵上的知音。事实上,克里斯蒂娃本人对"互文性"(intertextuality)这一概念被反复平庸地使用表示不满,因为它突出的是符号系统对"源头研究"的追溯。克氏情愿选用弗洛伊德心理意义上的术语"传心"(transposition)。她说:"只要传心意味着放弃先前的一种符号系统,通过两种系统共享的本能中介,将其传递到另一种符号系统,在新的系统中用新的表达方式发声,传心就扮演着极其重要的作用"(Kristeva,1984:60)。因此,互文翻译的本质再现特点是"嘤其鸣矣,求其友声"的心灵传导。

(6)翻译互文:译文把翻译作为媒介,对原文进行模仿或创造性化用。与互文翻译不同,"翻译互文"是笔者首次提出的与翻译相关的互文性概念。翻译互文的界定是,如果说翻译本身就是一种互文性关系,那么翻译互文是指创作者对原文进行全方位仿译或再加工,形成一种具有衍生关系的新作品。20世纪在大洋彼岸有一批美国现代派诗人通过对中国古典诗人的翻译和改写,留下了貌合神离的翻译互文作品。例如:唐代女诗人薛涛的一首五言古体诗《春望词》"揽草结同心,将以遗知音。春愁正断绝,春鸟复哀吟",美国人嘉露莲·凯莎将其翻译为:

Two hearts: two blades of grass I braid together.
He is gone who knew the music of my soul.
Autumn in the heart, as the links are broken.
Now he is gone, I break my lute.
But spring hums everywhere: the nesting birds
Are stammering out their sympathy for me. (引自钟玲,2003:163)

这首创意翻译的英诗保留了原文中"结同心""知音"和"春愁"等传统意象,但译者改变了原诗歌形式,突出了节奏、意象等方面因素,行数也有变化,符号的意指更加具有跳跃性。这种互文译文虽然内容相近,但目的语加上了译者兼作者的独特主体的审美体验。"这种译文不但传达了原文'结同心',也用了中国古典诗的并列法。这并列法已由美国意象主义者发扬光大了,因此很多美国诗人都很熟悉。"(钟玲,2003:163)在钟玲看来,这种创意英译尤具独特的美学价值,其主义体现在语调(tone)之生动、英译文之优美与创新,及意象之鲜明活泼三个方面(钟玲,2003:45)。

翻译互文具有如下三个特点:(1)作者与译者的身份合二为一。一方面我们可以说是作者对原文进行了再创造,是一种创意互文翻译,另一方面也可以说是作者作为译者在模仿原作。(2)自我翻译是一种互文关系。不少作家如纳博科夫、博尔赫斯、贝克特等人自己翻译本人的作品,原文和译文的界限消失了,翻译和创作成为一对分不开的孪生兄弟,体现出密不可分的互文性关系。(3)所翻译的互文本是一种互文性误读或误译的结果,或成为创造性叛逆的典范。以上三个特点反映了互文翻译模式的创造性叛逆的显著特征。在"叛逆"中创造,在创造中寻觅契合。此外,互文性翻译还有一点值得注意,从认知特点上看,互文性翻译策略还存在格式塔保存和格式塔更新两种方法。例如杨宪益将"潇湘馆"译为"Bamboo Lodge",霍克斯译为"Naiad's House"(希腊、罗马神话中住在河湖中的"仙女")即系一例。杨译注重的是原文的文化与语言形式,以原文为其格式塔基点,试图保存互文格式塔。霍克斯更注重的是目的语的格式塔接受心理或读者反应,是互文性格式塔更新的体现。

值得注意的是,中国古典诗词从一开始便产生了延续了数千年的互文表述惯习,其呈现形式与西方当代互文范畴不尽相同,主要有:(1)修辞对仗互文。例如,"当窗理云鬓,对镜贴花黄"。这种互文特点从当代西方互文性理论上看,只是修辞手段,而古代文论称互文。钱锺书(2008:477)在《谈艺录》中将此种互文现象称为"类":"'类'者,兼'联想律'之'类聚'(continuity)与'类似'(resemblance)",目的是凸显文学修辞的对偶与暗通之意。(2)意象程式互文。意象是诗句中的关键部分,读者会由词语意象产生联想,超出了这个物象在现实中所起的作用和特殊意义。例如,孟郊的"梧桐枯峥嵘,声响如哀弹",李商隐的"桐花万里丹山路,雏凤清于老凤声",李白的"人烟寒橘柚,秋色老梧桐",白居易的"春风桃李花开日,秋雨梧桐叶落时"等诗句中都有"梧桐"的意象,如果直接翻译成"parasol""tong tree"或"wutong"等,都无法完整传递原诗中的互文性的文学和文化审美涵义。是否可以转换成西方人熟悉的意象"白桦树"(birch)?(3)化用互文。在中国传统诗歌创作中,诗人常常化用前人诗句。欧阳修"柳外秋千出画墙"出自冯延巳的"绿杨楼外出秋千",而后者的互文又出自王维的"秋千竞出垂杨里",它们相互之间很容易唤起联想意义。以上三种情形无论采用直译法或阐释译法,要完整地传递传统的互文性特征有较大难度,或许只有依赖"笔补造化天无功"的神来之译,否则互文翻译之所失难免,这也是翻译的可译和不可译的悖论所在。

4　文学翻译的互文审美价值

在互文翻译审美方面,我们需要思考这三个方面的问题。首先,互文审美存在的形态和修辞美,它涉及互文审美的本体论问题。其次,互文审美的价值本质,怎样才是互文翻译的美?再次,互文翻译鉴赏论的本质问题,也即怎样为美?探索文学翻译中互文性的审美特征,是一个具有挑战性的课题。互文翻译研究可依托美学原理、互文性理论和翻译理论将对前文本、互文文本、译文文本和审美主体等诸要素进行美学上的综合论述。文学翻译尤其是诗歌翻译,频繁涉及互文的互释,互文互译将使文本的蕴涵意义得到充分体现,以实现刘勰《文心雕龙·情采》中所说的"是以联辞结采,将欲明理"(引自祖保泉,1993:613)。

毫无疑问,互文阐释打开了文本的美学和修辞的空间,激发了隐喻的意义,还原了作品与译作之间的链接关系,构成了联想的诗意世界,具有极大的审美价值。易言之,文学翻译的美学价值建立在对文学语言特性的深刻认识之上,也就是重视诗歌的双重阅读、双向阐释，重视诗歌语言的审美因素如"秘响旁通"等。"秘响旁通"指向文意的派生与交相引发，互文性翻译凸显的就是这种派生与引发，达到互文互释而互译的效果。互文翻译将打破文学翻译从文本到释义的线性链条，彰显互文的微言大义和潜在意义。诗歌翻译中大量的互涉互译实践活动，正是互文性审美理论继续生存和发展的基础条件。从美学角度研究中西诗歌互文互译的内在理路、方法策略和形成模式，无疑会丰富互文理论的内涵，对翻译研究和文学批评有着积极的推动作用。

互文性理论关照下的翻译审美关注的，是以英汉诗歌互译之间的互文与契合、文学翻译特质的异中求同、互文翻译策略及其美学价值等内容展开研究。"人类文化为什么要以文字对现实进行表现，然后，又不断复制或者再生产那些同样的文字？是什么使得这些重复的精确性如此重要？在文字表现的内容或精确的文字复制过程之间，是否存在某种形式上的相应？"（宇文所安，2006：19）美学中的相似性、声律谐美、耦合叠加、通感挪移、对比相形、意象变形等可为目的语翻译创造性转化提供宝贵的审美实践场域。毋庸讳言，诗歌互译实践与研究的目的，是探索中西之间互文翻译关联性，通过译者的神来之笔，寻找审美之间的共性、共同的诗心文心，为文学翻译建立起共同的参照坐标，以印证"东海西海心理攸同、南学北学道术未裂"（钱锺书，2008：1）的"打通"理念，以揭示文学翻译的内在美学一致性和规律性。

互文翻译的"化用"是互文翻译的最高境界。它印证了临济宗心法所说的"以心印心，心心不异"。"化用"翻译往往如盐入水，不露一丝痕迹。"理在诗中，如水中盐，蜜中花，体匿性存，无痕有味，现相无相，立说无说，所谓冥合圆显者也。"（钱锺书，2008：569）如莎士比亚的戏剧《麦克白》中的"Now sorrows strike heaven on the face"可以化用为毛泽东诗词"天兵怒气冲霄汉"。《奥赛罗》的"The chidden billow seems to pelt the clouds"，也可以用"白浪滔天"的互文指涉来翻译。英国诗人雪莱的《西风颂》中的"wild west wind"，翻译成《娄山关》中的"西风烈"恰好对应。《云雀颂》中的"the sunken sun"翻译成"残阳如血"恰好契合（毛泽东，1993：6）。谢灵运的"旧时王谢堂前燕"中的"堂前"有译家译为 painted eaves（替代 Bynner 的 great homes），使人窥见了柯勒律治《古舟子咏》中的互文性诗句"a painted ship on a painted ocean"。以上种种互文化用，作为互文性翻译的精妙契合，更好地传递了诗歌中的奥义与意美。一代伟人毛泽东的诗才纵然无敌天下，但受屈原、王维等的互文诗歌影响非常之大。其《七律·答友人》中的诗句"九嶷山上白云飞，帝子乘风下翠微。斑竹一枝千滴泪，红霞万朵百重衣"，其中的"帝子乘风下翠微"显然是化用了屈原诗句"帝子降兮北渚"。"斑竹一枝千滴泪"也是化用湘夫人闻帝舜死于苍梧，眼泪沾在青竹上留下点点斑痕，而成斑竹的故事。毫无疑问，互文性的"化用"需要作者的艺术顿悟，而互文文本的每一次重构或翻译，都融入了作者和译者全新的灵感，与审美再创造。

文学翻译过程就是艺术审美的再现过程，重建互文关联是文学翻译美学的使命。

英汉诗歌虽然形态各异，都具有共同的结构和原则，是内容和形式高度统一的语言艺术，在美学修辞手段、节奏和韵律以及神韵和审美意境方面给译者提出了很高的要求。互文翻译研究可以依据西方互文性理论和中国传统诗论，对上述互文现象特征进行美学观照，从中提炼出诗歌翻译中的互文美学价值。中外文学采用不同的策略对原文文本进行修正、移位或重构，在加工后的前文本的基础上融入新的元素，生成自己的新作品，此类丰富的互文实践给互文翻译研究和文学翻译审美，提供了沃土和理论上的支撑。

从宏观上看，互文文本的翻译的美学价值也可以从文本审美、主体审美、文化符号审美三个大方面去思考。确切来说，首先，以内容为主旨的文本传译，翻译此类作品时不仅仅强调的是再现原文互文信息，更注重的是填补艺术内容的空白，在传递互文意义中选择最核心的审美意义。中国古典诗歌中这种"只可意会，不可言传"的传意方式最丰富。"所谓'意'，实在是兼容了多重暗示性的纹绪；也许我们可以参照'愁绪''思绪'的用法，引申为'意绪'，都是指可感而不可尽言的情境与状态。'意'是指作者用以发散出多重思绪或情绪，读者得进以体验这些思绪的美感活动领域。"(叶维廉，2006：24)此外，以形式为中心的诗歌互文文本在语言层面则注重的是再现审美风格、修辞和音韵形式的保留，在目的语中重新锻造出与原语相对等的形式。其次，审美主体作为诗歌互文文本的解读者和传译者，一方面承担着破译隐形"思绪"互文的责任，另一方面在目的语中应当尽最大可能进行互文再创造，以一种独特的视角、清晰的目的，来再现原文互文表情信息。诗歌作品本身虽然具有美学价值，译者的互文传递起着更重要的作用。再次，互文性也牵涉文化与文本的互动。通过探究翻译过程中两者的互动，本研究的目的是，阐述互文译文吸收、消化、生成前文本的过程及平行文本所产生的影响，兼顾文化美学因素及社会心理积淀的差异性与接受效果。

综上，互文性翻译审美应该坚持以下四个原则：(1)美感经验与翻译联想原则，即译者美感经验的产生依赖于诗作的互文联想，审美主体责无旁贷地去填补美、联想美、发展美和再现美。(2)结构的共同话语建构原则，即在互文性的翻译审美中去寻求一种"中和的语言"或"混杂性"的语言，即寻觅在传译中对话双方都可以理解的审美话语。(3)互文翻译的和谐美原则，即文学内容与形式、音韵与节奏等达到原文与译文等效一致性。(4)补偿和创造原则，在目的语中尽量采取多重聚焦的原则用翻译手段补偿互文性特征，或者在目的语中再现原语和目的语的审美价值，突出翻译互文性的审美再创造。

5 结　语

文学作品尤其是诗歌充满了大量的互文现象，发现并揭示其互文翻译特征和表征模式,无疑具有翻译审美价值。然而,互文性翻译及其研究也存在若干挑战性。首先,互文符号所构成的阐释鸿沟,容易使译者陷入选择表述的困境。作为阐释者的译者,需要准确把握文学意义的要旨,才能做出有意义的审美选择,从而采取"适当性"和"可接受性"兼顾的翻译策略,在译文中予以呈现。其次,互文性平行文本也带来"一"与"多"的关系处理问题,即先前文本与其后文本、原文文本和由翻译产生的多种互文性文本之间,也诱发互文翻译批评维度的比较、鉴别和评价的问题。其中也涉及模仿与创造的价值判读层面。再次,互文审美阅读体验和翻译审美,因个体的差异会产生相抵牾的阐释。"理解的意义视域既不能完全由作者本来头脑中的想法所限制,也不能由本文原来写给其看的读者视域所限制。"(伽达默尔,2002:504)解释学的"前理解结构"给互文翻译审美提供了开放性理解的可能。最后,翻译互文文本的关键在于,译者需要融会贯通地理解原作者互文意图,汲取前人的艺术养料,融化在自己的译作里,也就是刘勰在《文心雕龙·通变》所强调的"凭情以会通,负气以适变"(引自祖保泉,1993:579)。"会通"和"适变"的关系是,互文翻译以"适变"为手段,以"会通"为目的。尽管审美的特殊性会使互文翻译变得更加复杂,因而在一定程度上具有不可译性特征,但创造性的译家总能找到"会通"和"适变"的翻译策略。无论如何,人类对互文"会通"的追求,将带领翻译迈向互识互证的目标,从而建立世界文学的命运共同体。易言之,"天下何思何虑? 天下同归而殊途,一致而百虑"(《易传·系辞下》),是人类追求一以贯之的理由所在。

质言之,文学翻译的互文性因素无时不在接受重组的诱惑,以再现审美意境的可能性。这种重构与重组,在文学互文性的背景下更彰显其开放性和"会通"的价值,体现了主体间的对话与审美创造力。易言之,互文性在某种程度上已取代了主体间性,正如克里斯蒂娃所言:"互文性是一种知识总集,正因如此不同的文本可以生产意义。一旦我们认为某一文本的意义依赖于其所吸收和转换的其他文本,互文性就取代了主体间性的观念"(qtd.in Culler,1981:104)。译者作为文学翻译的主体,寻觅的是跨时空之旅的不隔,编织的是兼容共存的新织体。要之,借助互文翻译,文学翻译将达到互补互用、双向阐发的作用。系统地阐明文学翻译中互文性的再现模式与美学价值,将极大地拓展翻译理论和翻译批评的视野,给未来的翻译研究以新的思路。

参考文献

[1] Beaugrande, R. D. & W. Dressler. 1981. *Introduction to Text Linguistics* [M]. London: Longman.

[2] Bloom, H. 1994. *The Western Canon: The Books and School of the Ages* [M]. New York: Harcourt Brace.

[3] Chan, W. (Ed.). 1969. *A Source Book in Chinese Philosophy* [C]. New Jersey: Princeton University Press.

[4] Culler, J. 1975. *Structuralist Poetics: Structuralism, Linguistics, and the Study of Literature* [M]. Ithaca: Cornell University Press.

[5] Culler, J. 1981. *The Pursuit of Signs: Semiotics, Literature, Deconstruction* [M]. Ithaca: Cornell University Press.

[6] Eoyang, E. C. 1993. *The Transparent Eye: Reflections on Translation, Chinese Literature, and Comparative Poetics* [M]. Hawaii: University of Hawaii Press.

[7] Fairclough, N. 1992. *Discourse and Social Change* [M]. London: Longman.

[8] Farahzad, F. 2008. Translation as an Intertextual Practice [J]. *Perspectives Studies in Translatology*, (3): 125 – 131.

[9] Fish, S. 1980. *Is There a Text in This Class? The Authority of Interpretative Community* [M]. Cambridge/Mass.: Harvard University Press.

[10] Hatim, B. & I. Mason. 1990. *Discourse and The Translator* [M]. London and Now York: Longman.

[11] Kristeva, J. 1984. *Revolution in Poetic Language* [M]. M. Waller, trans. New York: Columbia University Press.

[12] Lefevere, A. 1992. *Translating Literature: Practice and Theory in A Comparative Literature Context* [M]. New York: The Modern Language Association of America.

[13] Mair, V. (Ed.). 1994. *The Columbia Anthology of Traditional Chinese Literature* [C]. New York: The Columbia University Press.

[14] Neubert, A. & G. M. Shreve. 1992. *Translation as Text* [M]. Kent: The Kent State University Press.

[15] Todorov, T. 1984. *Theories of the Symbol* [M]. C. Porter, trans. Ithaca: Cornell University Press.

[16] Wellek, R. & W. Austin. 1956. *Theory of Literature* [M]. New York: Harcourt Brace & Company.

[17] 艾柯等,1987. 诠释与过度诠释[M]. 王宇根,译. 上海:生活·读书·新知三联书店.

[18] 蒂费纳·萨莫瓦约,2003. 互文性研究[M]. 邵炜,译. 天津:天津人民出版社.

[19] 福勒,1991. 语言学与小说[M]. 於宁,译. 重庆:重庆出版社.

[20] 伽达默尔,2002. 真理与方法(下册)[M]. 洪汉鼎,译. 上海:上海译文出版社.

[21] 黑格尔,1979. 美学第三卷(下册)[M]. 朱光潜,译. 北京:商务印书馆.

[22] 蒋骁华,1998. 互文性与文学翻译[J]. 中国翻译,(2):20 – 25.

[23] 刘军平,2003. 互文性与诗歌翻译[J]. 外语与外语教学,(1):55 – 59.

[24] 刘军平,2019. 西方翻译理论通史[M]. 武汉:武汉大学出版社.

[25] 刘军平,2022. 新译唐诗英韵百首[M]. 北京:中华书局.

[26] 毛泽东,1993. 毛泽东诗词[M]. 许渊冲,译. 北京:中国对外翻译出版公司.

[27] 钱锺书,2008. 谈艺录[M]. 上海:生活·读书·新知三联书店.

[28] 钱锺书,2009. 七缀集[M]. 上海:生活·读书·新知三联书店.

[29] 秦文华,2006. 翻译研究的互文性视角[M]. 上海:上海译文出版社.
[30] 王寅,2007. 认知语言学[M]. 上海:上海外语教育出版社.
[31] 许渊冲,1988. 唐诗三百首新译[M]. 北京:中国对外出版公司.
[32] 许渊冲,2003. 文学与翻译[M]. 北京:北京大学出版社.
[33] 许渊冲,2009. 汉魏六朝诗[M]. 北京:中国对外出版公司.
[34] 叶维廉,2006. 中国诗学[M]. 北京:人民文学出版社.
[35] 宇文所安,2006. 他山的石头记——宇文所安选集[M]. 田晓菲,译. 南京:江苏人民出版社.
[36] 张隆溪,2006. 道与逻各斯:东西方文学阐释学[M]. 南京:江苏教育出版社.
[37] 张首映,1999. 西方二十世纪文论史[M]. 北京:北京大学出版社.
[38] 张廷琛、魏博思选译,1991. 唐诗一百首[M]. 北京:中国对外翻译出版公司.
[39] 张旭,2008. 视介的融合:朱湘译诗新探[M]. 北京:清华大学出版社.
[40] 赵毅衡,2013. 对岸的诱惑:中西文化交流人物[M]. 北京:知识出版社.
[41] 钟玲,2003. 美国诗与中国梦[M]. 桂林:广西师范大学出版社.
[42] 朱光潜,2008. 诗论[M]. 武汉:武汉大学出版社.
[43] 祖保泉,1993. 文心雕龙解说[M]. 合肥:安徽教育出版社.

(责任编辑　吴天楚)

探寻世界翻译发展的多维关联:
翻译史研究的全球史路径

广东外语外贸大学　蓝红军
深圳高级中学　黄瀚慧*

摘　要:全球史是20世纪70年代兴起于美国的史观,现已成为诸多学科常用的历史研究方法。本文认为翻译史研究本身具有跨学科性质,应积极援引史学理论方法推进译史研究,改进译史书写。本文重点探讨全球史研究路径对译史书写的借鉴价值,指出全球史观有助于拓展译史研究的空间范围、规避对译史简单线性梳理、形成对译史的整体性认识、了解全球译史之间的关联互动以及获得译史的生态景象。

关键词:翻译史;全球史;路径;多维关联

Title: Exploring the Multi-dimensional Relevance of Translation: A Global Historical Approach to Translation History

Abstract: Global history is a theoretical approach to history that emerged in the United States in the 1970s and now has become a common historical research method in many disciplines. The study of translation history is inherently interdisciplinary in nature and in need of inspiration from global history to improve its current research perspective. The study focuses on the benefit of the global history research approach to translation history study, pointing out that the global history approach could expand the spatial scope of translation history research, avoid simple linear compiling of translation history, form a holistic understanding of translation history, understand the interactions among global translation history, and obtain an ecological panorama of translation history.

---

* 作者简介:蓝红军,教授。研究方向:译学理论批评和翻译思想史。联系方式:alan.lan@163.com。黄瀚慧,教师。研究方向:翻译史。联系方式:huanghanhui2019@163.com。

Keywords: translation history; global history; approach; multi-dimensional relevance

1 引　言

翻译史是"记叙人类社会翻译活动和人们对翻译的认识的历史"(方梦之,2011:334),翻译史研究包括对翻译的文献、翻译组织机构、翻译家、翻译主张、翻译事件、翻译流派等各方面的研究(蓝红军,2010:44)。我国翻译历史悠久,见诸文字记载的至少也有两千多年,翻译史实十分丰富。改革开放以来,随着翻译学科建设的发展,中国译学界对翻译史研究的热度也不断攀升。通过研究,中国翻译史的知识地图已基本绘成,中西译论的发展脉络通过翻译史研究已得到基本呈现,翻译史研究成为翻译学科建设的重要理据(许钧、穆雷,2018:195)。在中国哲学社会科学进行三大体系创新的当下,翻译史研究更是展现出特殊的知识价值,它是翻译学研究中"最可能对其他学科的研究产生影响力的重要组成部分"(许钧、穆雷,2018:210)。相对于整个中国哲学社会科学来说,它的一个可能的贡献就在于,"可以为中国近代以降深受西学影响的各个学科及学科术语的形成与成长书写历史","对哲学社会科学各学科的发展史乃至中国近代史的书写也可提供帮助,甚至有改写或重写的可能"(许多、许钧,2014:139)。

翻译活动由各种复杂要素构成,呈现出动态非线性发展的特征,翻译研究需要"遵循复杂性科学的原则,不断地研究和探索由于翻译自身所具有的复杂性"(穆雷,2020:25)。当前,翻译研究早已脱离了过去单一的研究范式,而从其他学科借用了多样化的研究视角和研究方法。然而,尽管我国翻译史研究已取得长足进步,但范式还是较为单一,对史学理论缺乏适当的关注,研究对象范围过于狭窄、视野不够开阔。相关研究成果"主要集中在重点人物、重点译著和翻译理论等方面"(许钧、穆雷,2018:195),研究状况与人类历史上翻译的丰富性并不相称。正如学者们所指出的,翻译史研究目前还缺乏明确的理论建构、系统的理论指导以及史学研究视野、方法的支撑(夏天,2012;王剑,2017;袁丽梅、李帆,2018)。一些学者充分认识到史学方法对翻译史研究的重要价值,在反思已有翻译史研究的基础上,对翻译史研究方法进行了认识论层面的思考。方仪力(2011)指出口述历史不仅为重写翻译史获得新的史料,还能够将翻译史纳入社会历史的演进之中。蓝红军(2016)指出当下翻译史的书写呈现整体史和碎片化两极化取向,提出了弥合鸿沟的会通之路。包雨苗(2019)借用微观史学方法论原则,探讨如何在翻译史个案研究中从微观个体分析总结出宏观的历史结论。王剑(2020)指出概念史研究范式有助于克服传统翻译史研究模式下的经典主义倾向,产出能够反映翻译活动真实普遍面貌的"一般翻译史"。

在翻译史研究方法论创新的思考中,全球史引起了翻译学者的关注。袁丽梅(2019)指出全球史视野下的翻译史研究有助于扩充译史个案研究资料,推动译史书写走向微观化和"外部史"研究。笔者认为,全球史与翻译史相结合的话题才刚刚开启,有必要进一步加以讨论。具体而言,关注空间性,强调全球性与整体性的考察是全球史研究路径的特点所在,这种史学范式不但重视史实本身,而且更强调观察的角度和方法。从方法论价值来说,全球史研究路径将有助于突破传统翻译史研究的空间范围、规避对翻译史的简单线性梳理、促进对翻译史的整体性认识、了解全球翻译史之间的关联互动以及有利于翻译史的生态书写。

2　全球史与全球史研究路径

对于史学界以外的人来说,"全球史"与"世界史"看似没什么区别。实际上,世界史是历史学的一个分支学科领域,通常指对本国之外的世界历史开展的研究;而全球史则是一种史观,或曰一种历史研究路径,它着重关注各种全球化现象的历史进程,并不拘于也不排斥对某一特定国家历史的考察。全球史兴起于二十世纪七十年代的美国,起初只是一门课程。后来教授该课程的老师和史学家围绕该课程,就世界史体系展开讨论,逐步形成一种宏观历史理论,即"全球史观"。后来,全球史课程在欧美其他国家推广开来,全球史观也随之传播,西方史学界为之感到震动,其理论观点在国际史坛产生了广泛的影响(刘新成,2009:3)。从研究对象来看,全球史考察的是"超越了民族、政治、地理或者文化等界限的历史进程","包括气候变迁、物种迁移、传染病蔓延、大规模移民、技术传播、帝国扩张的军事活动、跨文化贸易、各种思想观念的传播以及各种宗教信仰和文化传统的延展"(本特利,2010:45)。不受国界和地理疆域之限,考察这些对世界范围内人类社会发展产生了深远影响的全球化历史进程,无疑具有新范式的意义,它对传统世界史研究以国别历史事件为线索的书写方式形成了超越。而作为宏观研究视角,全球史的影响也日渐增大。如今,全球史已然成为"显学",打入了诸多领域,"从事社会史、文化史、环境史和经济史研究的历史学家都对全球史脉络怀有兴致,事实上,历史学的每个方向皆可采用全球视角"(康拉德,2018:12)。

作为史学与翻译学的交叉领域,翻译史研究可谓是史学研究的一部分,"任何一个学科的学科史,都与史学研究有着类似的研究目的和作用。因此,翻译史研究应该也必须借鉴史学研究的方法"(穆雷、欧阳东峰,2015:115)。要解决翻译史研究遇到的问题,无法单纯依靠翻译学科内部的研究方法。翻译史研究方法论的创新,更需要来自外部的理论与方法的启迪。翻译史研究者应充分利用史学研究方法为己服务,科学审视并冷静思考史学研究方法的革新与变迁,有选择性地借鉴各种史学方法,为翻译史研究引入新的话语实践,才能随着时代的发展和人类学术内部的调整不断前进。刘禾(2016:3-4)曾说,"全球史研究的主要对象是跨国、跨地域、跨语际的话语实践,形形色色的书写行为、翻译行为和学术行为。"这意味着,人类翻译行为本身就是全球史研究的主要对象之一。一方面,翻译史的丰富史实能够为大范围、长时段的全球史整体运动研究提供材料;另一方面,全球史观的思维特点和研究方法对翻译史研究有较大的启示和借鉴意义。

3 翻译史研究的全球史路径

在国际史坛上,全球史强调把整个世界看作一个不可分割的有机的统一体,从全球的角度而不是从某一国家或某一地区的角度来考察世界各地区人类文明的产生和发展,把研究重点放在对人类历史进程有重大影响的诸历史运动、诸历史事件和它们之间的相互关联、相互影响和相互作用上。全球史观自二十世纪八九十年代传入中国以来,对于中国特色的世界通史体系的重构已经发挥了巨大的作用。事实上,全球史观作为一种极具时代感的新的史学编纂理论,其带来的影响绝不应局限在历史学(特别是世界史)学科范围内,而是对整个人文学科研究的一次方法论洗礼和旧学科话语的更新。全球史观打破了"国家本位"的既定空间单位,重视历史进程的整体性以及各文明之间的互动和关联,强调了"他者叙事"的审视维度,开拓了各学科史研究的新视野。

3.1 揭示世界翻译发展的空间关联

全球史路径的翻译史研究可以从空间上拓展翻译史的书写范围,探索和揭示人类翻译历史发展的空间关联,让我们更深入地认识翻译作为全球化进程的推动力量。

如史学理论家舒尔茨-福贝里(Hagen Schulz-Forberg,2020:118)所说,全球史研究志在"从全球视角重新思考历史空间和历史时间,找出一种平等的历史书写方式,给予世界上任何地方的任何历史角色同样的合法性。这种跨国和多语言的历史将在充斥着多种时间化的众多空间中找到立足点。这样一来,时间的独一无二性、时间进程以及那些可能具有永恒性的规范性视野,就既不受国家空间约束,也不只通过单一语言被表达"。它带来的视域变化之一就是打破了传统历史书写的区域限制,而其思想成果之一就是否定了以"国家本位"作为审视历史的基本单元。一众研究全球史的历史学家摒弃了被现代历史学视为圭臬的民族国家容器,打破所有的既定空间单位,摆脱了民族国家叙事，如国家、宗教和文明等。翻译是跨语际交流活动中不可或缺的先导，翻译这一行为和实践活动本身就是跨文化、跨民族、跨国界的互动交流。翻译史，在某种意义上就是跨国文化、思想、学术的交流史。"对翻译史的梳理和描述如果也能凸显这些'跨越性'及相关特点，而不是只局限于某一种语言和文化，固守于某一个民族、国家或学科的话，这样就能较全面、立体、深入地展现翻译行为和翻译实践活动的特点了。"（谢天振，2019:4）因此，全球史的研究思路正好契合翻译史研究的内在要求。

全球视角的跃升无疑就是翻译史研究中史观的一个重要进展，它有助于我们跳出对传统范式的因袭，超越"国界"来看翻译历史事件。以往中国翻译史的书写体系中，翻译史的书写界限往往与政治疆域相重合。但是历史上，"中国"的范围从来都不是固定不变的，空间时大时小，民族时分时合，文化现象也难以囊括在一个固定的民族国家或地域范围内。以全球史观为指导研究历史，"强调比较与借鉴，强调互动与关联，强调跨国界、跨地域范围的研究，强调研究者应该有更加宽阔的眼光。这些都有助于克服目前历史学经常会表现出来的眼界狭隘的弱点，对发挥历史学的应有功能显然是有益的"（钱乘旦，2001:149）。全球史不固守研究中的国家民族本位，从历史实际情况出发，倡导跨国家、跨地区、跨民族的历史研究，这一路径可以进一步拓展或"重塑"翻译史研究的空间范围，对我国翻译学的发展繁荣极为有益。如翻译研究中的"离散"命题。离散是一些个体或群体的生活状态，他们出于各种原因离开原乡，向外迁移，散居异地。离散译者是指"远离原乡，却又对原乡存有文化记忆，并以某种具体方式和原乡保持着联系的译者"（Tölöyan，转自王晓莺，2011:13）。自20世纪以来，全球政治环境的变化和动荡，加上现代交通工具的发展和变革，人类迁徙活动日益变得频繁便捷，人们之间的交往与活动较以前异常活跃。这些因素都造就了大批离散人群的出现，这也催生了一大批离散文学、离散作家、离散译者。就离散人群而言，有些甚至成了国际居民，他（她）可能是中国人，但会长期在国外生活，因此很难分辨其哪些作品属于中国，哪些作品属于整个世界。也就是说，我们越来越难以用民族国家、政治地域的概念来把握这样的作品。因此，国界并不等于文化疆界，无论是古代还是现代。如果我们还一味地用现有的（地缘政治）边界来考察翻译现象，则难以对某一翻译现象或群体做出中肯判断。比如"考察中国文化在海外成功译介的典型案例时，不难发现拥有多重文化、身份体验的'华人离散译者'功不可没，例如早期的林语堂、聂华苓和近期的刘宇昆、李安等。他们得益于与异域文化的直接体验，站在他者的视角，以远眺的、超然的姿态重新看待故土文化，可更理智地协调文化差异，赋予中国文学、文化在不同文化体系中的流通性和接受性"（汪世蓉，2018:73）。因此，离散文学的翻译现象和离散译者所发挥的重要作用，也应纳入翻译史的书写范围。为此，翻译史的书写必须改变以政治边界来圈定研究范围的传统做法。惟有如此，才能超出传统修史书写的空间观照界限，启开我们的研究思路，从而对某一翻译现象或群体做出更准确和清晰的分析判断，在翻译史研究中跳出民族和地域的局限,从观照方式和研究方法上得到较大的拓展,更深入地分析和解释各类不同翻译现象,丰富大家对翻译本质的认识。

3.2 认识世界翻译发展的整体面貌

从全球整体认识人类社会的历史演进是全球史观的另一大特征。全球史研究者L.S.斯塔夫里阿诺斯(L.S. Stavrianos)在《全球通史》(1988:54)中强调指出:"本书的观点,就如一位栖身月球的观察者从整体上对我们所在的球体进行考察时形成的观点,因而,与居住在伦敦或巴黎、北京或新德里的观察者的观点判然不同。"由此观之,从整体出发是用全球史观考察问题时的首要原则。全球史学者以"总体历史的眼光",打破了以往史学研究过多地观察历史对象纵向发展的线性思维模式,不仅着眼于研究对象,还将研究对象放到了一个更大的系统中加以观照,关注大范围、长时段的整体运动,开拓了新的研究领域。事实上,不论是人文社科还是自然科学,著史者在面对浩如烟海的历史史料时,出于时代局限性和个人喜恶等方面的考虑,往往只看到个别有代表性的历史人物和主流历史事件,由此导致"只见树木,不见树林"的情况频繁出现。实际上,"树林"是由"树木"组成的,只考察一部分突出的"树木"无法获得对整片"树林"的全面认识。

以此观之,如果翻译史研究者只是将某一本译作抽出来研究,线性梳理其在译入语环境中的流通和传播,未关注到其背后的某一类文学,未将其放入整个"树林"中加以观照,没有了解这一类文学在世界文学系统中的位置及其时代背景,其研究成果会不可避免地带有片面性。历史书写者往往善于提取主要的历史事件,比如历史上的四次翻译高潮,呈现历史河流的纵向漫延,但是翻译史研究不应当被简化为"大事和人物纪要或资料汇编"(孔慧怡,2005:13)。当然,这并不是说对于历史上大家、代表作品和事件的研究是多余的,事实上是只有这种专门化的研究是不够的。翻译史研究亦是如此。如果我们仅仅着眼于主流译事研究,那么它涉及的内容必然小于当时客观存在的翻译现象和史实,这实际上是人为缩小了当时翻译活动的全局面貌,缺乏一种客观性。同时,单纯地把某一译作抽出来,漠视其背后的某一类文学,及该类文学在全球的生产和传播,不利于客观地认识该作品在当时时代的历史存在和其本身。这样,我们的研究是在脱离完整的事实体系下进行的,这种研究本身恐容易受到质疑。

3.3 展示世界翻译发展的互动关系

全球史研究的进步性也体现在尤为重视世界各历史文化间的关联与互动。近代以来西方史学发展与科学观念发展的关系颇为密切。十九世纪下半叶,受进化论的影响,西方史学家倾向于分类、孤立地考察世界各民族的发生、发展过程,因此各种"文明史"在世界史著作中占据主导地位。二十世纪以后,"随着相对论的传播,西方史学家的注意力向不同民族和地区之间的'相对性'和'关联性'转移,体现'全球互动'的世界史便应运而生"(刘新成,2007:V)。与西方科学观念的变迁相联系,全球史所关注的"关联"与"互动"也受到了相对论的影响。全球史学家把"互动"作为建构世界历史的基础,"首先因为他们认为'互动'是人类社会组织的存在形式。……其次,全球史学家认为,互动是世界历史发展的动力"(刘新成,2009:8)。不难理解,人是社会性的,不是封闭和孤立的,人必然存在于与社会的交往中,形成一个个互相关联的网络,并与该网络内其他个体、组织相互发生影响。由此,全球史观认为每个社会、每种文明都不是孤立存在的,社会与社会之间、文明与文明之间互为发展条件,相互之间的互动、竞争、交融、碰撞以及力量对比关系都是推动全球发展的动力。进入二十一世纪以来,越来越多的学者"认识到'全球史既关注互动,又重新求助于宽泛的比较'的必要性,比较研究也日益出现全球史转向,互动研究与比较研究渐渐有机结合起来"(夏继果,2017:98)。

借鉴全球史观,在全球整体视野下着重审视各个地区、各个社会、各个民族和各个国家之间的横向互动关系,进行共时比较,这对于翻译史研究的发展来说,的确是很有意义的。"全球取径的一个特质,是对共时性的重视,它重视发生在同一时期的事件,即便这些事件在地理上天各一方。"(康拉德,2018:126)全球史路径的翻译史研究需要在表面看来是分散和孤立的翻译史事件或现象之间寻找某种内在联系,将翻译对于不同形态文明发展的影响,翻译对各国各地区文化发展的影响的共性和异性之处,作为研究的重点。通过比较和对照,从中发现社会文化史中翻译事件或现象之间的关联,揭示其发生发展的规律性特征。比如谢天振(2009:V)注意到在我国,"中西翻译史的编写,包括课程的开设,一直都是各行其道、互不搭界的,似乎中国翻译史和西方翻译史是性质迥异、无法相互沟通的两个事物"。于是乎,在编写《中西翻译简史》时,谢教授对于中西翻译史没有采取分裂的态度,而是从全球视野出发,有意"把中西翻译发展史作为人类文明发展史上一个具有共性的文化交际行为,一个与译入语民族、国家的社会、政治、意识形态、诗学观念等都有密切关系的文化交往行为整合在一起,以探索其共同的发展规律,同时又把它们作为两个各具特色、各自独立发展的操不同语言的民族间的文化交流活动,予以互相观照,互证互识。"在综合审视和比较中西翻译活动的发展轨迹以及译学观念的演变过程之中,我们很容易就发现两者之间有区别,也有联系,不乏共同点。通过中西翻译史的比较研究,能够不断开拓中国翻译史研究的视野,同时加深对于我国相关翻译史实的认识。

3.4 呈现世界翻译发展的生态图景

"他者叙事"是全球史研究不可或缺的史料和审视维度(刘文明,2020:45)。史料搜集是史学研究的前提,史料的翔实体现在数量和种类上,历史研究的过程其实就是历史学者与史料不断对话的过程,而文本一直是历史学者赖以建构历史的重要史料。在历史事件中,当事人的记录是一种主位视角的叙事,旁观者的记录则是客位视角的叙事,即"他者叙事"。全球史学者秉承"关联"与"互动"的理念,致力于探讨人类生活层面的相互联系与互动,尤其是关注跨地域跨种族的互动与交流,观察各地区发展与其"周边世界"的关联,从"本土"与"域外"互动的角度,抓住"他者叙事"重新解读各地的"本土史"。"他者叙事"为研究者提供了考察问题的多维向度,所以全球史视野下的历史书写应该是一种生态化的历史书写,所谓"生态化",就不是单向发展的,而是多元互动的。

全球史路径的翻译史研究要求研究者把与翻译史事件有关的各个方面纳入研究视野,再现事件发生的公共空间,探究空间内各种因素间的互动,建构事件的区域性、历史性意义,从而使翻译的历史叙事呈现一种"生态"景象。将翻译史事件置于一个广阔的公共空间来思考,会观照出翻译所涉及的知识传播、文化交流、身份建构、意识形态斗争等各个方面。从这个意义上讲,翻译是复数的、重叠的、相互关联的,相应地,翻译史叙事也应呈现翻译的这种"生态"。传统的翻译史研究,大多是一种单向线性的"宏大叙事",缺少对于细节和内外生态要素的刻画。运用全球史的理论和方法,有助于消除或减少这方面的问题和弊端。

要实现全球史叙事对翻译生态图景的再现,翻译史研究的史料挖掘不仅要搜集原文、翻译文本和译者资料等主位视角的叙事资料,还要搜集相关评论、报道、各类历史文献以及其他涉及当时社会时代背景的各类第一手历史资料等"他者叙事"资料。例如,王宏志的《翻译与近代中国》(2014)收录了清中叶以来中国翻译史上没有得到重视的课题研究,比如中英交往的语言、礼品清单翻译、使团国书翻译等。这些未被充分重视甚至被忽略的翻译现象实际上有重要的研究价值,可以揭示翻译在中国外交史上、文学史上的重要作用。可以认为,翻译史的研究对象也不应局限在文本的狭隘范围,而应该进入市场、港口、边贸、法庭、学校、教堂、医院、机场等不同场域,联系参与到翻译活动的受众和赞助人,挖掘各种不同的翻译现象,探索各类与翻译现象有关的生态要素,这样书写的翻译史才是丰满生动的,能够真正勾勒出翻译的历史全貌。

4 结 语

"翻译史是一门世界范围内的学术,翻译史研究必然具有跨民族、跨国界、跨时代、跨空间、跨学科和跨文化的特点,因此,翻译史研究天然是一门跨学科的比较研究。"(邹振环,2017:387)可以认为,要做好中国翻译史研究,就要把翻译研究"摆进社会进程、全球文化交流的大背景里去"(王建开,2007:57)。重视全球化背景下的翻译史研究,从全球史观出发考察分析翻译史,就是把翻译史课题放在更为广阔的时空阈限里来观察,这样可以使研究具有新的深度和广度。比如研究某部文学翻译作品,如果能把一个研究对象与当时世界的思想史大背景联系起来,一定可以发掘出新的意境。以全球史观为指导,把中国的翻译史视为全球翻译史的有机组成部分而加以研究,同样可以发掘出新的意境,不仅可以拓展中国翻译史的研究范围,而且更便于深化研究的专业性,发现各历史时期我国翻译活动的规律与特点,把握中国翻译史的世界地位以及对世界翻译史的重要影响等。

综上所述,全球史路径对于翻译史研究具有重要的意义。全球史跳出了民族国家叙事的窠臼,有助于扩展翻译史研究的空间范围,将边缘领域的译者、译作和翻译事件纳入考察范围;全球史观强调人类历史进程的整体性,有助于避免采用直线型的思维来看待历史,从而对翻译史实得到更全面的认识;全球史研究重视各事件之间的互动和关联,进行共时比较,有助于互相观照,挖掘新知,加深认识;全球史观采用"他者叙事"的审视维度,有助于更客观地勾勒出翻译的历史生态全貌。全球史为翻译史研究提供了新的理论指导和研究方法,从民族国家容器转向全球视野,从零星"树木"转向葱郁"树林",从谱系模式转向共时模式,从单向叙事转向多维生态叙事,值得翻译史研究界加以关注。不过,值得注意的是,史家常说"史无定法"(李红岩,2017:5),"全球史是众多视角中的一种,在这种探索方法的启发下,历史学家能够提出新问题,给出新答案,而这些问题和答案不同于在其他研究路径下所生成的问题和答案"(康拉德,2018:10)。取径全球史,在于扩大研究视野,引入新的方法,丰富研究内容,增强"问题意识",而不是要取代其他的研究方法。

参考文献

[1] 包雨苗,2019.试论翻译史个案研究法中微观与宏观的关系[J].外语教学,(3):93-97.

[2] 方梦之,2011.翻译史[A].方梦之(编).中国译学大辞典[Z].上海:上海外语教育出版社,334.

[3] 方仪力,2011.口述历史:一种新的翻译史研究方法[J].译苑新谭,(00):82-91.

[4] 哈根·舒尔茨-福贝里,2020.全球史的空间和时间层次——通过将莱因哈特·科泽勒克的"时间层次"拓展到全球空间反思全球概念史[J].李娟,译.史学月刊,(11):118-125.

[5] 杰里·H.本特利,2010.新世界史[A].夏继果,杰里·本特利(编).全球史读本[C].周诚慧,译.北京:北京大学出版社,44-65.

[6] 孔慧怡,2005.重写翻译史[M].香港:香港中文大学翻译研究中心.

[7] 蓝红军,2010.翻译史研究方法论四题[J].天津外国语学院学报,(3):44-48.

[8] 蓝红军,2016.整体史与碎片化之间:论翻译史书写的会通视角[J].中国翻译,(1):5-11+124.

[9] 李红岩,2017.从社会性质出发:历史研究的根本方法[J].中国史研究,(3):5-17.

[10] 刘禾,2016.序言:全球史研究的新路径[A].刘禾(编).世界秩序与文明等级——全球史研究的新路径[C].北京:生活·读书·新知三联书店,1-14.

[11] 刘文明,2020.全球史研究中的"他者叙事"[J].首都师范大学学报(社会科学版),(3):45-51.

[12] 刘新成,2009. 互动:全球史观的核心理念[J]. 全球史评论,(00):3-12+271+298.
[13] 刘新成,2007. 中文版序言[A]. 杰里·本特利,赫伯特·齐格勒,新全球史——文明的传承与交流[M]. 魏凤莲,张颖,白玉广,译. 北京:北京大学出版社,Ⅴ-Ⅺ.
[14] 穆雷,2020. 翻译学研究的方法与途径[M]. 上海:上海外语教育出版社.
[15] 穆雷,欧阳东峰,2015. 史学研究方法对翻译史研究的阐释作用[J]. 外国语文,(3):115-122.
[16] 钱乘旦,2001. 探寻"全球史"的理念——第十九届国际历史学科大会印象记[J]. 史学月刊,(2):145-150.
[17] 塞巴斯蒂安·康拉德,2018. 全球史是什么[M]. 杜宪兵,译. 北京:中信出版社.
[18] 斯塔夫里阿诺斯,1988. 全球通史 1500 年以前的世界[M]. 吴象婴,梁赤民,译. 上海:上海社会科学院出版社.
[19] 王宏志,2014. 翻译与近代中国[M]. 上海:复旦大学出版社.
[20] 王剑,2017. 西方翻译史研究理论话语述评(1964—2014)[J]. 上海翻译,(2):43-50+94.
[21] 王剑,2020. 概念史视野对翻译史研究的启示[J]. 东方翻译,(4):12-19.
[22] 王建开,2007. 翻译史研究的史料拓展:意义与方法[J]. 上海翻译,(2):56-60.
[23] 汪世蓉,2018. 离散视角下中国武侠文学的英译及传播路径[J]. 文化与传播,(1):68-74.
[24] 王晓莺,2011. 当代翻译研究中的"离散"内涵与命题[J]. 上海翻译,(1):12-16.
[25] 夏继果,2017. 全球史的研究方法[J]. 社会科学文摘,(2):96-98.
[26] 夏天,2012. 史料、语境与理论:文学翻译史研究方法构建[J]. 外国语,(4):80-87.
[27] 谢天振,2009. 中西翻译简史[M]. 北京:外语教学与研究出版社.
[28] 谢天振,2019. 百年五四与今天的重写翻译史——对重写翻译史的几点思考[J]. 外国语,(4):4-6.
[29] 许多,许钧,2014. 面向中西交流的翻译史研究——《从词典出发:法律术语译名统一与规范化的翻译史研究》简评[J]. 解放军外国语学院学报,(5):139-144.
[30] 许钧,穆雷,2018. 改革开放以来中国翻译研究概论(1978-2018)[M]. 武汉:湖北教育出版社.
[31] 袁丽梅,2019. 全球史视野下的翻译史研究——关系梳理与参考借鉴[J]. 上海翻译,(4):66-70+95.
[32] 袁丽梅,李帆,2018. 史论结合,创新方法——翻译史期刊论文统计研究[J]. 上海翻译,(5):47-51.
[33] 邹振环,2017. 20 世纪中国翻译史学史[M]. 上海:中西书局.

(责任编辑　张晓明)

身心合一:关于翻译主体性的再思考*

郑州大学/广西科技大学 罗迪江**

摘 要:翻译学界对主体性的探讨主要是基于躯体与精神的二元对立来理解的,导致了"身"与"心"相互割裂。对翻译主体性的认识过程应该将"身体"的因素突显出来,从离身认知走向具身认知、从身心二元走向身心合一。以身体的维度来看,翻译主体就是切身体认的主体,是身心合一的主体,是以一己之身推及翻译之身、翻译之道的具身能动者。作为身心合一的具身行为,翻译不仅应该以身体为本,更应该回归活生生的主体本身。

关键词:翻译主体性;身体;具身性;身心合一

Title: Body-Mind Harmonization: A Reconsideration of Translation Subjectivity

Abstract: The investigation into translation subjectivity in the field of translation studies has tended to be understood on the basis of the body-spirit dualism, which leads to the body-mind dissociation. The understanding of translation subjectivity should give priority to the elements of "body", shift from disembodied cognition into embodied cognition and from body-mind dissociation into body-mind harmonization. From the perspective of body, the translation subject is the subject of the embodiment, the subject of the body-mind harmonization, and the embodied agent of the embodiment of translation and the way of translation by means of one's own embodiment. As an embodied act of the body-mind harmonization, translation should be body-oriented and back to the living subject himself.

Keywords: translation subjectivity; body; embodiment; body-mind harmonization

---

* 本文系教育部人文社会科学基金项目"译者中心理论体系建构的生态理性研究"(19XJA740004)阶段性成果。

** 作者简介:罗迪江,教授,硕士生导师。研究方向:理论翻译学。联系方式:dijiangluo@163.com。

1 引言

　　主体性问题既是翻译研究的根源性的主题域,也是译学界探寻与追问的核心论域。无论是罗宾逊(Robinson,1991)的《译者登场》还是韦努蒂(Venuti,1995)的《译者隐身》,抑或是罗宾逊(Robinson,2001)的《谁在翻译》,都将考察翻译主体性作为自身研究的核心议题。不论是许钧(2003)的"翻译主体论",还是查明建、田雨(2003)的"译者主体性",不论是陈大亮(2004)对"谁是翻译主体"的追问,还是蓝红军(2017a)的"翻译主体性",抑或是刘云虹(2022)的"译者主体化"问题等等,都是将主体性视为翻译研究中基础又根本的问题。作为翻译学的研究对象与翻译活动特有的基本属性,主体性总是渗透并延展于翻译学领域之中,也是当代翻译研究的关键论域与理论生长点(罗迪江,2022a:90)。通过对主体性问题的探究,译学界在翻译知识体系中愈加清晰地确立了翻译主体的本体地位,"其意义在于将人作为获得翻译知识的基点,通过揭示翻译中主体与客体的对象性关系,去理解翻译何以产生和发展,进而理解人类自身的存在"(蓝红军,2017b:68)。然而,目前认识翻译主体性的立足点在于,主体是独立且有意识的,而主体的意识是翻译主体性的核心标志。换言之,对翻译主体性的理解仍然是基于躯体与精神的二元对立之上,它将翻译所涉及的想象、情感、直觉等意识现象加以精神化。精神化将肉体要素的非理性因素从翻译中排除出去,这就遮蔽了作为翻译意识中具有体验能力的身体。于是,身体与翻译的内在关系不可能成为主体性的研究对象而获得专门的探讨,身与心相互分离。这不仅忽视了翻译主体拥有"身心合一"的双重功能,而且也难以恰当地理解身心合一、翻译身心学(the somatics of translation)(Robinson,1991:3)对认识与理解翻译主体性具有的重要意义。

2 "切身体认"的翻译主体

　　翻译过程虽然错综复杂,但就根本而言,对文本意义的理解及由此展开的主体间对话是其中的核心与关键(刘云虹、许钧,2022:7)。论及翻译及其过程,离不开对翻译主体与文本意义的探讨;探讨翻译主体,也离不开对文本及其意义的探究。目前,译学界对翻译主体的探究基本上是"纯粹的精神性存在",即翻译主体是基于精神与身体的分离来理解翻译。这意味着,翻译主体是一种离身性的精神性存在,是一种身心分离的单纯主体。翻译主体性的身心分离,是笛卡尔的身心二元论在翻译研究中的一种表征。身心二元论强调主体就是"纯粹的精神性存在""无世界的单纯主体"。按照身心二元论来看,翻译主体作为纯粹的精神性存在,是不能"切身体认"文本的主体,因而是一种文本处于"缺席"状态的单纯主体。文本的缺席,意味着身体的不在场;文本未能以主体最原初的存在境域作为翻译的内在根基,也就未能对自身进行原初性的切身体认。译学界虽然试图克服翻译主客体的二元对立,将翻译主体视为一种纯粹内嵌着意向性的精神性主体,但是在翻译研究中依然将精神与身体对立起来。因此,翻译主体性是基于精神与身体的二元对立之上确立起来的;翻译主体就成为一个纯粹的精神性而脱离其自身肉体的存在者,而不是一个切身体认的具身能动者(embodied agent)。实质上,翻译主体是拥有且可触及文本的主体,是通过身体来体验文本的具身能动者,因而对文本的理解是一种"切身体认"的知觉。切身体认意味着,对翻译主体的认识过程是一种从身心二元走向身心合一的动态生成过程。

2.1 翻译与文本

翻译主体性涉及精神与身体的二元对立,我们可以从对"随心所欲不逾矩"在翻译层面上的解读中看出这个观念。究竟如何理解"随心"与"不逾矩"的关系?翻译主体本应拥有"切身体认"文本的意识,并与文本建立"身心合一"的关系。然而,根本的问题在于,翻译主体只是拥有了独立的精神,是作为"随心所欲"的精神主体而被理解的,而不是作为活生生的、以"矩"为身体的体验对象的主体被理解的。如果以"随心所欲"去投射文本,那么它就只是纯粹主观的能动性,而没有任何客观的文本意义。当主体体验文本时,翻译就不再只是纯粹的主观行为,而是"以身体之"的具身行为。主体与文本的关系不只是一种"随心"的意识关系,也不只是一种"不逾矩"的客观关系,而是一种指向"远取诸物,近取诸身"的具身关系。主体与文本的具身关系是"须自心体认出来,非言语所能喻"(《王阳明全集》)。文本是主体"随心所欲"的前提,因而主体会对文本及其意义有所塑造。之所以能随心地塑造,是因为主体要切身体认文本而领悟出文本的意义与真知。文本不再是原先的文本,而是主体以身体认的、最真实的文本;翻译主体性就表现为主体拥有切身体认的体验性文本与具身性文本。从"随心所欲"的角度来看,原先的文本虽然存在,却被"随心所欲"所遮蔽。翻译主体惟有将被遮蔽的"随心"敞开,文本的意义才作为具身性的翻译显现与敞开,因而"翻译活动中文本意义的汲取远不是一种复制行为,而是一个永无止境的生成过程"(刘云虹,2017:613)。可以说,文本不仅是具身性的,也是生成性的。

翻译之为翻译在于,文本具有原初的具身性。一旦拥有"切身体认"文本的知觉,主体就拥有了对翻译的体验与领会,并对文本进行认识与塑造。主体体验到的文本原则上优先于纯粹精神性的文本或改造过的文本,因而翻译就是一种对文本体验与领会的具身活动。主体与文本所发生的关系具有必然性,当然这种必然性不是纯粹文本的必然性,而是主体体验与领会的必然性。它体现了翻译的"切身体认",即"无身则无心"

（《王阳明全集》）。一旦翻译形成身心合一的关系，那么主体面前的文本不再是纯粹的精神性文本，文本向主体显示了它内在的具身性意义。主体借助肉体上的具身性来把握文本的意义，进而感知翻译的原初性存在。正是这种原初性存在，翻译才能彰显"是其所是"的具身性，主体才能凸显出翻译的具身性。依据具身性来体验与领会，翻译就是一个"敞明"文本的具身行为。

2.2 翻译与理解

翻译主体原初性地生存于文本之中，体验与领会文本的意义，是"先行于"翻译活动的。原初的体验与领会是翻译的"先行具有"。"先行具有"展示了主体体验与领会文本的内在结构，文本的内在结构决定了主体看待文本的方式；主体会无意识地用这种"先行具有"来概括其领会的文本。虽然译学界在强调主体性时也强调翻译主体的"先行具有"，却没有在"先行具有"的文本的意义上去理解。翻译主体与文本发生的原初性关系，是无法用显性的概念来加以把握的，这种关系只存在于主体的内知觉而没有显现于主体的外知觉。因而，翻译主体性仍然是处于精神与躯体、内知觉与外知觉的对立状态中。翻译主体性的实质是要求精神与躯体、内知觉与外知觉结合在一起。文本，是作为主体的文本而存在，那么文本既被体验着又被翻译着，它自身会以主体的内知觉与外知觉融合的方式呈现。翻译处于被体验的文本之中，就是处于被理解之中。"理解就是翻译。"(Steiner，1998：1)翻译既是体验的又是理解的，它就是以身体之的理解。

翻译既处于理解之中；理解缺失处，无翻译存在。理解，就是主体在"切身体认"的情景下考察文本，进而形成了具身性的文本。理解的基础并不在于文本的事实性，而在于体认文本的过程性。当然，原初性存在的文本是内容模糊的，因而翻译需要"切身体认"去理解文本，既要获得肉体上的体验，又要获得意识上的理解。"诚然，只要与过程的关系未弄清楚，任何事物最后都未被理解。"(Whitehead，1938：64)唯有弄清"切身体认"的具身性过程，翻译才能祛除文本的内容模糊而被理解，才能显现文本的具身性而被理解。显然，理解不是单纯地获得一种翻译知识，而是对文本的"切身体认"，进而能够使主体与文本建立身心合一的关系。可见，翻译就是一种"切身体认"文本的理解过程，它是从肉体上的体验延展至意识上的理解，也是身体通过肉体上的体验进入意识上的理解而敞开文本的本质。惟有如此，翻译主体性才能得到自由而又充分地显现。

3 "身心合一"的翻译主体

翻译是由主体的身体与意识共同造就的，这体现了翻译的具身主体性。翻译是通过主体性的方式连接了肉体上的体验与意识上的理解，达到身心合一。可以说，翻译不是离身性的而是具身性的,是身心合一的"具身行为"(embodied action)(Varela, et al., 2016:173)。具身行为强调翻译来源于主体的切身体认,而且切身体认内嵌于身体周围的文本结构与翻译环境之中。可见,不是翻译的思维主体投射到文本之上使它获得意义,而是主体的"切身体认"赋予与领会了文本意义。要领会文本意义,就需要进一步理解由肉体与心灵融为一体的身体。"人是作为精神展现的身体与作为展现于身体之中的精神的统一体","精神的理解是基于身体的感知而获得的,身体与精神的统一体是一个根基性的统一体(founded unity)"(Husserl, 1989:337)。要理解翻译主体性问题,就需要强调身体与精神这个根基性的统一体。

3.1 身体与躯体

翻译既依寓于躯体上的体验又寄寓于意识上的理解,那么真正的主体性应该突破躯体与精神的二元对立,使主体通向身心合一:既看到精神对翻译的作用,又要看到躯体对翻译的意义。进而言之,当躯体与心灵融为一体时,躯体就不再是原初那个只是被感知的躯体,也不是一台"光鲜亮丽的机器"(highly polished machine)(Merleau-Ponty, 1962:76),而是一种看不到、不可触摸、具有本体论意义的"身体",它凸显了主体的具身性。"身体的凸显意味着对笛卡尔的心身二元论的拒斥。"(Gallagher & Zahavi, 2012:153)身体并不是简单地被看成一个独立的"躯体",而是被赋予了本体论的具身性意义,是精神的基础和载体。进而论之,身体是翻译的基础与载体,也是翻译主体性绽放、显现自身的栖居处。翻译唯有被"身"所"体",翻译主体性才得以整体地显现与在场;文本唯有被切身体认,翻译才得以有效地显现与在场,才显现自身的具身性;唯有切身体认,翻译才显现出与肉体上体验相关的具身性,翻译主体才成为积极的具身能动者。

当翻译主体性得到绽放与显现时,肉体上的体验就会延展到精神的领会,躯体(肉体)与精神就会融为一体而成为具有本体论意义的身体。"身体是由相互表达(expression)与感知(feeling)的实有(entities)构成的。"(Whitehead, 1938:32)离开了躯体,身体就失去了自身的栖居处;离开了身体,精神就无处安身。这可谓"无身则无心,无心则无身"。翻译主体需要以一己之身去体验文本,探究文本是如何在肉体上体验与精神上理解的双重维度的显现下才能获得身心合一的主体性敞开。翻译主体性的敞开,就是以"身"体验翻译,以"身"践行翻译,以"身"显现主体,以"身"成就自我,进而揭示翻译的本质,体悟翻译之道的运行规律。这可谓"贵以身为天下,若可寄天下"(《老子》)。它表明了,翻译主体是以一己之身推及翻译之身、翻译之道的具身能动者,是以身为本、回归身体的主体性显现。以身为本,翻译是有灵魂的,文本是有生命的;文本以生命的感知吸引着主体,这是以身体感知主体的精神,因而翻译主体需要"从精神层面、艺术层面、影响层面对文本的新生命加以把握"(许钧,2021:71)。寻求被感知是主体身体具有的独特的具身性,也是翻译主体对文本的新生命加以具身性把握的表征。具身性意味着,"身体不能仅仅被理解为单个客体,而必然是体验活动的意识客体,甚至说具身意识"(Shusterman,2008:3)。当身体将翻译当成主体触摸自身的文本时,翻译就有一种独特的身体意识。身体意识是身体内在的特性,是身体与文本建构翻译独特的具身性。然而,身体在传统的翻译主体性研究中是缺失与不在场的,因为主体的身体体验以及主体性被理解为一个心理事实。从传统的观念来说,翻译主体性要么遮蔽了主体的身体,要么遗忘了主体本身,进而将身体简化为一种单纯的躯体或物体。翻译主体性的传统观点是基于翻译主客体的二元对立之上去理解身体,身体要么是翻译的主体,要么是翻译的客体,是一分为二的心理事实。事实上,身体赋予了翻译以主体与客体视域融合的双重属性,它融合了肉体、躯体与心灵,是一个不可截然分割的有机整体。

3.2 身体与文本

翻译回归身体,就是超越翻译主客体二元对立的主体性观念,它通过融合躯体与精神的方式来重新建构翻译主体性,强调翻译主体的外知觉与内知觉的内在统一。身体并不是单纯的躯体,它超出躯体之外,延展至肉体、精神与心灵,将原本不是身体的东西当成身体的有机部分。作为形上本体绽放自身存在的栖居处,身体是不能直接地、直观地描述的,它涉及体验的可能性。"从原初本质来说,身体是属于存在范畴,本身就是主体性的范畴"(Henry,1975:8)。从翻译的角度来看,身体构成了认识翻译主体性的范畴,是属于翻译主体存在的范畴。翻译主体将不属于身体的东西当成身体的有机部分,将身体延展至文本的内在结构、翻译环境,使身体与文本形成了具身性的身体图式。"身体图式包含身体行为的前反思、本体感受(proprioceptive)的意识。"(Gallagher & Zahavi,2012:165)对于翻译来说,身体图式既牵涉肉体与心灵,还牵涉翻译环境,正如赫伯特·西蒙(Simon,1990:7)的"剪刀行为":一面刀片是主体内知觉的心理机制,另一面是主体外知觉的环境结构,彼此之间的相互耦合促使主体以身体为运转模式利用环境结构去寻求心理机制的相互适应,以一己之身去体验并确认有用的文本信息,将主体生存于其中的翻译环境理解为翻译与文本的适应性关联。因此,"翻译是环境结构与心理机制之间的双向互动的与动态的适应过程"(罗迪江,2019:38)。适应过程的实质就是主体"以身体之",主体周围的环境结构是在文本之中与主体的心理机制"照面";身体就是让环境结构与心理机制进行适应性的"照面"。可以说,过去对翻译主体性的讨论基本上只是从躯体的意义上去理解,而强调"以身体之"也只是从躯体的意义来理解,忽视了环境结构与心理机制的内在关联。

当然,主体将翻译环境作为自己身体的一部分,翻译环境就变成翻译的一部分,成为文本意义关联的整体,成为主体体验翻译环境的整体。翻译环境作为一种原始空间性,融合于身体并成为身体的一部分,它维系于文本与翻译环境。于是,身体首先不在翻译环境里也不在文本中,而是属于翻译环境,属于文本。"身体应该被视为主体、体验者与施动者,而不是客体、被体验物。"(Gallagher & Zahavi,2012:155)那么,翻译通过以身体之的方式形成了身体图式。身体图式的建构过程就是翻译环境的变化过程,也是翻译文本的成长过程。这表明了,翻译主体性的实质就是身体与文本、翻译环境之间形成一种从身体的角度来看待主体能力:翻译主体不只是纯粹的主体,其在翻译活动中形成一种特殊的翻译能力。翻译能力不是躯体上的某个器官的翻译功能,而是整个身体的翻译能力。翻译能力是身体与文本、翻译环境之间形成的一种稳定联系,也包含了主体思维或心智在其中发挥的作用。它表明了"思维是具身的"(Beilock,2015:2),"心智的本质是具身的"(Lakoff & Johnson,1999:1)。翻译主体不是作为躯体与文本、翻译环境单独发生联系的主体,而是作为身体与文本、翻译环境发生整体关系的主体。主体与身体、文本、翻译环境融为一体,翻译就犹如庖丁解牛一样,"目未尝见全牛,刀入牛身若无厚入有间"。

3.3 翻译与具身性

"在认知科学的领域里,具身性是指理解主体自身的身体(agent's own body)在日常认知与情景认知中所产生的作用。"(Gibbs,2005:1)从身心合一的角度来理解,翻译的具身性就可以真正地被确立起来。翻译不是纯粹内在化的、符号化的、离身性的行为,而是一种身心合一的具身行为。作为一种具身认知的活动,翻译是由主体的心智活动与具身行为塑造的。为了揭示翻译的本质,翻译主体必须"以身作则"为翻译"操心",翻译就是一项充满具身性的"操心"行为,就是一种以切身体认为导向的具身行为(罗迪江、唐雪,2022:118)。诚然,文本的意义在翻译过程中有一种预先的确定性。意义的确定性不是文本的纯粹"客观"属性,它与主体的知觉与体验有关,是在文本中所体会到的确定性。当翻译在不同意义中的所有显现对于主体来说是一样的,那么翻译就具有某种客观不变的属性。确定性之所以存在,是因为主体能够将文本、翻译环境与身体运动的相互作用结合在一起。主体的身体运动与文本、翻译环境构成了一个相对稳定的具身体系,主体因而获得了知觉的确定性,也就确立了翻译的确定性。身体不是简单地把翻译与文本、翻译环境等机械地拼凑起来,它是主体感知的功能转换系统,进而以身体之让翻译在跨语言转换中获得等值。"身体表达了人的模糊性,既是体验世界的主体敏感性,又是在世界之中被感知的客体。"(Shusterman,2008:3)身体既包含翻译的主观性,又涵盖翻译的客观性。主体是以身体为感知方式来看待翻译,在身体的统一性中来把握翻译的等值。翻译主体拥有一个以身体认的被感知文本,翻译是在文本之中存在,它的等值是在文本的转换系统中被身体感知的。文本与主体的整个身体意识联系在一起,形成了身体的感知系统。感知系统表明,翻译不是建基于对某个翻译规律的认识之上,而是建基于通过身体对文本感知之上而呈现一个具身性的等值系统。

虽然文本的意义在不断地变化着,但主体与文本是统一的,即文本具有统一性。文本的统一性与主体的身体活动有关联:身体是感知文本的界限,也是主体进行翻译的界限。翻译主体是时间维度中的主体;时间维度确立了主体与文本的统一性,进而以身体之获得翻译的统一性。即,主体是在身体的活动中显示出翻译的统一性,翻译是身体的思想在显现,是身体的意向在表达,是身体的思维在思考。"身体既非是其所居(where it is),亦非是其所是(what it is)——因为身体能够分泌出(secreting)一种未知来源的'意义',进而将该意义投射到它周围的物质环境和传递给其他的具身主体。"(Merleau-Ponty,1962:177)翻译主体的身体活动使其与文本建立了一种稳定的意义关联,因而身体赋予翻译一种统一性的具身性文本。主体就是在这个统一性的具身性文本中认识翻译的本质。主体的认识是在文本之中展开的,身体给主体提供了文本的"自然之光",使主体能够理所当然地体验翻译的存在。没有身体的"自然之光",就会遮蔽翻译的具身性,也就无法认识到翻译内在的具身性。

倘若将意识与身体割裂开来,那么翻译的统一性就变成纯粹的意识现象,翻译的本质就是不确定的。以身体之,翻译就不会陷入确定性与不确定性之间的矛盾中,而是成为身体的统一性。事实上,翻译的统一性并不是纯粹意识或纯粹精神的事实,而是一种"以身体之"的事实。以身体之,翻译既是肉体的,又是意识的,因而翻译是具身性的。"在翻译过程中,身体是主体感知翻译的基础,并且身体充当翻译中介的作用,使得身体知觉可以感知到翻译,使主体身体与翻译关联起来。"(罗迪江,2022b:216)身体是翻译过程中不可或缺的根本因素,翻译的展开是以具身性为基础去感知文本在时空维度上的生存状态,它表明了翻译是身体活动的一部分,但又是被意识到的身体活动。身体不仅能确立一个具身性的翻译,达到了这个被认识到的客观属性,即翻译的对等属性。身体作为肉体与意识的统一性,是把握与理解翻译具身性的前提。翻译是客观的,它会与文本相互作用并在其中通过身体体验到自身的具身性。虽然具身性作为一种观念,以"身"体验与践行翻译是通过身体的活动确立起来的,但主体的身体首先置身于文本,文本的具身性就成为翻译的具身性。具身性就不再是从肉体与意识、主体与客体对立的意义上来理解翻译,而是从身体活动来理解翻译。或者说,具身性是通过融合肉体与意识、主体与客体的关联来理解翻译,它在整体意义上成为翻译的"目的指向性(goal-directedness)、目的的导向者(guidance to goal)与心灵的终极进化塑造者"(Bogdan,1994:3)。主体是以具身的方式认识翻译,翻译的心智活动离不开"切身体认"的认知方式。可见,翻译的具身性成为感知文本、展开翻译活动的一种基本方式,它突破了主体与客体、意识与肉体的二元对立而在身体活动中确立起自身的优先性。

4 回归活生生的翻译主体

文化转向以来,译学界一直力图从主客体的关系来推进翻译主体性的发展。然而,主客体关系面临的根本问题在于,它是基于主客体的二元对立之上理解翻译的。虽然也承认翻译主体是活生生的主体,但是对于翻译主体的理解中,翻译主体的"身体"并没有得到合理的关注。对翻译主体的认识,在很大程度上则被理解为躯体与意识的外在结合,身体则是被遮蔽于认知主体之中的概念。这是由于译学界以还原论的角度来理解主体,主体的躯体与意识可以从分析—综合的心智活动中得到理解。翻译主体要回归身体,就需要超越纯粹的意识主体与精神主体。进一步说,翻译主体当然是活生生的人,不仅仅是意识主体,也不仅仅是肉体主体,而且是超越意识上的与肉体上的综合主体,是活生生的"内嵌于社会与把握世界的具身能动者"(Dreyfus & Taylor,2015:91)。

4.1 作为活生生的翻译主体

身体与精神是一个表达性的整体,"身体之所以为身体的本质在于涵摄了精神(filled with the soul through and through);身体的每一次活动都寄寓于精神","对人的理解就是如此,就是'感知'(sense),它完全渗入身体的理解"(Husserl,1989:252)。翻译主体是身体与精神的载体,是拥有可触及与感知文本的主体。当主体以身体认文本时,主体就对文本有一种肉体上的体验与意识上的领会。主体不仅能够用概念来把握文本,而且在对文本的把握中获得一种体验。主体在与作为客体的文本交互时,主体与客体是融会贯通的,体现为主体的能动性过程与受动性过程。在受动过程中,主体不得不从某个方面顺应客体的抗拒,这时客体的优先性就呈现出来;在能动过程中,客体受到主体的控制,主体体验到客体的自在性,这时主体的具身性就突显出来而被确立起来。翻译的具身性是通过主体体验客体的自在性被确立的,是在能动性与受动性的辩证关系中被确立的。

以身体观之,翻译主体才是活生生的主体,才是重新真正拥有身体的主体。翻译主体认识文本时,既发现文本有超越文本的东西,又体会到这种超越文本的东西。这种东西是被主体体验与领会,却不能用概念来描述的无形之物。于是,翻译似乎有了生命,文本亦拥有了生命;翻译对生命的体验就把主体引向了具身性,主体就拥有对作为客体的文本进行体验的身体。"这是作为活生生的主体的存在方式,这种存在方式将主体在肉体上的体验与意识上的领会融合为一体,形成了身体意识(body consciousness)。"(Shusterman,2008:1)从传统的观点来看,翻译主体性把身体理解为单一的躯体,把翻译视为纯粹的文本理解。这是一种物本主义与还原论思维的翻译观念——翻译要么是躯体的,要么是意识的。躯体与意识的融合,对于物本主义来说是难于理解的。当然,我们不能简单地否定还原论的思维方式。如果没有分析—综合的方法,我们难以从技术层面上把握翻译的文本与文本的翻译。如果拘泥于分析—综合的方法,我们就不能真正把握躯体背后的身体以及身体背后具有生命力的翻译。我们需要从以身体之的角度来重新审视翻译主客体关系。翻译主体既是意识主体,更是体验主体,是寄寓于身体之中的主体;翻译客体也不只是单纯的客体,而且是借助于身体超出自身的延展客体。这是整体地认识到主体的具身性、客体的延展性及其主客体包含的以身体之的维度。这种维度是传统翻译主体性研究所缺乏的。惟有将精神与身体结合起来,而不是机械地嫁接,才能突破传统翻译主体性的二元对立,真正将主体理解为活生生的人。

4.2 翻译回归于翻译主体的自身

按照马克思的观点,人是现实的人,是活生生的人。翻译主体作为能动性的主体,既是翻译实践中的主体,更是活生生的主体。活生生的主体不仅拥有要翻译的文本,更拥有体验翻译的身体。然而,主体往往沉沦于文本的解读之中,只关注意识层面上的理解而忽视肉体层面上的体验,因而翻译远离了活生生的身体。从现实来说,主体必须翻译文本才能生存;在翻译文本时,主体又必须控制自身的文本。主体的"翻译"与"控制"过程可以用英国文学批评家德莱顿(Dryden,1962:269)的"戴着镣铐跳舞"来解释。主体在领会文本的过程中必然会"跳舞",但"跳舞"会使主体沉沦于意识上的操纵。为了控制对文本的操纵,翻译必然会使主体在肉体上"戴着镣铐"。要领会文本,要控制翻译,主体必须以"戴着镣铐"的方式来体验翻译。主体虽然能"跳舞"般地翻译,但被"镣铐"束缚着。翻译再也没有将主体的身体从"镣铐"中解放出来。主体为了操控翻译就不断地束缚自身的肉体,也就相应地越来越与自身肉体对立起来。肉体与意识的二元对立不仅仅是传统翻译主体性研究的基础,而且更是主体行为的基本形式。主体通过"跳舞"来维护自身躯体的存在,但又担心"戴着镣铐"的躯体发生扭曲。主体不再是作为活生生的人出现,而是作为"戴着镣铐"的躯体出现,是作为被"镣铐"扭曲了的身体出现与显现。主体的身体被扭曲而变成了躯体;主体与翻译的那种意识与肉体的对立统一发生了断裂。主体既不能正确地对待自身的翻译,也不能恰当地对待外在的文本,一切肉体和意识的感知都被"镣铐"异化。虽然主体在尝试着"跳舞",但是却不能以主体的具身方式来感知文本,翻译与身体发生了异化。主体在不同程度上操纵文本,并扭曲了主体与文本的具身关系。翻译研究的文化转向将主体的文本操纵作为一种基本的研究范式确立起来,强化了这种操纵性并把它推向了顶端。因此,翻译主体性需要一种挣脱"镣铐"的解放,解放就是主体对文本的"切身体认"而达到"身心合一",进而将翻译回归于活生生的主体自身。

翻译主体一旦置身于"身心合一"的境域,翻译就会获得肉体上与意识上的内在统一,主体与文本、翻译的关系才真正成为一种互动的整体关系,而不只是主体肉体上的关系或意识上的关系。因而,翻译主体就获得了自己的生活世界;生活世界就是翻译主体得以切身体认与身心合一的生存家园。主体不是"戴着镣铐跳舞",而是将"镣铐"视为无形的存在内嵌于身体之中,将"跳舞"还给自身的肉体与意识,进而将翻译回归于主体的身体。肉体与意识一旦为一体,主体就会获得全新的身体,就会获得"朝向舞蹈美学(an aesthetic of dance)的动感身体"(Turner,2008:213)。可以说,翻译就是一种"朝向舞蹈美学"的具身活动,进而能在身心合一的视界中回归于活生生的主体体验。翻译回归主体,就是回归活生生的主体本身,因而翻译就是一种动态的具身行为。这不仅仅消解了翻译主体性关于躯体与精神、肉体与意识的二元对立,而且强化了身与心的贯通——身心合一。身心合一,就是要将翻译作为具身认知与具身行为来重新理解翻译主体性,就是将翻译主体的"身体"复活,以显现自身活生生的生命力。如果要摆脱"戴着镣铐跳舞"的恐惧,那么就需要从身心合一的新视角来理解活生生的主体。翻译主体性不是纯粹的精神上的能动作用,而是主体与"以身体之"的能力结合在一起的作用。没有"以身体之"的能力,纯粹的精神就不能发挥作用。因此,主体之为主体在于翻译的"身心合一";翻译之为翻译在于主体的"以身体之"。

5 结 语

翻译主体性的研究是伴随着文化转向产生的,它主要是从观念的层面上获得理解,强调翻译主体的认识活动不仅是主体以观念的方式来把握翻译,而且是主体在文本的基础上所发生的一种精神活动,躯体与精神是处于二元对立的分离状态。因而,翻译主体性问题并没有在身体与精神的内在统一上获得相应的关注与深入的探讨。躯体与精神的结合体,就是身体。身体就是翻译主体性的原动力,因而翻译主体就是以身体认的"具身主体"。一旦将身体寓于翻译活动之中,我们就会发现一个全新的翻译主体性。翻译主体不仅要领会翻译,还要体验翻译。在领会与体验中,翻译主体以身体之获得了一个全新的具身性文本。具身性文本是主体生存的基础,也是主体翻译的基础。翻译主体性不仅被理解为对翻译文本进行意识领会的实践能力,而且被理解为拥有以身体之的体认能力。实践能力与体认能力"决不是内在能力,而是生成具身(enactive bodily)能力、内嵌于世(world-involving)能力;它们不是由大脑的某种内在安排实现的,而是由整个人的具身状态决定的"(Wilson,2004:188)。翻译主体性是实践能力与体认能力结合起来而又超出两者的一种综合能力,它表现为翻译主体既借助于身体而又超越身体、既借助体认而又超出体认的"身心合一"能力。因此,"身心合一"不仅是一种整体性地解释翻译主体性的新思维,也是一种将翻译解释融合于身体与心智的统一性之中的新观念。一旦将翻译主体性置于身心合一的视域下来思考,就会为翻译主体性研究的理论推进提供独特的身体维度,使翻译主体性研究在当代认知科学中释放出具身性的原创能量。

参考文献

[1] Beilock, S. 2015. *How the Body Knows its Mind* [M]. New York and London: Atria Books.

[2] Bogdan, R. J. 1994. *Grounds for Cognition* [M]. New Jersey: Lawrence Erlbaum Associates, Inc. Publishers.

[3] Dreyfus, H. & Taylor, C. 2015. *Retrieving Realism* [M]. Cambridge: Harvard University Press.

[4] Dryden, J. 1962. Of Dramatic Poesy [A]. George Watson(Ed.), *John Dryden: Of Dramatic Poesy and Other Critical Essays* [C]. London: J. M. Dent & Sons Ltd.

[5] Gallagher, S. & Zahavi, D. 2012. *The Phenomenological Mind* [M]. London and New York: Routledge.

[6] Gibbs, R. W. 2005. *Embodiment and Cognitive Science* [M]. Cambridge: Cambridge University Press.

[7] Henry, M. 1975. *Philosophy and Phenomenology of the Body* [M]. G. Etzkorn, trans. The Hague: Martinus Nijhoff.

[8] Husserl, E. 1989. *Ideas Pertaining to a Pure Phenomenology and to a Phenomenological Philosophy (Second Book: Studies in Phenomenology of Constitution)* [M]. Richard Rojcewicz & Andre Schuwer, trans. London: Kluwer Academic Publishers.

[9] Lakoff, G. & Johson, M. 1999. *Philosophy in the Flesh: The Embodied Mind and Its Challenge to Western Thought* [M]. New York: Basic Books.

[10] Merleau-Ponty, M. 1962. *Phenomenology of Perception* [M]. C. Smith, trans. London: Routledge & Kegan.

[11] Robinson, D. 1991. *The Translator's Turn* [M]. Baltimore: John Hopkins University Press.

[12] Robinson, D. 2001. *Who Translates? Translator Subjectivities Beyond Reason* [M]. London and New York: State University of New York Press.

[13] Shusterman, R. 2008. *Body Consciousness: A Philosophy of Mindfulness and Somaesthetics* [M]. Cambridge: Cambridge University Press.

[14] Simon, H. A. 1990. Invariants of Human Behavior [J]. *Annual Review of Psychology*, 41: 1-19.

[15] Steiner, G. 1998. *After Babel: Aspects of Language and Translation* [M]. Oxford: Oxford University Press.

[16] Turner, B. S. 2008. *The Body & Society: Explorations in Social Theory* [M]. Los Angeles:

SAGE.

[17] Varela, F. J. et al. 2016. *The Embodied Mind: Cognitive Science and Human Experience* [M]. London: The MIT Press.

[18] Venuti, L. 1995. *The Translator's Invisibility* [M]. London and New York: Routledge.

[19] Whitehead, A. N. 1938. *Modes of Thought* [M]. New York: The Macmillan Company.

[20] Wilson, R. A. 2004. *Boundaries of the Mind: The Individual in the Fragile Sciences Cognition* [M]. Cambridge: Cambridge University Press.

[21] 陈大亮,2004. 谁是翻译主体[J]. 中国翻译,(2):3-7.

[22] 蓝红军,2017a. 译者主体性困境与翻译主体性建构[J]. 上海翻译,(3):21-27+93.

[23] 蓝红军,2017b. 译者之为:构建翻译的精神世界——《傅雷翻译研究》述评[J]. 中国翻译,(1):68-73.

[24] 刘云虹,2017. 试论文学翻译的生成性[J]. 外语教学与研究,(4):608-518.

[25] 刘云虹,2022. 文学翻译生成中译者的主体化[J]. 外语教学与研究,(4):590-599.

[26] 刘云虹、许钧,2022. 新时期翻译批评的走向、特征与未来发展[J]. 中国翻译,(2):5-13.

[27] 罗迪江,2019. 翻译研究中的问题域转换:生态翻译学视角[J]. 中国翻译,(4):34-41.

[28] 罗迪江,2022a. 价值主体:翻译主体性的价值之维[J]. 重庆交通大学学报(社会科学版),(3):90-96.

[29] 罗迪江,2022b. 译者生存论[M]. 郑州:河南大学出版社.

[30] 罗迪江、唐雪,2022. 翻译研究与认知范式交叉融合的途径[J]. 外国语文,(6):113-121.

[31] 许钧,2003. 翻译论[J]. 武汉:湖北教育出版社.

[32] 许钧,2021. 关于深化中国文学外译研究的几点意见[J]. 外语与外语教学,(6):68-72.

[33] 查明建、田雨,2003. 论译者主体性——从译者文化地位的边缘化谈起[J]. 中国翻译,(1):19-24.

(责任编辑　张晓明)

文学名著复译的伦理原则与伦理目标*

浙江大学 冯全功**

摘　要：文学名著复译伦理在国内外都是一个未被充分重视的研究话题。由于名著在同一国家或同一语言范围内往往具有不同的译本，并且还会继续引发新的译本，诸多前译本和前译者的存在是名著复译伦理不同于一般翻译伦理的主要表现，这也是名著复译伦理之所以复杂的主要原因。基于对国内外复译伦理的述评，本文尝试把"诚"作为名著复译的伦理原则，具体包括诚于己、诚于人和诚于译，把"和"作为名著复译的伦理目标，具体包括不同主体之间、文本之间和文化之间的和谐。诚主要是对复译者的伦理要求，同时也需要其他参与者具有诚的品质；和是复译者应该追求的，同时也需要其他参与者共同努力。复译者以及其他参与者都有责任、有义务构建一个健康、和谐的文学名著复译生态环境。

关键词：文学名著；复译伦理；诚；和

Title: On the Ethical Principle and Objective in the Retranslation of Literary Classics

Abstract: Retranslation ethics of literary classics is a research area that needs further academic attention both at home and abroad. It is very complex and differs from general translation ethics in that a literary classic usually has different translations in the same language and may be translated by more translators in the future. Based on an overview of retranslation ethics, this paper takes *cheng* or sincerity as the ethical principle of retranslation ethics of literary classics, including being sincere to oneself, to other relevant people and to translation itself, and regards

---

* 本文系国家社会科学基金一般项目"基于翻译手稿的文学翻译修改研究"（编号：22BYY026）阶段性成果。

** **作者简介：**冯全功，浙江大学外国语学院教授。研究方向：翻译理论话语、翻译修辞学、《红楼梦》翻译、文学翻译修改。联系方式：fengqg403@163.com。

he or harmony as the objective of retranslation ethics, including harmony between different subjects, texts and cultures. Sincerity is not only required of literary retranslators, but also of other participants, like the author, previous translators, editors, critics, readers and so on. Likewise, harmony should not only be pursued by retranslators, but also by other participants in the process of retranslation. In other words, all participants in retranslation have the responsibility to build a healthy and harmonious environment for the retranslation of literary classics and translation at large.

Keywords: literary classics; retranslation ethics; *cheng* (sincerity); *he*(harmony)

文学名著指在世界范围内或某一国别区域具有较高艺术价值与影响力的文学作品。这样的作品往往经历了时间的考验,获得了历代读者的认可,在世界或民族文学体系中具有自己的一席之地。其中,民族文学名著(尤其是非英语作品)要想成为世界文学名著,就必须经过翻译,拓展其在世界各地的生存空间,促使其在异域他国焕发出新的生命力。名著由于自身内在的文学价值,具有很大的可阐释空间,这也是名著复译的主要原因。常言道,名著不厌百回译,名著反复被译介的过程也是其在世界范围内被经典化的过程,有助于其跻身世界文学之林,或巩固其在世界文学中的地位。一般而言,世界文学名著在同一语言中会有不同的译本,如莎士比亚的《哈姆雷特》在中国就有二十多个汉译本,知名度较大的译者包括朱生豪、梁实秋、孙大雨、卞之琳、方平、黄国彬等。在众多译者翻译《哈姆雷特》等世界文学名著的时候,很多伦理问题得以凸显。译者是如何对待语言和文化差异的,或者说译者对他者文化的态度是什么?译者的翻译目的是什么,采取的对应翻译策略是什么?后译者对前译者的态度如何,是否存在通过贬低别人来抬高自己的倾向?后译者有没有借鉴前译,如果有的话,借鉴的幅度多大,是否存在抄袭情况?译者对原文的相关研究是否有参考,如果有的话,是否在译本或其他相关副文本中有所体现?面对复杂的文本关系和人际关系,译者在复译过程中应该遵循什么样的伦理原则,应该追求什么样的伦理目标?目前学界关于文学复译以及翻译(译者)伦理的研究很多,但两者相结合的复译伦理研究还比较罕见。在名著复译热潮持续存在的时代背景下,本文旨在对上述问题进行思考,通过对名著复译过程中的译事与译例进行分析,尝试建构以"诚"与"和"为核心的复译伦理。

1 文学名著复译伦理述评

复译也称重译,一般是针对文学作品而言的,尤其是文学名著。早在1935年,鲁迅就发表了一篇题为《非有复译不可》的文章,指出复译的作用不只是"击退乱译",还在于"译得更好"(相对已经很可观的译文),译者要"取旧译的长处,再加上自己的新心得,这才会成功一种近于完全的定本"(罗新璋、陈应年,2009:370)。这里鲁迅公开鼓励"取旧译的长处",以通过复译者与前译者"强强联合"来打造精品译文。萧乾和文洁若合译了《尤利西斯》,在接受许钧的采访时萧乾曾说过,"如果我们译笔偶有'神来'之处,我们欢迎未来译本采用,绝不乱扣'抄袭'的帽子……文化本身(包括翻译)是积累的,后来者应居上,它会在已出现的译本基础上产生。倘若为了怕前面的译者扣'抄袭'的帽子,就绕弯子译,那样受损失的是读者。"(许钧等,2010:72)萧乾也鼓励后译对前译的借鉴,指出这是文化积累的一种表现。辜正坤(2003:396)提出过"筛选积淀重译论",即"在合理利用一切已经产生的译本的基础上,去粗取精,并注入新的更好的表达法,最终合成翻译出最佳近似度近似于原作的译作"。其中,筛选积淀指:1)筛选旧译的长处(如好的句子、好的风格、好的处理技巧);2)筛选值得重译的作品。筛选积淀重译的好处包括:1)尊重了旧译者的成果;2)利用了旧译的长处;3)保障了推陈出新能在持续提高的前提下进行,可大大减少误译、劣译、略译等;4)节约了新译者的劳动;5)给新译者提供了合法发挥才华的空间和机遇,使得译业能后继有人地越来越兴旺发达(同上:398)。辜正坤的"筛选积淀重译论"不乏争议(尤其是他关于抄袭的论述),但无疑为新译借鉴前译提供了理论支持。合理适度的借鉴是有必要的,名副其实的抄袭就另当别论了。其实,原作的不同译作之间是互文关系,新译借鉴前译也是"互文翻译观"(冯全功,2015)的一种表现。这里的关键是如何借鉴,尤其是复译者对前译者的态度问题。许钧(1994:5)也认为复译者"应该勇于借鉴",并提倡在译序或译后记中大胆地标明对前译的借鉴和参考。这种光明正大的借鉴既是对前译的肯定与尊重,也是对自己和读者负责的一种表现。

关于复译研究,国外探讨较多的是"复译假设"(retranslation hypothesis,主要指后译比前译倾向于更接近原文)以及复译动因(田传茂,2014),鲜有专门涉及复译伦理的,如2019年劳特里奇出版社出版的论文集《复译的视角:意识形态、副文本与方法》就未涉及复译伦理。玛萨迪耶-肯尼(Massardier-Kenney,2015:73)认为复译之所以重要是因为复译充分展现了文学作品的潜能(文学性),复译之所以产生未必是因为前译有缺陷或不足,而是因为复译构成了文学文本的力量。换言之,翻译是原作生命在空间上的拓展,复译则是原作生命在时间上的延续,复译会让原作生命变得更加丰盈,文学名著尤其如此。科斯基宁和帕罗波斯基(Koskinen & Paloposki,2015)探讨过首译者在复译中的声音,认为首译者会对复译过程产生影响,这就迫使所有复译者对前译者形成某种立场。任何立场都蕴含伦理的成分,主要涉及复译者对前译者采取什么样的态度以及如何处理前译者的声音或影响,正如波克(Poucke,2020:12)所言,"复译者处理前人作品的方式最终是个人伦理问题"。拉奇(Racz,2013)探讨了诗歌复译中的伦理问题,认为复译的首要伦理问题并不是发现对前译文抄袭的欺骗行为而是对复译者的道德要求,也就是如何致力于生成一个新的审美版本。此外,拉奇还引用其他学者的观点对复译过程中借鉴前译的行为表示认可。韦努蒂(Venuti,2013:96-115)也探讨过复译问题,包括复译与互文性、历史等话题,认为复译意味着重新和更加紧迫地面对译者的伦理责任,阻止目的语语言和文化泯灭原文所包含的语言和文化差异以及原文的陌生性。韦努蒂对复译的研究也反映了他一贯坚持的差异伦理,表现在文本处理层面也就是采取异化或抵抗式翻译策略。阿尔夫斯塔德(Alvstad,2021:188)在探讨文学译者的伦理时也简要论及了复译与前译的关系问题,指出对现行法律和伦理问题的清醒认识至关重要,因为其可以帮助复译者决定何种程度上重复利用前译者的作品在伦理上是可以接受的。由此可见,复译者对前译的利用不仅涉及伦理问题,同时也涉及法律问题,如知识产权法中规定的抄袭或剽窃问题。这意味着有必要区分借鉴与剽窃的关系。国外还有很多关于翻译伦理或译者伦理的研究,但鲜有专门论及文学复译伦理的。总之,国外复译伦理研究主要聚焦于复译与前译的关系,并且大多为附带论述,罕见专题论文。

国内则有个别专门研究复译伦理的文章,这可能和中国持续不断的外国文学名著复译热潮有关。刘全福(2010)认为语言表达以及风格再现的独创性与超越性是复译的生命,复译者可以参考、借鉴前译,但必须具有独创性或超越性,同时还要操之有度,如果过分依赖前译,或假借鉴之名,行剽窃之实,复译就失去了存在的理据与价值。吴新红(2010)探讨过翻译伦理与文学名著复译的关系,尤其是复译参与者(翻译决策者和译者)的道德规范,重点论述了译者对原作、翻译本身以及已有译本的态度。复译伦理涉及复杂的关系网络,吴新红把翻译决策者也纳入进来颇有道理。胡东平、黄秋香(2012)指出复译的伦理内涵包括复译行为的"经济为先"(不要浪费人力或其他资源)、复译主体的"信、借、通为重"以及复译结果视角的"认同为本"(强调各个译本之间的平等性与对话性)。胡东平、黄秋香也强调互文翻译观,鼓励复译者对前译本的借鉴,同时也要积极利用原文的研究成果等相关互文资源。不过他们对各个译本无差别的认同是值得商榷的,毕竟复译过程中的剽窃现象以及粗制滥造的译文还是存在的。换言之,名著的诸多译本不见得具有同等的价值和地位。李双玲(2012)从翻译伦理视角探讨了儿童文学名著重译,提出了"贴近原作者、爱护读者、尊重原译者"三个原则,并鼓励借鉴前译,从而超越前译。窦娟、刘书梅(2018)探讨了重译的再现伦理,认为社会伦理要素影响并制约重译本在语言纬度以及作者创作意图纬度上的再现,评价重译本时"忠实"的伦理要求不应是唯一的标准,还要将其置于翻译行为的动态的历史进程中加以考察。窦娟、刘书梅的研究一定程度上展现了翻译(复译)伦理的复杂性、动态性与历史性。以上论文是国内专题研究复译伦理的成果,其他则为附带论述,共同开启了复译伦理研究的先河。总体而言,这些研究大多是基于某一名著具体译本的探索,对复译伦理的思考还不够深入与系统，有待进一步拓展。

2 诚：文学名著复译的伦理原则

新世纪以来，翻译研究中伦理视角从翻译伦理走向了译者伦理，研究焦点也随之从文本走向了人。传统翻译理论中的信、忠实等核心概念基本上都是指向文本的，带有很强的伦理意味。在翻译研究中，所谓忠实也就是忠实于原文，或者说忠实于原文的意义，意义本身的复杂性很大程度上导致了翻译中忠实的复杂性。曹明伦（2006：17）曾写道，"信，言真也；言真者，语不伪也"，这里的"语不伪"其实就是忠实于原文，所以信和忠实在翻译研究中很多时候是可以互换使用的。中国佛经翻译中的很多话语也是"信"的具体表现，如"因循本旨，不加文饰""案本而传，不令有损言游字""令质文有体，义无所越"等。如果说翻译伦理更多是基于规范（如信、忠实等）的，那么译者伦理则更多是基于美德的。译者伦理包括了复译者伦理，只是后者的情况更加复杂而已。面对文学名著复译的"诱惑"，复译者应该具备或遵守哪种美德作为自己的伦理原则呢？笔者认为，诚可作为文学名著复译的伦理原则，也不妨视为所有翻译的伦理原则。当然，诚主要表现为主体之诚，诚作为伦理原则主要是针对（复）译者而言的，实乃译者的一种美德。

诚是中国古典哲学（本质上就是伦理学）中的一个核心概念，本身也具有很强的伦理意味，尤其是涉及人时。《中庸》有言，"诚者，天之道也；诚之者，人之道也"。诚，首先是天之德行，所谓"天行有常，不为尧存，不为桀亡"（《荀子·天论》），借用朱熹的话说就是"诚者，真实无妄之谓，天理之本然也"（《中庸章句》）。真实无妄的天道既可以投射到人上，也可以投射到物上，前者表现在"诚之者，择善而固执之者也"，后者表现在"诚者物之终始，不诚无物"，两者贯穿起来便是"唯天下至诚，为能尽其性；能尽其性，则能尽人之性；能尽人之性，则能尽物之性"（《中庸》）。不妨认为，天之诚和物之诚是大道运行的两翼，核心还在于人之诚，诚乃人之修身养性的根本，所谓"君子养心莫善于诚，致诚则无它事矣"（《荀子·不苟》）。《中庸》又言，"诚身有道：不明乎善，不诚乎身矣"。所以针对人而言，只有"明乎善"并"择善而固执之"才能做到心诚意诚。《大学》也把正心、诚意作为修身的根本，把"明明德""止于至善"作为"大学之道"。由此可见，诚与善是不可分割的，诚不只是成己，还要成人（尽人之性）、成物（尽物之性）。《周易·文言传》中提出的"修辞立其诚"把诚与辞（言辞文教）也联系了起来，成为千古不变的修辞原则。这里的诚和信基本上是互训的，言辞之信是内心之诚的外在表现，所谓"诚于中，形于外"是也。总之，诚以善为导向，是人之修身与言行的至上标准。

在翻译研究中，张思洁、李贵荣（2008）指出要"事译事以诚"，"诚"乃译者之为译者之操守，译者事译之本根，也是译者所应具备的修养境界。吴志杰（2018：97-109）从伦理学视角提出了"以诚立译"以及"修辞立诚"的学术命题，认为"诚"是翻译活动能够有序而健康地进行所必须遵守的态度预设与伦理前设。冯全功（2013）把"诚信"（其中诚指诚于人，表现为主体间性，信指信于文，表现为文本间性和文化间性）视为文学翻译以及文学翻译批评的标准。陆颖（2014：76）曾建议"从主体间性角度思考复译各主体，通过以'诚'为基础的翻译伦理协调复译中各主体关系，完成'忠诚'的复译"。由此可见，诚作为修养境界、伦理预设以及翻译标准都是应然的，也就是译者所应该具备或达到的。诚可作为译者从事任何翻译活动的伦理要求。在文学名著复译中，诚具体表现在哪些方面呢？以下便尝试从诚于己、诚于人以及诚于译三个方面予以简要论述。

诚于己主要指名著复译者本人基于内心之诚的翻译人格，这种翻译人格也是对所有译者的伦理要求，类似于古人所说的君子人格。"所谓诚其意者，毋自欺也"（《大学》），"勿自欺"是译者人格的一个重要方面。文学名著复译需要极高的翻译水平以及相关素养，译者要对自己现阶段的能力水平有清晰的认识，不宜率尔操觚，更不能对别人的译文改头换面之后当成自己的。文学名著复译强调超越性与独特性，如果不能译出一个超越前译或比较独特的译本，复译也就失去了价值，这对复译者提出了很高的要求。2012年五洲传播出版社出版了王国振英语编译本《红楼梦》，大幅度抄袭霍克斯和闵福德的译本，同时也抄袭杨宪益的文字，文字雷同率极高，整个编译本基本上没有任何创新性，也没有在相关副文本中提及前译者（该编译本根本没有前言后记等副文本）。这样的抄袭行为不但对原文不尊重，对前译者不尊重，对读者不尊重，对自己也不尊重（赵长江，2015）。这样的复译者不但"自欺"，同时也在"欺人"。"明乎善"也是翻译人格的内在要求，复译者要清楚什么是该做的，什么是不该做的，什么样的翻译（包括复译）是有益于文学与文化交流以及人类社会与文明进步的，什么是有害的，等等。换言之，复译者要有一种强烈的正义感与责任感，有种"铁肩担道义"的使命感。其他与翻译人格相关的美德还包括坚持真理、自强不息、宅心仁厚、信守承诺、敢于担当、谦虚谨慎等。总之，诚于己以"修身"为本，需要"博学之，审问之，慎思之，明辨之，笃行之"（《中庸》）。名著复译者也是人，对人的伦理要求对复译者也是适用的，只是具体表现形式有所不同而已，聂珍钊（2020：77）所谓"伦理选择是在特定环境或语境中对如何做人的选择，也是对人的身份的建构和确认"。

诚于人主要指名著复译者用真实的内心和真诚的态度对待与复译相关的所有直接或间接的参与者。文学名著复译涉及复杂的人际网络，包括项目赞助者、发起者、出版者、原作者、原文研究者、前译者、前译研究者、译文读者、批评者等。诺德（Nord，2001：123-128）把译者对其他翻译活动参与者的责任称为"忠诚"（loyalty），并把"功能＋忠诚"作为德国功能主义翻译理论的两大支柱。这里的忠诚并未预设一种等级关系，而是基于平等对话、以诚相待的人际关系。换言之，不只是（复）译者对其他参与者承担责任，其他参与者同样也要对译者承担责任，这种责任关系应该是相互的。有些出版者在译者不知情的情况下在复译本上做虚假营销,有悖"忠诚"之伦理。如 2019 年读客文化(江苏凤凰文艺出版社)推出了周克希翻译的普鲁斯特的巨著《追寻逝去的时光》,封面上标有"全三册"的字样,腰封上印有"本书曾有一个错误的译名——《追忆似水年华》"。其中的"全三册"有极强的误导性,其实普鲁斯特的原著共有七册,周克希由于种种原因公开放弃了其他四册的翻译,"全三册"的提法会令读者以为译本是小说的全部,不妨视为一种虚假营销。腰封上的关于原译名错误的文字也过于绝对(《追忆似水年华》的译名是诸多译者以及译林出版社反复斟酌、慎重选择的结果),也是对诸多前译者的不尊重,一定程度上否定了前译的价值。不良营销曾引起轩然大波,复译者周克希对此营销行为也并不知情,他认为"全三册""错误译名""法语翻译界泰斗"等宣传语非常不妥,要求读客文化撤回此腰封。读客文化对此进行了公开道歉,称将全面召回该图书。这里读客文化的营销话语就没有做到真诚待人,蒙蔽了译文读者,对前译者不够尊重,也欺骗了复译者周克希本人。针对名著复译而言,诚于人主要还是复译者与众多他者的伦理关系,尤其是前译者,这也是名著复译区别于一般文学翻译的主要特征。青年翻译家李继宏与果麦文化合作重译了很多西方文学名著,如《小王子》《傲慢与偏见》《老人与海》《了不起的盖茨比》等。他的重译本经常被果麦在腰封上宣传为"迄今为止最优秀译本"(《小王子》和《了不起的盖茨比》),"最优秀的《老人与海》中文译本"以及"159 年来,最好的《瓦尔登湖》中文译本"等,并通过挑前译之"错"来抬高他的译本,如"纠正现存 50 个版本的 1 000 多处错误"(《老人与海》),"纠正现存其他 56 个《小王子》译本的 200 多处硬伤、错误"等。由于时代、条件等各方面的局限,前译的"错误"(有些也不见得一定是错误)在所难免,也不妨写学术或其他评论性文章予以专门探讨,但把这些作为宣传与营销话语印在腰封上就不见得合适了,这也是李继宏多年前在豆瓣上遭遇"一星运动"的主要原因。这些是出版商的营销话语(编辑添加的,所谓的"错误"也是编辑对比出来的),但与周克希不同的是,对这些营销话语李继宏本人似乎也是认可的,或者说他也认为自己的译文是最好的。虽说名著复译的生命在于超越性和独创性,但优秀的译本不是出版商或译者自吹自擂出来的,而是众多或历代读者鉴别出来的,往往需要经过时间的冲刷与洗礼。进行名著复译首先要对前译者有最起码的尊重,自我宣称"最优秀""最好的""最纯正、最优美、最准确"的营销伎俩是极其不负责任的,有悖于"成己""成物"的伦理要求。总之,诚于人要求复译者有一种"君子坦荡荡"的处世态度,不宜对前译者(本)"扬恶隐善",要实事求是地展现真实的自己,通过"至诚无息""唯天下至诚为能化"的道德力量,竭力营造一种和谐的翻译人际关系。

诚于译主要指复译者发自内心的对文学翻译以及整个翻译事业的热爱与敬畏。古代彦琮的"八备"说也很大程度上体现了诚于译的要求,如"诚心爱法,志愿益人,不惮久时,其备一也"(罗新璋、陈应年,2009:62)。佛经翻译如此,文学名著翻译亦然,都需要译者"诚心爱之"。霍克斯翻译《红楼梦》也是出自对这部小说的真爱,为此他辞去了牛津大学的教职,专心致志地翻译《红楼梦》,在译文的前言中还写道,"我不敢说处处翻译得都很成功,但如果能向读者传达这部中文小说给我的哪怕是一小部分乐趣,我就算没有虚度此生了"(Hawkes,1973:46)。许钧在评价傅雷时曾说到,"在翻译中,他融入了自己深沉的爱,有了爱就有了理解,有了理解就会产生共鸣",并认为"翻译是爱,是理解,是历史的奇遇"(许钧等,2010:290)。所以也不妨认为对原作本身以及文学翻译的热爱是文学名著复译的前提,如果没有爱的注入,复译就很难出精品。除了热爱,复译者还有一种敬畏意识,敬畏原作,敬畏前译,敬畏翻译本身等。敬畏原作意味着要对原作进行深入研究,以为翻译服务。文学名著的可阐释空间很大,对原作往往已有大量的研究(尤其是原语文化圈内),复译者要广泛参考,择优利用。针对前译,敬畏意识也不可或缺,尤其是在参考了前译的情况下,更要对前译者公开表示尊重。敬畏前译就要充分认识前译的作用与价值,不能通过贬低前译来抬高自己的译本。翻译活动本身是非常复杂的,复译者也要敬畏翻译本身,充分认识到翻译在历史上以及当下的精神和价值,培养合理的翻译观、价值观以及精益求精的翻译家精神,助力于构建和谐的翻译生态环境。总之,诚于译是复译者在翻译语境下进行伦理选择的结果,是诚于己和诚于人的具体化。

3 和:文学名著复译的伦理目标

如果说文学名著复译的伦理原则是诚,包括诚于己、诚于人以及诚于译,那么其伦理目标便是和,包括主体之间、文本之间以及文化之间的和。西方文化自古强调对立、竞争、冲突、斗争等,而中国文化历来强调中和、太和、和合、和谐等。从现实层面而言,正是因为对立与冲突的存在,才引发了人们对和谐的追求与向往。西周太史史伯提出的"和实生物,同则不继"(《国语·郑语》)的命题奠定了中华和文化的基础。史伯认为,"以他平他谓之和",也就是把不同性质的事物均匀、合理地结合起来便是和,差异只是和的前提而非目的本身。古代还有很多其他经典论述或命题共同构建了中华和文化,使其成为中华文化的根本特色,如《易传》中的"乾道变化,各正性命,保合太和,乃利贞",《道德经》中的"万物负阴而抱阳,冲气以为和",《论语》中的"君子和而不同,小人同而不和",《中庸》中的"和也者,天下之达道也",董仲舒《春秋繁露》中的"天地之道,虽有不和者,必归之于和"等。鉴于中华文化以和为贵的思想渊源,和文化已广泛渗透到很多学科,如社会学、美学等。在翻译研究中,和或和谐的思想也经常被引入,如郑海凌(1999)提出过翻译标准的"和谐说",冯全功(2010)提出过"和谐翻译"的概念。其中,冯全功提出的"和谐翻译"表现在主体间性、文本间性、文化间性等方面,也具有强烈的伦理意味。间性意味着平等对话,和谐共存,所以追求不同的文本之间、主体之间、文化之间的和谐,构建和谐的翻译生态环境,也不妨视为文学名著复译的伦理目标。

在文学名著复译中,和首先指不同主体之间的和谐,尤其是复译者和其他参与者之间的关系。如果诚于人是伦理原则与要求,那么人际之和谐则是目标与归宿。复译者以及其他参与者都有责任构建一个和谐的生态翻译环境,杜绝违和因子的出现。复译者的竞争意识是有必要的,竞争也容易产生精品,但竞争要正当有度,不能刻意地污蔑前译者,也不能毫无根据地自吹自擂。针对那些劣质、大幅度抄袭的名著复译现象以及对相关复译不合理的营销现象,读者也要积极去批评或揭发,绝不姑息类似的"译弊"。复译者只有先诚于己,才能诚于人,只有诚于人,才能达致和谐的人际关系。由此可见,文学名著复译的伦理原则和伦理目标是密不可分的。复译活动中和谐主体关系的营造不只是复译者的伦理责任,需要其他所有行动者的共同参与,各自遵循各自的伦理规范以及做人的基本原则。赵瑞蕻曾说过,"一个好的译者必须具有崇高的道德感、使命感和艺术良心"(许钧等,2010:111)。作为文学名著的复译者,首先要从我做起,把追求和谐作为翻译的崇高使命。

和,其次指不同本文之间的和谐,这与赵瑞蕻所说的"艺术良心"也密不可分。复译本和前译本未必都是超越关系,尤其是经典前译,试想朱生豪译的莎士比亚作品又有多少人可以超越呢?但这也不妨有大量复译本出现。所以复译和前译应该是一种"和而不同"的关系,原作的诸多译本共同拓展了原作的生命空间和流传时间,共同展现了原作的经典性和文学力量。如果纯属抄袭或大面积抄袭或东拼西凑的抄袭,这样的复译本和前译本就是一种"同而不和"的关系,也失去了其存在的价值。这意味着文学名著复译本应该具有自己的创造性和生命力,本身是一个生机灌注、气韵生动的和谐整体,有独立存在的交际价值。任何有价值的译文和原文也应该是一种隔而不隔的和谐关系,隔的是语言载体,不隔的是精神姿质。所以"和而不同"应是原文和译文以及诸多译文之间共同的理想存在状态。不管是参考前译还是其他相关研究文本,复译者有必要通过相关副文本(如译者前言、译后记等)把其明示出来,以示尊重,以便营造良好的文本之间的关系。

和,还指原语文化和目的语文化之间的和谐,包括宗教、诗学、意识形态等方面。在不同的跨文化交流阶段,需要采取不同的翻译策略,或者说对文化差异采取不同的态度,这就要求译者坚持"时中"或"时措之宜"原则。西方的复译假设很大程度上也是"时中"的具体表现,也就是越是后来的复译,越靠近原文,对原语文化越是尊重。翻译是维护文化多样性的重要手段,文学名著是民族文化的缩影,名著复译也要贡献自己的力量,在不同的历史时期辩证地对待文化差异,把不同文化之间的和谐共存作为自己的终极目标。

和谐不是一桩事物,而是一种理想的存在状态或关系结构。和谐作为文学名著复译的伦理目标涉及不同主体、文本和文化之间相互交织的复杂关系网络。以贝尔曼和韦努蒂为代表的西方翻译伦理强调差异,对中国翻译伦理研究有莫大的影响。有差异才会达致和谐的状态,但差异本身并不是目的。所以针对文学翻译伦理,与其对差异过分强调,不如强调和谐。和谐不是绝对的,而是依附于特定时空的存在状态,和谐在不同的时空可能有不同的表现,文学名著复译中的和谐亦然。这就要求复译者"唯变所适",灵活而又扎实地践行和谐翻译。和谐也不是纯粹的,在整体和谐的环境中肯定会有违和因子的存在。哈利发(Khalifa,2020)甚至认为复译通常是象征性或隐藏的暴力行为,也是相关翻译行动者的斗争场所。复译中冲突与象征性暴力的存在也从反面说明了和谐的珍贵以及人们对和谐的向往。针对文学名著复译中的违和因子,如抄袭(需要界定抄袭的标准以及操作机制)、粗制滥造、虚假营销、自我吹捧、恶意诋毁、人身攻击等"译弊"或失和现象,相关人士要充分发挥翻译批评的"介入性与导向性"(许钧,2016),不管是专业的还是网络化或大众化的翻译批评。和谐作为文学名著复译的伦理目标归根结底是由人实现的,是伦理选择的结果,"伦理选择是关于如何做人的选择"(聂珍钊,2020:73)。所以诚于己和诚于人是实现文学名著复译伦理目标的关键,其包括但并不限于复译者的伦理选择,需要诸多参与者共同努力。

4 结　语

文学名著一般都是经过时间考验的,大多也过了版权保护期,所以同一原著在同一国家或语言范围内有不同的译本是很常见的事。经济利益或商业因素的驱动更是进一步推动了文学名著复译的频繁发生(Xu & Tian, 2014; Lee & Liao, 2018)。这就涉及同一名著不同的译者与译本之间在特定出版环境下错综复杂的关系,文学名著复译伦理研究主要就是探讨这些关系的,这也是复译伦理和一般的翻译伦理或译者伦理的不同之处。在对国内外复译伦理研究进行述评的基础上,本文主要探讨了文学名著复译的伦理原则和伦理目标。笔者把诚作为名著复译的原则,具体包括诚于己、诚于人和诚于译,把和作为名著复译的伦理目标,主要包括不同的主体之间、文本之间和文化之间的和谐。诚是对复译者的伦理要求,也需要其他参与者具有诚之品质;和是复译者所应追求的,也需要其他参与者贡献力量。换言之,文学名著复译伦理并不限于复译者,还涉及更多的其他相关主体以及主体之外的因素(如文本、文化、意识形态等),这些主体与其他相关因素共同组成了名著复译的生态环境。营造一个健康、和谐的复译生态环境是每位复译者以及其他相关主体的共同责任与使命。

参考文献

[1] Alvstad, C. 2021. Literary Translator Ethics [A]. In Koskinen, K. & Pokorn, N. K. (eds.)

[1] *The Routledge Handbook of Translation and Ethics* [C]. London and New York: Routledge.

[2] Hawkes, D. 1973. *The Story of the Stone* (trans.)(vol.1) [M]. London: Penguin Group.

[3] Khalifa, A. 2020. The Hidden Violence of Retranslation: Mahfouz's *Awlād Hāratinā* in English [J]. *The Translator*, 26(4):1-18.

[4] Koskinen, K. & Paloposki, O. 2015. Anxieties of Influence: The Voice of the First Translator in Retranslation [J]. *Target: International Journal of Translation Studies*, 27(1):25-29.

[5] Lee, Z. & Liao, M. 2018. The "Second" Bride: The Retranslation of Romance Novels [J]. *Babel*, 64,(2):186-204.

[6] Massardier-Kenney, F. 2015. Toward a Rethinking of Retranslation [J]. *Translation Review*, 92(1):73-85.

[7] Nord, C. 2001. *Translating as a Purposeful Activity: Functionalist Approaches Explained* [M]. Shanghai: Shanghai Foreign Language Education Press.

[8] Poucke, P. V. 2020. The Effect of Previous Translations on Retranslation: A Case Study of Russian-Dutch Literary Translation [J]. *Transcultural: A Journal of Translation and Cultural Studies*, 12(1):10-25.

[9] Racz, G. J. 2013. No Anxiety of Influence: Ethics in Poetry Retranslation After Analogical Form [J]. *Translation Review*, 85(1):42-58.

[10] Xu, M. & Tian, C. 2014. Commercial Considerations: A Reason for Retranslating—An Exploration of the Retranslation Boom in the 1990s Mainland China [J]. *Across Languages and Cultures*, 15(2):243-259.

[11] Venuti, L. 2013. *Translation Changes Everything: Theory and Practice* [M]. London and New York: Routledge.

[12] 曹明伦,2006.论以忠实为取向的翻译标准——兼论严复的"信达雅"[J].中国翻译,(4):12-19.

[13] 窦娟、刘书梅,2018.重译的再现伦理研究——以傅东华、李美华《飘》的两部汉译本为例[J].淮海工学院学报(人文社会科学版),(4):64-67.

[14] 冯全功,2010.试论和谐翻译[J].天津外国语学院学报,(4):38-43.

[15] 冯全功,2013.论文学翻译中的诚信观[J].西安外国语大学学报,(4):112-115.

[16] 冯全功,2015.论文学翻译中的互文翻译观及其应用——以《红楼梦》复译为例[J].北京第二外国语学院学报,(8):21-27+13.

[17] 辜正坤,2003.中西诗比较鉴赏与翻译理论[M].北京:清华大学出版社.

[18] 胡东平、黄秋香,2012.复译的伦理[J].山东外语教学,(3):105-109.

[19] 李双玲,2012.从翻译伦理看儿童文学名著的重译[J].湖南社会科学,(5):190-192.

[20] 刘全福,2010.在"借"与"窃"之间:文学作品重译中的伦理僭越现象反思——以《呼啸山庄》两个汉译本为例[J].东南大学学报(哲学社会科学版),(4):93-96+105.

[21] 陆颖,2014.描述翻译研究视域下复译"贵在超越"论的内在悖论[J].外语与外语教学,(3):71-76.

[22] 罗新璋、陈应年,2009.翻译论集(修订本)[C].北京:商务印书馆.

[23] 聂珍钊,2020.文学伦理学批评的价值选择与理论建构[J].中国社会科学,(10):71-92.
[24] 田传茂,2014.国外重译理论研究的新进展[J].解放军外国语学院学报,(3):102-110.
[25] 吴新红,2010.翻译伦理与文学名著的复译[J].长沙大学学报,(6):114-115.
[26] 吴志杰,2018.和合翻译学[M].北京:外语教学与研究出版社.
[27] 许钧,1994.重复·超越——名著复译现象剖析[J].中国翻译,(3):2-5.
[28] 许钧等,2010.文学翻译的理论与实践:翻译对话录(增订本)[M].南京:译林出版社.
[29] 许钧,2016.论翻译批评的介入性与导向性——兼评《翻译批评研究》[J].外语教学与研究,(3):432-442+480.
[30] 张思洁、李贵荣,2008.论译者之诚及致诚之道[J].外国语,(2):62-67.
[31] 赵长江,2015.改编乎?抄袭乎?——评王国振《红楼梦》英文改编本[J].华西语文学刊,(1):120-126.
[32] 郑海凌,1999.翻译标准新说:和谐说[J].中国翻译,(4):2-6.

(责任编辑　张晓明)

文学翻译研究

斯宾塞 *Amoretti*① 的译者行为研究
——以曹明伦、胡家峦和屠岸为例

河北师范大学　李正栓　张　丹*

摘　要：斯宾塞的《小爱神》以其自创的"斯宾塞十四行诗体"写就，其语言质朴、韵律优美、情感浓厚，具有极大的文学价值和审美价值。本文在译者行为批评视域内，以曹明伦、胡家峦和屠岸三位译者及其译本为研究对象，从翻译外和翻译内两分野对其展开研究，探讨三位译者"求真"与"务实"和谐统一的卓越译术。

关键词：《小爱神》；译者行为批评；曹明伦；胡家峦；屠岸

Title: A Study on the Translator's Behavior in the Translation of Spencer's *Amoretti*: Taking Cao Minglun, Hu Jialuan and Tu An as Examples

Abstract: Spencer's *Amoretti* was written in Spenserian stanza. Its simple language, beautiful rhythm and strong emotion display a great literary value and aesthetic value. From the perspective of translator's behavior criticism, this paper takes Cao Minglun, Hu Jialuan and Tu An and their translations as the research objects, studying them from the perspective of both extra-translation and intra-translation. In light of translator's behavior criticism, by studying the intra-translation and extra-translation, this paper explores the superb art of harmonious

---

① 该诗集中文名有《小爱神》《爱情小诗》《爱情小唱》等，本文选用国内首次出版的曹明伦教授译本名《小爱神》。

* 作者简介：李正栓，河北师范大学外国语学院教授、博士、博士生导师。研究方向：英美文学、文学翻译、典籍英译。联系方式：zhengshuanli@126.com。张丹，河北师范大学外国语学院硕士研究生。研究方向：英美文学、文学翻译。联系方式：631217940@qq.com。

unity between "Truth-seeking" and "Utility-attaining" of Cao Minglun, Hu Jialuan and Tu An.

Keywords: *Amoretti*; translator's behavior criticism; Cao Minglun; Hu Jialuan; Tu An

1 引 言

在斯宾塞(1552—1599)以前,西方爱情诗中,意大利式十四行诗(亦称彼特拉克式)长期占据重要地位,对欧洲文学的爱情表达做出重要贡献。胡家峦指出:"彼特拉克十四行诗的思想结构支配着文艺复兴时期诗人的想象"(胡家峦,2019:287)。其严格的韵律节奏是十四行诗的主要特点。自怀亚特和霍华德翻译引进意大利十四行诗后,英国人逐渐见到一种新鲜诗风,为英语也能表达如此细腻丰富的情感而自豪,回应了人们针对英国中世纪诗歌的批评,重新构建了英国诗歌的形象。虽然怀亚特发明了前四行 abab 韵式,霍华德发明了 ababcdcdefefgg 韵式的英国十四行诗,英国诗人们始终一边模仿意大利十四行诗韵式,一边不断发明着自己的韵式。斯宾塞模仿意大利十四行和法国十四行,创造了"斯宾塞十四行诗体"(Spenserian stanza),其韵式为 ababbcbccdcdee,以其独特的独立于传统的彼特拉克诗体,在格律上进行了极大的创新并且非常复杂。彼特拉克式十四行诗体由一个八行诗(octave, abbaabba)和一个六行诗(sestet, cdecde 等变体)组成,而斯宾塞对意大利十四行、法国十四行和英国十四行进行改进,在英国式三个四行诗(quatrain, ababcdcdefef)和一个双行体(couplet, gg)结构的基础上,重新排列了诗行韵脚,形成 abab bcbc cdcd ee 韵式。这种诗体独树一帜,其十四行组诗 *Amoretti*《小爱神》,亦译《爱情小唱》),除第八首外,皆以这种诗体写成。*Amoretti* 包括 89 首十四行诗,描写了斯宾塞向其未婚妻伊丽莎白·博伊尔(Elizabeth Boyle)求爱的过程。该组诗用词质朴、意象鲜明、情感真挚、韵律优美、历久弥新。

相比莎士比亚的十四行诗而言,斯宾塞诗歌的汉语译本出现时间相对较晚。刘立辉(2019:320)认为其原因有以下两点:一为斯宾塞诗歌的语言较难,且意蕴丰富,不易尽数传达;二为其题材比较小众,不像莎士比亚十四行诗被其戏剧的流行带动起来。不过斯宾塞诗歌中蕴含的丰富历史文化仍然吸引了大批学者对此进行深入研究,如欧美学界成立的"斯宾塞学会"、创办的《斯宾塞年刊》以及《斯宾塞评论》,都表明其极具研究价值。近年来,我国对斯宾塞诗歌翻译的一个大工程被上海师范大学的邢怡完成,她翻译出版了《仙后》完整本,据悉她翻译了斯宾塞全集,但并未全部出版。我国斯宾塞诗歌的汉语译本首次出版于1992年,系曹明伦教授的《小爱神:斯宾塞十四行诗集》(安徽文艺出版社)。1997年,胡家峦教授翻译出版了《斯宾塞诗选》(漓江出版社)。2007年,屠岸先生选译了斯宾塞的三首十四行诗,收录出版于《英国历代诗歌选(上册)》(译林出版社)。此后,还有多位译者选译、出版了斯宾塞的诗歌作品。本文选用曹明伦、胡家峦和屠岸的译本进行研究。

译者行为批评以译者为研究中心,分析译者行为对译文质量的影响和作用。"译者行为批评是以人为本的人本理论,是属于翻译批评的评价理论,是外部与内部相结合、人本与文本相结合、动态与静态相结合并旨在追求全面性、客观性和科学性三大翻译批评目标的多维方法论。"(周领顺,2019:30)该理论视译者具有双重属性,即语言性与社会性。"以译者为代表的意志体,其'行为'左踩'文本',右踏'社会',符合翻译过程和翻译活动的实质。"(周领顺,2022:2)在该理论的指导下,翻译批评具有两分视野,即翻译内与翻译外,分别对译者在翻译过程中与原文、社会的互动关系下,所产生的影响因素进行全面考察,并借助"求真—务实"连续统评价模式,对译文进行全面性、客观性和科学性的评价。"'求真—务实'连续统是衡量译者行为合理度的模型,具有较强的操作性。"(李冬冬,2022:115)译者行为批评理论凸显了翻译理论的人本性特征,是"内部批评与外部批评的有机结合"(刘云虹,2009:64)的理论,是处于时代前沿的翻译批评理论。

2 翻译外:译者的有关思想及其译外行为

译者行为批评认为译者具有双重属性,代表了译者的双重角色。在翻译过程中,译者不仅和原文存在语码转换方面的关系,而且与翻译之外的多种因素密切相关。因此,在对斯宾塞诗歌的译文进行评价时,翻译的外部因素,包括译者的身份与素养、译者的翻译观与译者的读者意识等因素不可忽略。

2.1 译者的身份与素养

曹明伦(1953—)北京大学博士毕业后,调入四川大学。他是中国当代著名翻译家,长期从事高校英语语言文学专业的教学和研究工作。他的主要研究方向为文学翻译、翻译与跨文化研究。他的科研成果丰硕,出版了多部专著和译著。《爱伦·坡集》(1995)、《威拉·凯瑟集》(1997)、《培根随笔集》(2000)等英美文学经典的翻译作品深受读者喜爱。他秉持"填空白"的原则,首次翻译了许多英美经典文学作品,包括斯各特的两部长诗《湖上夫人》(1986)、《最后一个吟游诗人的歌》(1988)、斯宾塞的《小爱神》

(1992)以及锡德尼的《爱星者与星》(2008)等。1983年,他组织翻译了《英诗金库》(《英语最佳歌谣及抒情诗之金库》),提出了"在神似的基础上做到最大限度的形似"的主张(李绍青、万兵,2014:56)。他认为翻译的目的是"为本民族读者奉献读之有益的译作,为本民族作家提供可资借鉴的文本"(赵国月、周领顺等,2019:4)。曹明伦提出"文本目的"和"非文本目的"(2007)之说,以探讨翻译目的的内涵和外延,即"'文本目的'是翻译行为的实施者(译者)必须实现的目的,而'非文本目的'则是翻译活动的发起者(包括委托人、赞助人等)想要实现的目的"(赵国月、周领顺等,2019:4)。他在长期的翻译实践中总结经验,认为实践是理论形成的必然前提,理论是实践长期内化的结果。他对翻译本质及翻译目的的见解,是他不断产出新作的标尺和动力。

胡家峦(1938—2019)曾先后就读于北外和北大,师从李赋宁和杨周翰,对邓恩、斯宾塞、弥尔顿等颇有研究,善于从文本细读中挖掘文学思想,出版《历史的星空》《文艺复兴时期诗歌与园林传统》《斯宾塞诗选》等专著和译著,颇受学界认可,还发表50多篇学术论文。1997年,他翻译出版了《斯宾塞诗选》,其中收录了《牧人月历》(*The Shepheardes Calender*)、《爱情小唱》(*Amoretti*)、《仙后》(*The Faerie Queene*)的部分内容,以及《祝婚曲》(*Epithalamion*)和《迎婚曲》(*Prothalamion*)两首长诗。就当时而言,胡家峦所译诗歌作品比较完整,使《斯宾塞诗选》足以称为当时最全面的斯宾塞诗歌的汉译作品集。他前期对斯宾塞的研究全面深刻,为翻译斯宾塞诗歌作品打下了坚实基础。

屠岸(1923—2017)是中国著名诗人、翻译家,也是文艺评论家和出版家。他自幼受到中国古典诗歌的熏陶,激发了他读诗、作诗的热情。他曾任《剧本》月刊和《戏剧报》编辑,工作于人民文学出版社,还是中国诗歌学会副会长。他一生作诗、译诗,在20世纪40年代原创诗作数量达到高峰,诗稿约有七八百首,但其中大部分诗作因各种原因丢失而未能发表。他的诗歌集包括《萱荫阁诗抄》《屠岸十四行诗》《深秋有如初春》等。他的译作也十分丰厚,包括《鼓声》《莎士比亚十四行诗集》《济慈诗选》等。其中,他翻译的《莎士比亚十四行诗集》(1950)成为我国第一部莎士比亚十四行诗中文全译本,在当时产生了较大影响(章燕,2019:360)。他的《济慈诗选》荣获2001年"鲁迅文学奖全国优秀文学翻译彩虹奖"。在作诗方面,"他的诗作承继了中国传统诗歌的优点,也吸收了外国诗歌的艺术特点,在两者交融下,产生独特的诗作风格"(杨宝怡,2018:63)。可以看出,屠岸以宽容的心态接纳西方文化的同时,也不摈弃中国传统诗歌的特点,并将两者交融汇通,形成自己的创作特点。在译诗方面,他将创作和翻译视作一种互动关系。他从莎士比亚的十四行诗中汲取营养,学习效仿,从而开拓自己的眼界,促进自身创作和翻译。卞之琳称他的译作为"译诗艺术的成年",肯定了他在译诗道路上的成果。

2.2 译者的翻译观

曹明伦长期从事翻译实践和翻译教学的工作,从中思考总结了译界未有定论的问题。他首次区分了"文本行为"和"非文本行为"的差异,为译者进行翻译活动提供了有效指导。他对翻译目的和翻译行为的定义和区分,解决了功能派有关翻译行为的模糊指涉。功能派所说的翻译是"译者转换文本时之所作所为",而翻译行为是"译者实际上的一系列所作所为"(Nord,1997:17),虽然明确了"翻译"的实质是译者转换文本的行为,但模糊了"翻译行为"的含义。他们以"顾问"身份解释何为翻译行为,恰恰混淆了翻译行为的具体实施主体。曹明伦以翻译目的为切入点,由翻译目的是否以文本转换为根本,将翻译行为分为相对的两个概念,成功区分了翻译行为的具体行为和相关行为,即"文本行为"和"非文本行为"。他提出的这两组概念互为因果关系。他认为,翻译的文本目的是翻译的根本目的,即"让不懂原文的读者通过译文知道,了解,甚至欣赏原文的思想内容及其文体风格";而"非文本目的"是"翻译活动发起人的目的,发起人只是借用翻译这条途径,为的是实现其政治目的、文化目的、经济目的,或其他个人目的"(赵国月、周领顺等,2019:2)。"文本行为"是"把一套语言符号或非语言符号所负载的信息用另一套语言符号或非语言符号表达出来"(赵国月、周领顺等,2019:2)。此外,他提出翻译"最接近、最自然"二元翻译标准,"所谓最接近,就是要在意义、语气、感情和文体风格等诸方面尽可能地接近原文;所谓最自然,就是译文的语言要尽可能地通顺自然"(曹明伦,2002:90)。他认为这是一对矛盾,但"学习翻译的过程实际上就是解决这对矛盾的过程"(曹明伦,2002:90)。我们认为,"最接近,最自然"是指导翻译实践的标准,也可用于评价译文质量。"最接近"指译者在内容逻辑方面"求真","最自然"指译者在选择表达方式上"务实"于读者。若译文取得"求真"与"务实"的平衡,则属于优质译文。曹明伦经过长期的翻译实践,并对国外的翻译理论进行吸收和思考后,厘清了中外译学关于翻译概念的混淆之处,提出了关于翻译标准的真知灼见,为我国翻译理论和翻译教学的发展做出了突出贡献。

胡家峦的翻译原则离不开"忠实",或是"对等"。但他的"忠实"却有更深层次的含义。他所倡导的忠实,不仅是内容忠实,更是形式、风格的忠实。在语义层面,他提倡用与原文内容和语言风格对等的词汇进行翻译;在修辞层面,他主张用异化的方式保留原文的暗喻和明喻;在句法层面,他同样建议用与之对等的中文句法重现原文句式,甚至标点符号也要做到对等(王智莉,2018)。只有这样,才能使译文形神兼备。在翻译斯宾塞诗歌的过程中,他对其格律的翻译思考良久。起初,他尝试"用五言或者七言诗体翻译篇幅短小的英语诗歌",但如果将全部英语古典诗歌用此方法处理,"不仅单调沉闷,而且斯宾塞诗歌的独特形式也将丧失殆尽"(Hu,2002:140-141)。随后,他从屠岸在翻译莎士比亚十四行诗歌时所提及的"以顿代步"中受到启发,进一步提出"音组"之说。所谓"音组"(sound group),即"根据汉语的表达习惯,一个音组大多为两个或者三个汉字组成,英诗中的抑扬格、扬抑格、抑抑扬格、扬抑抑格等都可以处理为一个音组,甚至有的英语姓名的汉译都能用音组进行处理"(Hu,2002:141-143)。用"音组"代替英语诗歌中的音步,可以较完美地呈现斯宾塞诗歌的韵律特征。为了与原文句式形成对等,他在译文中保持英文语序,用与之相对应的中文句式进行翻译,成功移植斯宾塞诗歌的句式结构,呈现出其质朴、自然的语言风格。胡家峦的翻译实践是"忠实"到极致的表现,是"追求音、形、意方面的等值效应",也是"形似和神似的统一"(刘立辉,2019:330)。

屠岸的翻译观既受中国古典翻译原则的熏陶,也受外国诗学的影响。他始终坚持严复提出的"信、达、雅"的翻译原则,但他对这一原则也有新的阐释。他认为,"'信'是根本,'达'和'雅'是两个侧面"(丁振琴,2017:56)。在忠实原文内容和形式的前提下,使译文通顺畅达,具有可读性。至于"雅",屠岸的理解更为灵活。"'雅'就是要在译文中体现原文的风格。"(丁振琴,2017:57)即以诗体译诗体,并译出原文的语言风格。总之,时代在进步,翻译原则也要与时俱进。屠岸信奉的另一个原则,是英国诗人济慈提出的"天然接受力"(negative capability,亦译"客体感受力")。这一概念提倡诗人在创作诗歌时,应该能够处理不确定性(uncertainties)因素,并且能够像济慈所说的把自己物化成他所描写的物体一样放弃自我的思维定式,全身心投入到吟诵的客体中去,并与之融为一体。屠岸认为,该诗学同样适用于诗歌翻译。译者在翻译过程中也应该放弃固有的思维定式,用心感受原文的文字、思想和意境,与原文融为一体,这样才能把原文的精神实质用另一种语言表达出来(丁振琴,2017:57)。屠岸称之为"二度创作",是译者灵魂拥抱作者灵魂,是译者在传达作者的所思所想。此外,屠岸的诗歌创作呈现出一种"古典的抑制"(classical restraint)。该诗学原则也影响了他的诗歌翻译。他在翻译诗歌的过程中,抑制自己的主观情感,深入体会作者的创作情绪,从而传递原作的神态。在选择翻译策略方面,屠岸深受其恩师卞之琳先生的指点。卞之琳在孙大雨提出的"以顿代步"的基础上,进一步提出"以顿代步,韵式依原诗"的译诗策略。这一策略严格等行,在遵照原文韵律的基础上,以"音顿"代替英诗的"音步",呈现英诗原文的节奏韵律,保留原文的格律特色。这种译法看似束缚译者发挥,实则"可以激发作者和译者炼字炼意,使作品的语言浓缩而有张力,内容凝练而有意蕴"(丁振琴,2017:59)。屠岸的译诗道路,是创作和翻译相辅相成的道路,他将创作的激情与译诗的热情结合起来,不断探索出适用的翻译原则和实用的翻译策略,为中国诗歌的创作和外国诗歌的引进做出巨大贡献。

2.3 译者的读者意识

曹明伦在谈及翻译目的时曾说:"翻译的目的就是让不懂原文的读者通过译文知道,了解,甚至欣赏原文的思想内容及其文体风格"(赵国月、周领顺等,2019:1)。由此可见,他的翻译目的是以读者为主体,译者是为读者服务的。因此,让目标语读者通过译文了解原文的思想内容和文体风格,是译者在翻译活动中兼顾读者感受的表现,换句话说,是译者呈现自身"语言性"和"社会性"双重属性的表现。译者作为"语言人",有重现原文意义和风貌的责任;作为"社会人",有顾及读者可接受性而对译文做出改动的选择。这是译者的读者意识,也是译者"务实"的表现。曹明伦"务实"的表现可见于他在翻译美国当代著名作家巴里·洛佩斯为长诗《我,雪豹》所作的英文序言时,把"the stillness after lightning"译成"雷鸣后的寂静"所引起的讨论,即把"lightning"译为"雷鸣"是否正确。他认为,这实际上是一种"文化还原",因为"寂静"是声音意象,若把lightning译成"闪电"这一视觉意象,则意象之间的逻辑会不正确,或许当初译成"闪电雷鸣"不会产生争议,然而字词结构就不够对等。这句诗是作序者引用的诗人的诗句,原文即"雷鸣后的寂静"。既然作序的目的"是要帮助读者理解并欣赏这首诗",那么,"要达到这个目的,首先就不能歪曲原诗内容,尤其是在引文部分"(曹明伦,2014:118)。可以看出,曹明论在翻译过程中,不只关注原文,而是根据文本类型,严格要求译入语用词的准确性,尤其是引文部分,应该尊重原作。因此,这种"误译"其实是译者既"求真"于原作,又"务实"于原作诗人和读者的表现,也是曹明伦喜用归化之余的异化。

胡家峦的翻译活动也体现了其充分的读者意识。他主张不为翻译而翻译。他首先是研究者,在对原作进行文本细读、感悟至深时才翻译。他始终有良好的读者意识。在2019年出版的《斯宾塞诗歌选集》中,为读者提供了较为丰富的注释和译注。他的读者意识还体现在他经常让他的弟子们阅读并感受他为读者做了什么工作。他甚至让弟子们以读者身份谈论对他译注和译文的感受,以便对自己的译文进行调适。斯宾塞作为文艺复兴时期的代表诗人,其词汇和意象中蕴含了大量西方文化知识。若读者想要深入了解斯宾塞诗歌的文化内涵,没有译者的注释无法达到文化交流的目的。"这些注释信息要么来自斯宾塞诗集的不同版本的注释,要么来自欧美学界的相关研究成果,要么是译者自己的独到理解。"(刘立辉,2019:330)胡家峦凭借自己对斯宾塞多年的研究,已对其诗歌作品产生独到的见解。这些真知灼见体现于他贴切恰当的译文中,也可在注释中窥见一斑。因此,他的译文深刻"求真"于原文,其副文本体现了其"务实"追求。

屠岸在翻译时十分注重读者的可接受性。他将自己选择原作的标准与读者的意识结合起来,以读者的角度思考问题,从而选择能带给读者以启迪的诗歌作品。他选择原作,"一定要选择我喜爱的、能打动我的诗歌作品"(丁振琴,2017:59)。只有这样,他才能译得好,读者才能体会到英语诗歌中的"真善美",并与他情感相通,为之感动。文学的感动功能是通过读者表现出来的。读者被感动,作品才具有教诲功能和教育意义。此外,他认为译者的作品没有完成时,只有读者在阅读后产生感动的情绪,作品才算是基本完成。这是文学读者反映(readers' response)在翻译理论中的体现,也就是说文学原作的各种功能应在翻译文学中对等地体现出来。但每个读者的感动是不一样的,好的译作常读常新,每次阅读都有不同的感受。所以,感动的情绪是因时因地发展变化的。译者的作品能否长期存在并不断延续原作生命与读者质量关系密切。在整个翻译过程和知识再生产过程中,读者也间接参与了诗歌的再创作、翻译与传播。以他译英语儿童诗歌为例,虽然翻译策略仍为"以顿代步,韵式依原诗",但他在翻译过程中首先考虑读者对象,会"考虑儿童的接受力,不拘泥于原诗"(丁振琴,2017:59)。他从中国儿歌中学习用词和句式,而后运用到翻译英语儿童诗。他认为,英语儿童诗应读起来朗朗上口,因此不能忽视诗歌韵律。翻译儿童诗,要译出童趣,这样才能找到儿童阅读或听诵的兴奋点,让儿童接受译文,并领会诗中的韵律美,从而给儿童以美的享受,产生对人生的启蒙。

3 翻译内：*Amoretti* 和译者的译内行为

译者行为批评从翻译内的角度,分析作者、原文和译文之间的关系,并对译文质量作出客观的评价。在进行翻译内的评析时,斯宾塞诗歌作品的翻译难度大小直接影响了译文的质量。其中包括:古英语词汇的翻译、诗歌形式与韵律的重现以及意象和奇喻的呈现,都是译者所面临的挑战。

3.1 再现诗歌的词汇和句式

翻译最基本的要求,是译出原文的内容,准确传达词汇和句式的意义。换句话说,即忠实于原文。无论世界上存在多少种翻译理论,对文本意义的忠实是永恒的追求。但译者作为社会人,往往在翻译过程中显示出其"叛逆"的一面。刘深强(2022:101)说:"忠实"和"叛逆"两者相互依存,呈现出"叛逆是忠实之铺垫,忠实是叛逆之目标"的关系。我们认为"叛逆"是有限度的,必须首先照顾原文的意思,之后才能在表达方面有所叛逆,但归根结底,适当"叛逆"是为了更好地表达原文意旨才对。在诗歌翻译中,词汇意义是传达文化讯息的基本单位,句式结构是诗人表达情感的基本途径。词汇能传达时态和心理的变换,句式能表达诗人的情绪和态度。因此,保证诗歌词汇的得体性和句式的抒情性,是判断译文优劣的前提。译内行为"指的是对于文本求真度的研究,应对的是译文与原文之间的关系,主要关注从文本到文本之间的语码转换和意义再现"(周领顺,2020:52)。由此可知,翻译的内部研究体现的是译者"语言人"角色的彰显。

斯宾塞的 *Amoretti* 语言质朴、句式精巧,译文也同样要达到通达晓畅的程度。以第67首十四行诗为例,该诗以"猎手"(huntsman)和"猎物"(pray)的关系表现诗人追求其未婚妻时疲累的心情,以及"猎物"回心转意时的欣喜(原文略)。

比较三位译者的译文后,我们发现他们在词汇的选择、句式的转换方面存在差异,多集中于动词和形容词以及状语从句。比如,第一行按照原文语序,"weary"作形容词修饰"chase",表达"追赶"的疲累之状。曹明伦将其置于"猎手"前,用以表现猎手的神态。胡家峦将其译作"疲劳",置于句末,在语义方面表现出与"追猎"的先后关系,与原诗在语序方面达到契合。屠岸将其译为"力倦神疲",并用逗号把这句诗分隔为两个短句。虽然没有明显的关连词,但也将原句的先后关系表现了出来。在这一行,曹译与屠译都没有明显表达先后的关系词,但屠译用逗号将其隔开,表达了这一先后顺序,在意义方面更忠实于原文。胡译用关系词表达出原文的先后关系,没有对原句进行改动,是求真于意义和句式的表现。再以第七行中的"self-same"为例,其作形容词修饰"way",意为"原路"。曹明伦译作"回心转意",更倾向于一种心理的转变。胡家峦将其与第八行联系,把"next brook"译在此处,而"原路"译至第八行。屠译为"原路",且把第八行的"近处"译在第七行末。这一行的翻译,曹译更为灵活,将"返回原路"的动作和"小鹿"的心理联系起来,呈现出鹿的鲜活形象。胡译通过语序的转换,使译文的逻辑更为合理。屠译未改变语序,因此在句式方面更为忠实。三位译者在语义方面皆"求真"于原文,但在句式方面,屠译更为接近。产生这些微妙差异,与三位译者身份关系密切。屠岸本身是诗人,在译诗过程中始终追求与诗人同频共振。曹明伦力求表达诗人的激情。胡家峦追求理性地再现原作。

3.2 传递诗歌的形式和风格

斯宾塞的 *Amoretti* 共含 89 首十四行诗,除第八首以外,其余均用诗人自创的"斯宾塞体"写就。斯宾塞从法国诗人马罗(Clement Marot,1496—1544)的诗歌中学到了连接四行诗的方式,形成 abab bcbc 的韵律形式。其中,b 和 c 两个韵脚都分别重复四次,形成"连环扣",音调委婉曲折,和谐动听(胡家峦,2019:288)。王佐良(1991:11)曾评论说:"斯宾塞所作的十四行诗在韵律的讲究上甚至超过了莎士比亚。""斯宾塞十四行诗体"独具创新,这么评价不无道理。然而,译者要在兼顾原文含义的同时,再现诗歌的韵律和风格却十分困难。"诗歌翻译之难,难在意象转换,更难在风格传递。"(李正栓、王心,2019:99)

本雅明(Benjamin,2000:19)曾说,"原作语言的意义和形式就像果皮和果肉一样浑然天成。"鲁迅(1973:113)也曾言道,"凡是翻译,必须兼顾着两面,一当然力求其易解,一则保存着原作的丰姿。"中外译家用实践证明,诗歌翻译的意义和形式二者缺一不可。诗歌形式是诗歌意义的一半。因此,形式对于诗歌而言至关重要,翻译时不可得意忘形,形神兼备是诗歌翻译的最高要求。本文研究的三位译者,在重现原诗韵律方面下了很大功夫。以 *Amoretti* 第 75 首十四行诗为例(原文略),该诗以文艺复兴时期一个常见命题"诗(文学)能使人永存"为主题,表达了诗人对其未婚妻的爱之永恒,其结构为三个四行诗组和一个双偶句,韵式为 abab bcbc cdcd ee。全诗以五步抑扬格为基本节奏,每行十个音节。该诗最大的特色是使用了大量头韵,比如"waves and washed"、 "paynes his pray"、"dy in dust"等。整首诗读起来节奏鲜明,音调回环往复。

三位译者都以诗译诗,韵体译诗,以顿代步。屠译每行五顿,与原文基本对应。此外,他严格按照原文诗节的划分给译文分节,且每行字数均控制在 12—13 字,使整首诗错落有致,在形式方面"求真"于原文,传达出原诗风格。曹译同样严格遵循原诗韵律节奏,且每行诗基本上都为 13 字。从视觉感受来讲,整首诗形式整饬,结尾两行比前文多一个字(或标点),突出同韵双行体总结全文的作用。胡译的错行形式与原文十分贴切,每行字数均在 12—13 字。全文错落有致,富于美感。总之,三位译者在传达原诗形式和风格方面,皆"求真"于原文,保留诗歌形式;且"务实"于读者,再现诗歌形式美。

3.3 保留诗歌的意象和修辞

文艺复兴时期的诗歌中含有丰富的意象和修辞,表现出诗人们大胆的想象和独特的创新。斯宾塞的 *Amoretti* 意象精妙,喻体奇妙,其中大量借鉴了彼特拉克传统的奇喻(conceit,亦译"奇想怪喻""奇思妙喻""奇思妙想"),但也不乏创新之处。他的 *Amoretti* 的独创性"主要见于各种传统成分经过细微变化之后的重新组合,在求爱方面总体上表现了肉体之爱和精神之爱相互融合的新颖色彩"(胡家峦,2019:292)。这些奇喻不再模仿纷扰的社会现象,转而模仿恬静的大自然。这样的转变一定程度上体现了斯宾塞亲近自然、热爱自然的自然观。因此,富含意象和奇喻是 *Amoretti* 的诗歌特点,也是斯宾塞的写作特色。译者在翻译过程中,对原文意象和奇喻的处理方式可反映出译者翻译策略的选取。

诗贵在比喻,旨在以意象营造意境,故应尽量移植(江枫、许钧,2007:385)。王佐良(1997:461)曾说,诗歌里的比喻有着体现作者的敏感和时代风貌的重要性,应该直译之。曹明伦认为,"任何翻译都会面临着源语文本中语言的'形式'和'意义'的双面现实,尤其是文学翻译最甚,比如翻译中常常出现的隐喻或者文化负载词"(赵国月、周领顺等,2019:2)。屠岸认为:"翻译作品应该是另一种文字的原作,不应该是'荒诞派'作品,尤其是涉及意象转换的时候,要特别注意中西文化之间的碰撞"(丁振琴,2017:60)。因此,屠岸一般采用直译的方法译出原文意象。若遇到不可转换的意象时,他用加注或找近似意象代替的方式,尽量保留原诗的意象。

斯宾塞 *Amoretti* 中的意象和奇喻随处可见。以第 34 首十四行诗(My Helice the lodestar of my lyfe)为例(原文略),该诗反映出斯宾塞对其未婚妻精神上的依赖,以及其未婚妻在他生命中的重要性。诗中斯宾塞将自己比作大海上的一艘船,靠星辰的指引前行。对于船而言,星辰是指引它穿过风暴的向导。对于斯宾塞而言,他的未婚妻是带他走出迷茫和失落的引路人。"船"和"星辰"是该诗的主要意象,展现出诗人与其未婚妻"依赖"和"被依赖"的无法分离的关系,字里行间体现出诗人深厚的爱意。该诗的意象虽然简单,但译者们的翻译有所不同。胡译和屠译都将"ship"译为"船",曹译为"孤舟"。从意义上来看,三位译者都忠实于原文,译出本意。但曹译"孤舟"蕴含两层意义,一为客观事物主体,二为诗人的情绪感受,即孤独落寞之感,也是全诗的感情基调。可见,曹译"孤舟"一词表达了两种含义,增加了自己的主观理解。从"求真"的角度来看,胡译和屠译更加忠实于原文。从"务实"角度来看,曹译更具美感,虽然以"舟"代"船"在意象呈现方面发生了变化。第二行中"some star"(某颗星辰)的翻译也各展风姿。胡译和屠译都是直译为"一颗星辰",曹译意译为"北斗七星",用了归化策略。胡译和屠译紧扣全诗,将星辰译为"一颗",即诗人未婚妻,符合斯宾塞的"抖包袱"思维。曹译直接用"北斗七星"代替原文中暂未指明的星辰(some star),但此译法与后文指明的星辰"赫利刻"(Helice),即"北斗",形成对应,等于取消"包袱"潜文,展示了他喜用归化策略的特点,使潜文本意义明晰化。三位译者的译文都"求真"于原文,但曹译更显情感化,这与译者性情不无关系。曹译弱化星辰数量,根据上下文直接译出星辰名字,在形成与后文对应的同时,隐含了星辰的数量不止一颗或字面上的某一颗,与原文中的"some"在无形中契合,是间接"求真"于原文。

从诗歌的意象和修辞的保留程度来看,在第 34 首十四行诗中,三位译者都尽量保留原文含义,以"语言人"角色"求真"于原文。但在"务实"层面而言,曹译更为灵活,他对原文做出改动的同时,紧密结合原文意义和表达,突出了译者的主观感受,发挥了译者主体性,对译入语进行介入,反映出"求真"与"务实"的动态平衡。

4 结　语

在译者行为批评视域内,我们分别从翻译内和翻译外两个角度分析了曹明伦、胡家峦和屠岸三位译者的译者行为,并对他们的译文做出评价。三位译者凭借他们长期的研究和翻译实践,形成自己的翻译原则和策略。曹明伦在明确其翻译目的后,以"最接近、最自然"的二元翻译标准指导其翻译实践;胡家峦在忠实原文意义的同时,再现诗歌的形式和风格;屠岸认为创作诗歌和翻译诗歌具有互相促进的作用,并实践了"以顿代步,韵式依原诗"的格律体译诗原则。他们的译文均以"求真"于原文为根本,"务实"于读者为目标,再现了斯宾塞 Amoretti 的词汇和句式,传递了原文的形式和风格并保留了原文的意象和修辞。对不同译者行为进行细读和分析,旨在探析翻译行为与翻译效果以及对作者和读者的双重贡献。三位译者通过各自的翻译对中国的斯宾塞研究做出积极贡献,对世界文化与文明互鉴和促进中国诗歌发展意义重大。

参考文献

[1] Benjamin, W. 2000. The Task of the Translator [A]. In L. Venuti(Ed.). *The Translation Studies Reader* [C]. London and New York: Routledge, 15 – 25.

[2] Hu, J. 2002. Spenser in Chinese Translation [J]. *Spenser Studies: A Renaissance Poetry Annual*, 16: 139 – 149.

[3] Nord, C. 1997. *Translation as a Purposeful Activity: Functionalist Approaches Explained* [M]. Manchester: St. Jerome Publishing.

[4] 曹明伦,2002. 从"最接近、最自然"开始[J]. 中国翻译,(2):89 – 90.

[5] 曹明伦,2007. 文本目的——译者的翻译目的——兼评德国功能派的目的论和意大利谚语"翻译即叛逆"[J]. 天津外国语学院学报,(4):1 – 5.

[6] 曹明伦,2014. 再谈翻译的文本目的和非文本目的——吉狄马加《我,雪豹》英文版序译后[J]. 中国翻译,35(5):117 – 119.

[7] 丁振琴,2017. 英诗汉译的原则、策略及其他——诗人翻译家屠岸先生访谈录[J]. 中国翻译,38(3):56 – 61.

[8] 胡家峦,2019.《斯宾塞诗歌选集》译者前言[J]. 中世纪与文艺复兴研究,(1):283 – 305.

[9] 江枫,许钧,2007. 形神兼备:诗歌翻译的一种追求[A],载海岸(选编),中西诗歌翻译百年论集[C]. 上海:上海外语教育出版社,385.

[10] 李冬冬,2022. 译者行为批评视阈下的《阿Q正传》魏简法译本研究[J]. 外国语文,38(5):115 – 122.

[11] 刘立辉,2019. 英国文艺复兴诗歌翻译的等值效应原则——以胡家峦译《斯宾塞诗歌选集》为例[J]. 中世纪与文艺复兴研究,(1):319 – 333.

[12] 刘深强,2022. 忠实之道的译者行为批评解析——以余国藩英译《西游记》为例[J]. 外语教学,43(5):96 – 101.

[13] 李绍青,万兵,2014. 曹明伦:在一条人迹稀少的路上行走[J]. 教育与职业,(16):56 – 58.

[14] 鲁迅,1973. 且介亭杂文二集[M]. 北京:人民文学出版社.

[15] 刘云虹,2009. 论翻译批评精神的树立[J]. 外语与外语教学,(9):62 – 65.

[16] 李正栓,王心,2019. 莎士比亚诗歌翻译中的文化取向——屠岸和辜正坤比较研究[J]. 外国语文研究,5(2):95 – 103.

[17] 斯宾塞,1992. 小爱神:斯宾塞十四行诗集[M]. 曹明伦,译. 合肥:安徽文艺出版社.

[18] 斯宾塞,1997. 斯宾塞诗选[M]. 胡家峦,译. 桂林:漓江出版社.

[19] 屠岸选译,2007. 英国历代诗歌选(上册)[M]. 南京:译林出版社.

[20] 王智莉,2018. 埃德蒙·斯宾塞十四行诗集汉译比较研究[D]. 硕士论文,石家庄:河北师范大学.

[21] 王佐良,1997. 王佐良文集[M]. 北京:外语教学与研究出版社.

[22] 王佐良,1991. 英诗的境界[M]. 北京:三联书店.

[23] 杨宝怡,2018. 屠岸与诗[J]. 传记文学,(2):60 – 64.

[24] 赵国月,周领顺,曹明伦,2019. 翻译目的、翻译行为和对外翻译——曹明伦教授访谈录[J]. 翻译

论坛,(1):1-9.
[25] 周领顺,2019.译者行为研究十周年:回顾与前瞻——兼评"全国首届'译者行为研究'高层论坛"[J].北京第二外国语学院学报,41(2):21-34.
[26] 周领顺,2022.译者行为批评"行为—社会视域"评价系统[J].上海翻译,(5):1-7+95.
[27] 周领顺,2020.译者行为批评关键词集释[J].语言教育,(1):51-53.
[28] 章燕,2019.缅怀著名诗人、翻译家屠岸先生[J].中世纪与文艺复兴研究,(1):358-360.

（责任编辑　吴天楚）

葛浩文删译中国当代文学的类型、成因及启示
——以《天堂蒜薹之歌》为例 *

华中科技大学 王树槐 张梦楠 **

摘 要:本文以葛浩文删译《天堂蒜薹之歌》为研究对象,对他删译的八个类型进行了归纳、描写,并与其他删译小说做了共性和个性的比较。之后分析了葛浩文删译的成因,包括出版社与市场、中西诗学差异、读者阅读取向。最后,文章从作家写作和翻译家翻译两个方面,为中国文学走向世界提供启示。

关键词:葛浩文;删译;类型;成因;启示

Title: Howard Goldblatt's Deleted Translation of Contemporary Chinese Fiction: Types, Ascriptions and Revelations

Abstract: Taking *The Garlic Ballads* translated by Howard Goldblatt as the research object, this paper describes the eight types of deletion in his translation, and compares them with deletions in his other translated fictions. Then the paper analyzes the Goldblatt's ascriptions which include publisher, poetics and readership. Finally, based on his success, the paper discloses revelations for Chinese literature going global in terms of writing and translation.

Keywords: Howard Goldblatt; deletion; types; ascriptions; revelations

---

* 本文系国家社科基金项目"企鹅版中国文学经典的翻译与传播模式研究"(18BYY025)阶段性成果。
** 作者简介:王树槐,华中科技大学外国语学院教授,博士生导师。研究方向:中国文学经典英译、翻译批评和翻译教学。联系方式:wangshh@hust.edu.cn。张梦楠,华中科技大学硕士研究生。研究方向:文学翻译。联系方式:1010596177@qq.com。

1 引 论

葛浩文被誉为中国现当代文学的"接生婆"(Updike,2005)和"首席翻译家"(夏志清,2004:63),他翻译了近60部中国当代小说,并助力莫言获得诺贝尔文学奖,是中国文学走出去当之无愧的"第一功臣"。在这近60部小说中,葛浩文绝大部分是忠实、完整地翻译,只有少数才删改,包括《红高粱》《生死疲劳》《丰乳肥臀》《狼图腾》《天堂蒜薹之歌》《格萨尔王》等。总体说来,葛浩文的删改是成功的。比如《红高粱》被《今日世界文学》(World Literature Today)评为"1993年全球最佳小说";《生死疲劳》获首届纽曼奖;《狼图腾》获曼氏亚洲文学奖,其海外销量为中国小说之冠;就《天堂蒜薹之歌》而言,它在维京·企鹅出版社出版后,《纽约时报》《科克斯书评》等媒体给予了高度评价。比如伯恩斯坦(Bernstein,1995)在《纽约时报》撰文评论说,尽管莫言对中国农村生活描写悲惨,但他的故事充满活力,而且没有沉落于压抑之中……葛浩文是当今翻译中国文学最受人景仰的美国翻译家,译文通过万花筒式的闪回,生动展现了高羊、高马二人喜悲剧的生活。《科克斯书评》(Kircus Reviews,1995)则称赞《天堂蒜薹之歌》是"史诗般的故事"①。目前对于葛浩文的研究汗牛充栋,但是对于他删译规律的研究尚不多见。本文以葛浩文删译《天堂蒜薹之歌》为研究对象,探讨葛浩文删译的类型、归因,以及对中国文学创作和翻译的启示。

2 《天堂蒜薹之歌》删译的类型

根据我们的统计,葛浩文译《天堂蒜薹之歌》一共删改809处词语和句子,包括八个类型,共计17 000余字。

2.1 对话引导句

莫言的小说中,人物对话多使用直接引语,大部分对话都有完整的引导语,如"……说""……道""……问"。葛浩文在翻译的时候,常根据上下文明了的语境,将直接引语变成自由直接引语,省去"……说(道,问)",只留下对话的内容。如:

---

① https://www.kirkusreviews.com/book-reviews/mo-yan/the-garlic-ballads/. [2010-03-20] 查询日期:2023-03-16。

例1：

原文：高马吭哧了半天，说："她是我的对象。"

"我只知道方金菊是刘胜利的对象。"<u>民政助理说</u>。

"那是强迫的，<u>金菊并不同意</u>。"

"那也用不着你来告啊！"<u>民政助理说</u>，"方金菊来告我就管。"

"她爹把她关起来了。"（莫言，2004:27）

译文："She's the woman I'm going to marry," Gao Ma said after hesitating for a moment.

"As I hear it, she's the woman Liu Shengli is going to marry."

"Against her will."

"That's none of your business. I'll look into the matter when she comes to see me, but not before."

"Her father won't let her out of the house."(Mo, 1995:29)

这一段对话有三个引导语，其中两处是"民政助理说"，葛浩文对此做了删除（画线部分提示删译，下同），只保留引号和话语内容。译文减少了叙述者的干预，将重心放在对话本身，使对话内容更加突出。在将直接引语变为自由直接引语之后，读者依旧可以根据话轮次序分辨出说话人。当然，在有多轮对话的时候，葛浩文也会保留部分对话引导语，帮助读者识别说话人，如"高羊吭哧了半天，说……"。葛浩文对对话引导语的删译，让行文简洁流畅，叙述速度加快，这也符合英语小说的诗学习惯。另外，本句中"那是强迫的"和"金菊并不同意"是同义，葛浩文只翻译第一句，省译第二句。

2.2 拟声词

莫言的写作非常擅长运用拟声词。拟声词的使用有利于渲染场景，增加场景的听觉效果，使得画面生动。葛浩文在翻译的时候，并非忠实地保留所有拟声词，而是删译或改译部分拟声词。这样的处理在《天堂蒜薹之歌》翻译中有39处。如：

例2：

原文：那匹枣红色的马驹子在打麦场的边缘上<u>嗒嗒地</u>跑过去，又<u>嗒嗒地</u>跑回来。（莫言，2004:19）

译文：A chestnut colt galloped along the edge of the floor, …(Mo, 1995:20)

本句中两处拟声词"嗒嗒地跑"均被省略，译作"galloped"，意为"疾驰，飞奔"，保留了"跑"的状态，拟声删去。葛浩文的翻译使得译文清晰简洁，且与语境契合。

2.3 文化词

中国文化历史悠久,汉语词汇常常负载着厚重的文化意蕴。从时间层面看,文化词包括含有历史典故的独特表述,例如"三国演义""诸葛亮";从空间方面看,又包括富有地方特色的乡土俗语,表现出强烈的民俗和地方性特征。另外,汉语称谓语系统庞大复杂,指称精确细致,它们与中国人的认识观、价值观是一脉相承的。此外,莫言小说中也有一些对中国政府复杂机构的描写。由于历史文化背景不同,对于西方读者来说,理解富含中国文化的词汇是一件困难的事情。在翻译过程中,葛浩文删译了很多非主题性的文化词汇,便于读者阅读。我们选看两例。

例3:

原文:……订立婚约三家永结<u>秦晋之好</u>河干海枯不得悔约。(莫言,2004:24)

译文:With this agreement, our families are forever linked, even if the rivers run dry and the oceans become deserts. (Mo, 1995:24)

这一句中"秦晋之好"源自《春秋·左传》,指秦、晋二国世代联姻,后喻指普通百姓两姓联姻。葛浩文删译"秦晋之好",在不损伤原文意义的基础上,省去"直译+解释",使得译文行文简洁、流畅。

例4:

原文:"谢谢审判长的提醒,我马上进入实质性辩护。近年来,农民的负担越来越重。<u>我父亲所在村庄,种一亩蒜薹,要缴纳农业税九元八角。要向乡政府缴纳提留税二十元,要向村委会缴纳提留三十元。要缴纳县城建设税五元(按人头计算),卖蒜薹时,还要缴纳市场管理税、计量器检查税、交通管理税、环境保护税,还有种种名目的罚款!</u>所以有的农民说'雁过拔毛'。<u>再加上近年来化肥、农药等农业生产所需物资大幅度涨价或变相涨价,农民得到的利益已经很少</u>。今年以来,这种种违背国家政策的现象到了令人无法容忍的地步,所以,我认为天堂'蒜薹事件'的发生不是偶然的。"(莫言,2004:247)

译文:"Thank you for reminding me, Your Honor. I'll get right to the point. In recent years the peasants have been called upon to shoulder ever heavier burdens: <u>fees, taxes, fines, and inflated prices for just about everything they need.</u> No wonder you hear them talk about plucking the wild goose's tail feathers as it flies by. Over the past couple of years these trends have gotten out of control, which is why, I believe, the Paradise County garlic incident should have come as no surprise."(Mo, 1995:247)

《天堂蒜薹之歌》写作的年代正是农民需要向各级政府部门缴纳多种税金的时候。这一段中的各级政府部门征收的税种,如农业税、提留税、建设税、市场管理税、计量器检查税、交通管理税、环境保护税等等,如果直译出来,会让英语读者眼花缭乱。因此葛浩文简化为 fees, taxes, fines, and inflated prices,英语读者同样能够意会沉重的纳税任务。

2.4 冗余词句

优秀的作品一定是简洁的,汉语如此,英语亦如此。比如清代桐城派的文论家刘大櫆在《论文偶记》中说:"文贵简。凡文笔老则简,意真则简,辞切则简,理当则简,味淡则简,气蕴则简,品贵则简,神远而含藏不尽则简,故简为文章尽境。"在英语方面,斯特伦克和怀特(Strunk & White, 2000:XV-XVI)指出,富于力量和美的写作,总是以简洁的语言表现;平卡姆(Pinkham, 2000:1-168)在《中式英语之鉴》中用了1/3的篇幅分析了汉英翻译的五种冗赘:多余的名词和动词、多余的修饰语、同义词堆叠、同义句两次陈述、同一事情多次指说。《天堂蒜薹之歌》含有许多冗余的词语和句子,从汉语角度来说,这些意义相似的词语和句子能够表达莫言独特的语言风格;但从英语的角度看,不是所有的重复表述都会引起美感。所以葛浩文对重复出现的词语和句子做了适当的删译,它们主要是近义词重叠、镜像陈述、近义句互现、冗余饰语。我们选看两例。

例5:
原文:他仰了一下脸,看到了两张冷冰冰的、毫无表情的脸。(莫言,2004:2)
译文:He looked up into the men's expressionless faces, …(Mo, 1995:2)

这一句中"冷冰冰的"和"毫无表情的"两个修饰成分含义相似,葛浩文没有逐词翻译,仅仅保留一个 expressionless,就将原文意义完全体现出来了。

例6:
原文:"妹妹,你别犯傻,"哥悄声说,"刘家富着呢,你老公公不会空着手来,见面钱是少不了的。"(莫言,2004:52)
译文:"Don't be foolish," he continued in a low voice. "Someone as rich as Mr. Liu surely didn't come empty-handed today."(Mo, 1995:56)

"你老公公不会空着手来,见面钱是少不了的",两个分句意义其实相同,都是指嫁给刘家能得到好处,是"镜像陈述"(mirror-image statement)。所谓镜像陈述,是指同一内容先用正说,后用反说(Pinkham,2000:94)。这在英语中是忌讳的用法,葛浩文会伺机而省。

2.5 评论性话语

"展示"(showing)与"讲述"(telling)是小说叙事中常用的两种手段。传统的小说写作往往重视展示,认为它是使得小说生动的手段,如拉伯克(Lubbock,1921:62)指出,当小说家认为他的故事是被展示出来,即,故事自己讲述自己的时候,艺术才开始。但是布斯(Booth,1983:8-16)则认为小说的讲述能够让作者进行道德、伦理、审美等方面的评价,因而不可或缺。我们认为,小说可以分为两种类型:第一种是作者隐身,人物自导自演的类型,但有"隐含作者"(implied author)(Booth,1983:73)在幕后操控;第二种是作者明确现身,随时对人物的行为加以伦理、道德、审美的评论。我们认为,对于纯粹的展示类小说,译者一般说来是不能加入自己的讲述(评论)的。对于讲述型的小说,情况则比较复杂。第一,多数情形下译者会忠实地译出作者的评论。第二,如果作者的讲述只是细节上一些非主题的评论,那么译者是有权力删除这些评论的。第三,还有一种情形是,译者与作者的价值观不一样,那么译者可能会不译评论,或者隐蔽地改变评论的力度,从描写翻译学视角看,这也是允许的。《天堂蒜薹之歌》常从全知视角出发,在展示性细节描写中穿插很多的评论。葛浩文会删译其中一些非主题性的评论。如:

例7:
原文:收音机播放着地方戏,一个女人在噢噢地唱,<u>拿腔拿调的,跟哭也差不多</u>。(莫言,2004:50)
译文:An opera singer was shrieking—wah-wah.(Mo,1995:54)

上面句子的前半部分描绘场景,属于"展示",后半部分插入评论性话语,属于"讲述"。"拿腔拿调的,跟哭也差不多",是对小说中女人唱歌腔调奚落性的评论。这些评论不涉及主题,葛浩文直接删译,效果更好。

2.6 与主线情节无关的内容

小说写作的时候,会有一条主线,少数时候会有两条主线,甚至几条主线。围绕主线,作者又会加上一些细节,以增加小说的逼真度和可信性。然而《天堂蒜薹之歌》中,莫言有的细节描写不必要地过分细致,或者离开了主线。葛浩文会相机删除。如第十一章描写高马为警察所追捕,他慌不择路,跑进红柳林。"红柳无人修剪,一蓬蓬,乱糟糟,枝条繁乱,枝叶上寄生着一种扁平的毒毛虫,虫呈浅黄色,当地人叫'疤疾毛',沾人即把毒毛刺入肌肤,使皮肤红肿发痒"。这一段描写不仅减慢了叙述速度,也影响了读者对急迫心理的感受。这一句中,葛浩文删译了"一蓬蓬,乱糟糟,枝条繁乱",其他的保留。事实上,如果葛浩文删译了整个句子,效果会更好。我们再看下面一例。

例8:
原文:下午还有重大发现:他吃了白桑葚。白桑葚:个大,颜色白里透绿,像玉,味道胜过紫红桑葚。这是桑树里的新种,桑皮白,桑叶大如掌,厚如铜钱。(莫言,2004:142)
译文:删除

这一段是写高马在躲开警察的追捕后,为了填饱肚子四处寻觅吃食。该段对"白桑葚"的介绍与主线无关。葛浩文删译此处,使得小说的主题意义更加集中。

2.7 重塑人物形象

《天堂蒜薹之歌》中的人物多为农民,他们有淳朴、高尚、智慧的一面,也有自私、狭隘、愚昧的一面,莫言立体地写作这些人物。然而,葛浩文在翻译的时候,对人物的形象做了一些改变。如:

例9:
原文:但转瞬间那怒气便消了,心里竟奇怪地盼望着警察多抓些人与自己做伴。如果全村男人都被抓走,老婆的心就会平和,他想。最好把高马抓到,蹲监狱也应该有个头领,而高马正是最好的头领。(莫言,2004:6)
译文:删除

这一句是写高羊和其他农民砸了县政府被抓之后,心里的想法。他希望把高马和其他人也抓进牢房,与自己做伴。这是中国农民自私狭隘的心理表现。葛浩文删译这一部分,意欲表现一个纯真、善良的中国农民。

例10:
原文:四叔把滚烫的铜烟袋锅子抡起来,打在金菊头上。她听到头盖骨响了一声,<u>一阵刺痛,一阵愤怒,一阵委屈</u>,使她做出了与年龄不相符的动作:<u>她一屁股坐在地上,像撒娇的女孩子一样踢蹬着脚,把饭桌上的水碗都踢翻了</u>。她哭叫着:"噢——你们打我——你们打我——"。(莫言,2004:47)

译文：Fourth Uncle hit Jinju on the head with the redhot bronze bowl of his pipe. <u>She crumpled to the ground, angered and humiliated.</u> "Brute!" she shrieked, "You hit me!"(Mo, 1995:51)

这一段写的是金菊坚持要嫁给高马，被父亲怒打的场景。原文中金菊在挨打之后，"一阵刺痛，一阵愤怒，一阵委屈"，是情感和动作的递进。之后"坐""蹬""踢"一系列动作，既显示金菊的不满，也与其成熟的年龄不太相符。葛浩文将这两句话整合成一句：crumpled to the ground, angered and humiliated，只是概括描写金菊坐到地上，并没有将她小孩子般的撒泼表现出来。原文中的金菊给读者以幼稚、不懂事的印象，而译文呈现的则是一个冷静、成熟的金菊。

2.8 与审美和价值观相左因素

《天堂蒜薹之歌》中与审美和价值观相左因素主要涉及血腥暴力描写和女权主义讳语。我们选看两例。

例11：
原文：圆的血珠滴到白台阶上，跌破，溅起……红的血珠像小樱桃一样落在台阶上，跌破，溅起……（莫言，2004：28）
译文：删除

这一句写的是高马求乡政府主持公道，却被打得头破血流的场景。这一描写如同特写镜头，将"头破"和"血流"放大、放近，读者读后心中为之震颤、惊恐。葛浩文不愿意转述如此野蛮行为，也是为了避免英语读者强烈的负面反应，删译此句。

例12：
原文：她吃得很胖，脖子短得好像没有，一张通红的脸庞上镶着两只肿泡的小眼睛，一个过分小巧了的鼻子距离嘴巴很远，人中于是很长。高羊很有些厌恶她的长相。闻到她身上散发出来的香胰子味道，她马上就漂亮了。扑鼻的香气提醒高羊，这也是个高级女人。（莫言，2004：224）
译文：删除

《天堂蒜薹之歌》之中常有从男性视角出发，对女性损毁、亵渎、不敬的描写，葛浩文会相机删除。这一句是从高羊的视角出发，以审判性目光对女剃头匠的评头论足：先是用戏谑不敬的口吻对其长相进行评论，又用"高级"这样蔑视性词汇物化女性，仿佛女性生来就是给男性玩赏的。后面还有"那个黄脸的死囚用戴着镣铐的双手揪住了女政府的奶子"这样露骨的性骚扰描写。再如第十七章 61 节描写死囚临死前由"女政府"为他理发、他对女政府玩赏不敬的心理,共 1 430 字,葛浩文全部删除。在美国,20 世纪 40 年代末就掀起了女权运动,其女性的地位普遍高于中国妇女,女权意识也比中国妇女强烈得多。葛浩文删译这一节,避免了女性读者的反感、抵制。

3 与葛浩文其他小说删译的比较

根据宁明(2019)的研究,葛浩文翻译《红高粱》的时候,删译多达 61 处,主要体现在:第一,原文涉及中国的民俗,或者语句中包含成语、谚语等负载文化要素。第二,与主干情节相距较远,属于枝蔓描写的地方。第三,原作中叙事者进行评论或者发表感想的地方。第四,残酷或者暴力场面。葛浩文翻译《丰乳肥臀》共删译 71 处,主要是人物的想象、幻觉和不重要的枝蔓情节。葛浩文翻译《生死疲劳》,共删译 72 处,主要在第三部分,内容包括:第一,从动物的角度对世事、人物等进行的评论,并且这些评论并不能真正推动故事的进展。第二,民间俗语和需要历史文化知识才能理解的内容。第三,与主要故事情节关系不大的细节描写。

根据我们的观察,《狼图腾》删译内容则可分为八类。1)引用来自中国古典文学作品的警句,如原文每一章开首的按语;2)历史典故,如"昭君出塞";3)血腥场景描写,如狼群对军马的诱捕、分食;4)对人物或动物心理活动的描写;5)叙述者"讲述"的内容,即边叙边评的部分;6)与主线情节无关的对话或描写;7)部分文化词;8)篇章重组、段落浓缩;等等。

基于上面的比较,我们可以推出葛浩文删译《天堂蒜薹之歌》的共性和个性。

共性方面有:1)葛浩文倾向于删译对话引导语,以及部分文化词,例如和民俗相关的乡土表述、俗语,或者历史典故;2)倾向于删译"讲述",即评论性话语,包括原作中叙述者抒发的评论或漫溢的感想,也包括从动植物视角给出的隐晦性评论或总结性语句;3)倾向于突出主要情节,删译与主题相关不大的枝蔓情节或细节描写;4)倾向于删译血腥暴力描写。

个性方面有:1)对审美观相左内容的删译;2)对汉语拟声词的删译和改译;3)对女性歧视的删译;4)删译人物的行为或心理,以改变人物的形象。

4 葛浩文删译的成因分析

葛浩文删译的成因体现在出版社与市场、中西诗学差异、读者阅读取向三个方面。

4.1 出版社与市场

葛浩文常常被批为"连改带译"(李景端,2015),然而这大多是出自出版社的要求,葛浩文也多次澄清。在国外,编辑往往有着很大的权力,他们决定文本最终的形式,甚至是决定是否予以出版。葛浩文一次在采访中说,"很多时候,都是出版社要求删的,其实原文我们全都翻译了"。葛浩文以藏族作家阿来的《格萨尔王》举例,"这被出版社删掉了一半,因为这个长篇有四五十万字"①。再比如葛浩文翻译《狼图腾》,"编辑看过译文说,很棒的作品,不过要删一些,至少三分之一吧"(李文静,2012:59)。另一个例子是莫言的《天堂蒜薹之歌》,葛浩文认为那是个充满愤怒的故事,结尾有些不了了之。他把编辑的看法告诉了莫言,十天后,莫言写出一个全新的结尾,葛浩文花了两天时间翻译出来,发给编辑,结果皆大欢喜(李文静,2012:59)。再如,美国的出版社多次抱怨莫言小说"多有重复的地方",要求葛浩文删掉,原因是"不能让美国读者以为这是个不懂得写作的人写的书"②。可见,出版社充分考虑到市场需求,是葛浩文删译的重要幕后推手。

4.2 中西诗学差异

中国作家和西方作家对写作审美、文本结构、叙事方式的认识,有很大的差别,这些可以归结为诗学的原因。比如中国作家在一部小说中会创作出很多人物(如《红楼梦》有400多个人物,《三国演义》有1 100多个人物),也会有很多线索并行前进,因此会有很多分支的情节。但是西方的典型小说一般说来只有20个左右的人物,其中8个左右为重点人物,情节往往是直线型前进,不会有很多的分支。与中国小说相比,英语小说更注重简洁性、主题的突出性。《天堂蒜薹之歌》有一些偏离主线,甚至是不必要的情节和细节描写,因此,葛浩文删译是符合英语小说诗学要求的。葛浩文曾明确批评中文小说,"还有一个大毛病,就是过于冗长,似乎不知见好就收的道理。为什么中国作家那么爱写那么长的小说? 为什么要加入那么多描述,甚至是芝麻小事的细节,把小说变成文学百科全书?"③此外,即使是一些销售好的中文小说也可能存在瑕疵,这正如葛浩文曾引用并赞同的一个观点:"中国作家写作一般缺乏纪律,书写的速度大概是一个小时五百英里,因此写成的作品里常有前后不一致,与事实不合的错误,缺乏说服力的人物和荒谬的情节等问题,可以说是一种'浮躁'的现象,中国作家和评论家也承认有这样的问题"(葛浩文,2014a)。另外一个问题是,中国作家喜欢夹叙夹议,边叙边评,这在多数英语读者看来,不是好的书写。比如在评论贝拉《魔咒钢琴》的时候,葛浩文说,她"只是想

---

① "'诺奖推手'开始翻译毕飞宇《推拿》",http://www.xinyifanyi.com/news.asp?id=5599.[2013-10-15] 查询日期:2023-03-16。
② "葛浩文谈中国文学",http://www.infzm.com/contents/1176.[2008-03-27] 查询日期:2023-03-16。
③ "葛浩文讲真话:中国小说在西方不特别受欢迎",https://www.yangfenzi.com/wenxue/39604.html.[2014-04-23] 查询日期:2023-03-16。

描述一个动人的故事,完全没有说教的心态,应该会受到许多人的欢迎"①。

4.3 读者阅读取向

葛浩文对于读者有着非常深刻的理解。在石江山(Jonathan Stalling)对他的一次采访中,他说:"译文读者有着不同的先概念、先理解,有着不同的需求。因此我认为,为了能让文本尽可能地呈现意义,必须牺牲微观因素而保留宏观因素。我必须让读者感到小说富有趣味,同时又不能更改小说意义。……我知道英美读者不需要什么,他们不需要的是中国读者能够轻松吞下,而英美读者却如鲠在喉的东西"(Stalling,2014:9)。对于读者的阅读习惯,葛浩文夫人、合作者林丽君曾批评说,"有的小说写到半天没写到主题,或是写了一段停下来讲讲别的,这要是美国读者就不看了"②。再如刘震云的《手机》,葛浩文也有一些删改。小说开头写的是上世纪30年代的中国,葛浩文意识到美国读者不会对30年代的中国有兴趣,就将第二章的开头作为小说的开首(葛浩文,2014b:255)。对于原作中的错误,葛浩文表现出两难的尴尬:不改,怕对不住读者;改了,怕对不住作者(李文静,2012:60)。我们看到,多数时候葛浩文还是改了过来,这符合他的终极翻译原则:服务于读者。正如他所说:作者是为中国人写作,而我是为外国人翻译。翻译是个重新写作的过程(郭娟,2009)。

5 葛浩文删译对中国当代文学走向世界的启示

葛浩文对中国文学的评论和删译,为中国当代文学走向世界提供了很多的启示。

第一是作家方面。

首先,在作家所写作品的主题方面,如果能更关注人的生存、爱、人的本性(善良、勇敢)等等,那么就更有被西方读者接受的可能。葛浩文(2014a)曾引用夏志清的观点批评中国作家写作,"感时忧国的倾向使得他们无法把自己国家的状况和中国以外的现代世界的人的状态连接起来",同时葛浩文感叹,"关注中国国内的社会现状当然无可厚非,但是若因此忽略了文学作品应有的普遍性(universality),很可能有不良效应。"我们看到,《狼图腾》的英译在西方世界引起了很大的反响,除了葛浩文优美的语言、酌情的删译外,最主要的还是原作的主题:人与自然的和谐共处,狼勇敢协作精神的图腾和借鉴。其次,在作家写作的技巧和态度方面,西方文学有许多值得借鉴的地方。1)西方小

---

① "美国翻译家葛浩文:对中国文学进入世界很乐观",https://www.chinanews.com.cn/cul/2011/06-14/3110345.shtml.[2011-06-14]查询日期:2023-03-16。
② "'诺奖推手'开始翻译毕飞宇《推拿》",http://www.xinyifanyi.com/news.asp?id=5599.[2013-10-15]查询日期:2023-03-16。

说有崇尚简洁的传统。如莎士比亚曾说,简洁是智慧之魂(Brevity is the soul of wit),福斯特也说"小说是在美学意义上紧凑简洁的整体"(Foster,1955:88)。中国作家写作尽量要"惜字如金"。一些作品在叙事的时候常常会偏离主线,讲述一些与主线情节关联不大的事情,或者发展很多的枝蔓细节。这些是需要克服、避免的。2)西方小说史上有崇尚隐去作者明显评论、干涉客观叙事的传统,中国伟大的小说《红楼梦》也是如此,所以一千个读者会有一千种不同的《红楼梦》阐释。留下"不定点"、给予读者回味空间的作品,对于读者来说魅力更大。3)西方小说家格外注重写出一个引人入胜的开头。在多数西方读者(其实也包括中国读者)读来,开头第一页是否有趣、能否吸引他们,至关重要。因此中国作家要精心设置吸引读者的小说开场。葛浩文(2014a)曾抱怨说,"英文小说有不少出色的开头,吸引读者的注意,……相反,大部分的中国小说一开始就是长篇大论,不是介绍一个地方就是把开头写得好像是学术著作的序文,……让他们立即失去继续读下去的兴趣"。

第二是翻译方面。

在中国文学走向世界的时候,我们不能企望一步成功到位,即意欲将中国文学的主题、诗学一次性地交给西方读者,让他们照单全收。事实上,中国文学的国际化需要分两步走:第一步是靠近英语(或其他外语)的主题和诗学,第二步才是逐步让西方读者接受全真的中国文学主题和诗学。曹顺庆提出"变异学",正是鉴于原著与目标语文化价值观的冲突,译者需要用创作性改编以及有意的"误读与误释",坚持翻译的"快乐原则"与"读者意识",追求译作的"准确性""可读性"与"可接受性"(曹顺庆、王苗苗,2015:125)。所以在翻译中国当代文学的时候,葛浩文相机做一些删改是允许的,对于某些特定小说来说甚至是必要的。在译者方面,需要删改原文中一些偏离主线的枝蔓情节和细节;删除不是主题而译者要花费大量力气解释的文化因素;删除原作中比较随性的、不涉及主题的评论;删除价值观上有重大冲突的因素(如女性歧视);还可以相机将原文中精彩的部分拿到译文的开头;文体上加大张力和反讽,叙事上区分人物、叙述者、隐含作者的不同声音,让读者明了隐含作者的意图;等等。这些理念,在葛浩文的译文中都有大量的体现。

6 结 语

本文以葛浩文删译的《天堂蒜薹之歌》为研究对象,结合他删译的另外四部小说,分析了他删译的类型和成因。在中国文学走向西方世界的漫长道路中,葛浩文的删译处理为中国文学的创作和翻译提供了许多的启示。在葛浩文所秉持的"异化+可读性"翻译原则(Goldblatt & Lin,2019:8)中,"异化"使他尽可能地忠实于原文,而"可读性"则使他相机删改,保证读者最大的接受。正是由于葛浩文孜孜矻矻的努力和精湛的转化艺术,他的翻译"促进了英语世界对中国社会、历史、文化和文学的理解,使西方读者了解到中国文学的魅力"(孙会军,2016:169)。

参考文献

[1] Bernstein, R. 1995. BOOKS OF THE TIMES; A Rural Chinese 'Catch-22' You Can Almost Smell [N]. *New York Times*, 1995-6-12.
[2] Booth, W. 1983. *Rhetoric of Fiction* (2nd ed.) [M]. Chicago: Chicago University Press.
[3] Foster, E. M. 1955. *Aspects of the Novel* [M]. New York: A Harvest Book.
[4] Goldblatt, H. & L. J. Lin. 2019. Limits of Fidelity [J]. 外语研究,(3):1-9.
[5] Lubbock, P. 1921. *The Craft of Fiction* [M]. New York: Viking Press.
[6] Mo, Y. 1995. *The Garlic Ballads* [M]. H. Goldblatt, trans. New York: Viking/Penguin.
[7] Pinkham, J. 2000. *The Translator's Guide to Chinglish* [M]. Beijing: Foreign Language Teaching and Research Press.
[8] Stalling, J. 2014. The Voice of the Translator: An Interview with Howard Goldblatt [J]. *Translation Review*, 88(1):1-12.
[9] Strunk, W. & E. B. White. 2000. *Elements of Style* (4th ed.) [M]. New York: Longman.
[10] Updike, J. 2005. Bitter Bamboo. Two Novels from China [N]. *The New Yorker*, 2005-5-9.
[11] 曹顺庆,王苗苗,2015. 翻译与变异——与葛浩文教授的交谈及关于翻译与变异的思考[J]. 清华大学学报(哲学社会科学版),(1):124-128.
[12] 葛浩文,2014a. 中国文学如何走出去[N]. 林丽君,译. 文学报,2014-7-3.
[13] 葛浩文,2014b. 葛浩文随笔[M]. 北京:中华书局.
[14] 郭娟,2009. 译者葛浩文[N]. 经济观察报,2009-3-24.
[15] 李景端,2015. 葛浩文式翻译是翻译的"灵丹妙药"吗?[N]. 中华读书报,2015-10-21.
[16] 李文静,2012. 中国文学英译的合作、协商与文化传播[J]. 中国翻译,(1):57-60.
[17] 莫言,2004. 天堂蒜薹之歌[M]. 北京:当代世界出版社.
[18] 宁明,2019. 忠实还是叛逆:葛浩文英译莫言小说研究[J]. 当代作家评论,(6):189-200.
[19] 孙会军,2016. 葛浩文和他的中国文学译介[M]. 上海:上海交通大学出版社.
[20] 夏志清,2004. 夏志清序跋[M]. 苏州:古吴轩出版社.

(责任编辑 吴天楚)

译介与传播研究

广东革命家对马克思主义在中国的早期翻译与传播

中山大学 王东风*

摘　要：马克思主义在中国的传播是一个星火燎原的过程。本文对马克思主义在中国的早期翻译与传播进行了断代,将其分成了四个时期,即星火期、初燃期、燎原期和深化期,从中发现广东革命家在这后三个时期中都发挥了极其重要的作用。以往的研究虽对其中个别的译者有所涉及,但对这一群体从来没有给予过系统的研究。研究发现,就马克思主义在中国的早期翻译与传播而言,同一个地区同时涌现出这么多优秀的翻译家和理论家在中国实属罕见。

关键词：马克思主义;翻译;传播;广东革命家

Title: Early Translation and Dissemination of Marxism in China by Guangdong Revolutionaries

Abstract: The spread of Marxism in China is like a process of prairie-fire burning that starts from a single spark. This paper dates the early translation and dissemination of Marxism in China, and divides it into four periods, namely, the fragmentation period, the contact period, the popularization period and the deepening period. It is found that a group of Guangdong revolutionaries played an extremely important role in the last three periods. Although previous studies have involved some individuals of them in terms of their translating of Marxism, they have never been given a systematic study as a group. The research reveals that, as far as the early translation and dissemination of Marxism in China is concerned, it is rare in China for so many outstanding translators and theorists to have

---

* 作者简介：王东风,中山大学外国语学院教授、博士生导师。研究方向：翻译学、比较文学、语言学。联系方式：eastwindwang@163.com。

emerged in the same region at the same time.

Keywords: Marxism; translation; dissemination; Guangdong revolutionaries

本文之所以关注广东革命家对马克思主义在中国的早期翻译与传播,是因为广东革命家在这一领域所发挥的合力作用具有重大的历史贡献,而以往相关的研究严重忽略广东革命家这一群体在这一领域所扮演的至关重要的历史角色。

马克思主义在中国的早期翻译与传播是一个星火燎原的过程,大致经历了四个阶段,即星火期、初燃期、燎原期和深化期,除星火期之外,后三个时期广东革命家皆有积极的参与,并发挥了关键性的作用。

1 星火期

马克思主义进入中国,早在 19 世纪 70 年代洋务运动时期就已经悄然拉开了序幕。最初对马克思主义的报道是零星的、碎片的、非聚焦的。

1873 年江南制造局翻译处在上海创办了一个叫《西国近事》①的刊物。该刊有点像现在的《参考消息》,主要编译欧美各国报刊的新闻报道。那个时间点正是马克思主义开始在欧洲和美国广泛传播之际,受此影响,欧美各地的工人运动此起彼伏,而欧美报刊对这些事件及其起因的报道也就自然出现在了《西国近事》之中。该刊对 Communism 和 Communist Party 的音译是"康密尼"和"康密尼党",而且还有对社会主义的界定,即"贫富适均之愿""体恤工人"(林乐知、蔡锡龄,1878:19)。《西国近事》对 socialism(社会主义)采取的是归化式的翻译,即套用中国固有的说法,将其译成了"大同"。这一译法沿用了相当长的一段时间,直到梁启超引进日本的译法"社会主义",才将"社会主义"这一新名词在汉语中普及开来。《西国近事》的影响力相对要大一些,尤其是该刊之中对西方"大同"的描写和介绍对当时力主变法、支持洋务运动的一些革命家和知识分子有较大的影响。

1891 年李凤苞的《使德日记》在上海出版。李凤苞是清洋务运动期间的一名官员,曾受命办理江南制造局、吴淞炮台工程局,并兼任两局编译,翻译科学技术书籍;后出使德国,并将其旅欧期间的所见所闻写成《使德日记》,其中就有对社会主义的介绍:"欲天下一切平等无贵贱贫富之分"(李凤苞,2016:185 - 186)。书中出现的"廓密尼士"(同上:201)

---

① 《西国近事》为月刊,1875 年开始被汇编成册,始称《西国近事汇编》。

就是 Communism(共产主义)一词在中国的最早音译。但由于该书发行量不大,且并没有聚焦马克思主义,因此就马克思主义在中国的传播而言,影响不大,只能说是第一颗火星。

1897 年严复翻译的《天演论悬疏》最初连载于天津的《国闻汇编》,后因该刊停刊,连载未完,1898 年才出版了译著全文,书名改为《天演论》。在该译著所依据的赫胥黎的原著中,有马克思《哥达纲领批判》中的"to each according to his needs, from each according to his capacity"(Huxley, 2011:64)一语,严复的翻译是:"事各视其所胜,养各给其所欲"(赫胥黎,1931:27),今译:"各尽所能,按需分配"。原著中的 communistic(共产主义的)被译成了"均富言治者"(同上)。

《天演论》出版的第二年,即 1899 年,由上海广学会主办的刊物《万国公报》上发表了由英国传教士李提摩太(Timothy Richard)和该报主笔蔡尔康合译的英国社会学家颉德(Benjamin Kidd)所著《社会进化》(*Social Evolution*)一书的前四章。译文沿用《西国近事》中对 socialism 的翻译,将 socialism 译成了"大同",译文标题即为"大同学"。文中首次出现了"马克思""恩格思"(恩格斯)的名字和《共产党宣言》的片段。

在戊戌变法之前,国内对马克思主义的介绍还有其他一些,但都是零星的、碎片的、非聚焦的。最重要的一点是:这一阶段对马克思主义的翻译和介绍有很大的偶然性,没有明确的目的性,更谈不上系统性,多是译者所依据的原著中有对马克思主义思想的只言片语的引用,因此影响有限,但仅此点滴的信息已经引起一些有识之士的注意,星火之势已起,尤其是对一些参与戊戌变法的有识之士(如康有为、梁启超、赵必振等)来说,更是如此,从而为下一阶段的到来埋下了伏笔。

就马克思主义在中国的这一时期的传播而言,广东革命家并没有重要的贡献。

2 初燃期

我们将马克思主义在中国的早期翻译与传播的第二个阶段称为初燃期,起止时间是 1902 年至 1908 年。主导这一时期马克思主义翻译与传播的人士主要是中国流亡和留学日本的革命家及知识分子,其中广东革命家发挥了关键性的作用。

1898 年戊戌变法失败,广东革命家、戊戌变法的领袖之一梁启超虽被迫逃亡日本,但仍心系国家命运与前途,变法之志未改,并在日本发现了原本在国内就已经有所关注的理论——马克思的社会主义理论,深受启发与鼓舞,自觉找到了变法的方向。于是,他努力学习日语,并在短时间内就找到了快速掌握日语的秘诀:和文汉读,还写了一本《和文汉读法》的书。日语的掌握大大提高了梁启超阅读日语文献的能力,因此他研读了日本译者对马克思主义的翻译和日本学者的相关研究。此时,梁启超昔日口中的"大同"已然变成了"社会主义"。经过几年对日语的学习和对理论的钻研,1902 年梁启超开始在报刊连续发表文章,讨论马克思的社会主义。1902 年,梁启超在日本横滨创办《新民丛报》,在该报上发表了一系列有关社会主义的研究文章。当年 10 月 2 日,梁启超在《新民丛报》第17号"饮冰室自由书"专栏中发表《干涉与放任》一文预言:"社会主义其必将磅礴于二十世纪也明矣"(冰子①,1902:64)。这也是"社会主义"一词最早在中文中出现的记录。紧接着在第18期,他又发表了一篇题为《进化论革命者颉德之学说》的文章,文中称麦喀士(马克思)为"日耳曼人社会主义之泰斗也"(中国之新民②,1902:18)。此外,他还在《新民丛报》上发表了一系列介绍社会主义和运用社会主义理论探讨社会问题的文章,如《二十世纪之巨灵托辣斯》(1903)、《中国之社会主义》(1904)、《外资输入问题》(1904)、《开明专制论》(1906)、《〈社会主义论〉序》(1907)等等。他在《中国之社会主义》一文中指出:"社会主义者,近百年来世界之特产物也。概括其最要之义,不过曰土地归公,资本归公,专以劳力为百物价值之原泉,麦喀士曰:现今之经济社会,实少数人掠夺多数人土地而组成之者也"(梁启超,1903:1077)。

梁启超在逃亡日本之前,在上海还办了两个翻译出版社:一个叫大同译书局(1897),一个叫广智书局(1898)。这很可能是中国最早的翻译出版社,至少是最早专注于翻译出版社会科学书籍的出版社。在成立大同译书局的时候,梁启超就确定该出版社的出版宗旨:"首译各国变法之事"(梁启超,1897:4)。由他创办的广智书局也同样是出于这个目的。戊戌变法失败之后,大同译书局停办,但广智书局仍在梁启超的遥控之中。1903年,同样因戊戌变法逃亡日本的湖南人赵必振翻译了日本学者福井准造的《近世社会主义》(上下册),该译著就是由广智书局出版的,书中内容既有《共产党宣言》的一些重要精髓,又有对《资本论》等马克思的其他著述的介绍。这是马克思主义思想在中国国内最早大篇幅的系统介绍。

以梁启超当时的社会地位和号召力,他对社会主义所给予的重视和高度评价自然吸引了当时以康有为和梁启超为首的变法派和以孙中山为首的革命派的高度重视,一场系统翻译和介绍马克思主义的序幕就此拉开。

几乎与此同时,另一个广东籍革命家也在日本,他就是孙中山。1895年10月广州起义失败后,孙中山曾多次赴欧洲考察。在那里他接触到了众多的进步思想,但唯有马克思的社会主义引起了他高度关注。他在界定他的"三民主义"中的"民生主义"时是这样说的:"民生就是人民的生活——社会的生存、国民的生计、群众的生命便是。我现在就是用民生二字,来讲外国近百十年来发生的一个最大问题,这个问题就是社会问题。故民生主义就是社会主义,又名共产主义,即是大同主义。"(孙中山,2011:832)

1905年,孙中山在日本成立同盟会。这是一个日后对中国近代史发展进程产生重大影响的组织。同年,他创办了同盟会的机关刊物《民报》。出于对马克思主义的高度重视,他组织同盟会会员廖仲恺(笔名屠富、渊实)、朱执信(笔名蛰伸、势伸等)、宋教仁(笔名犟斋、宋鍊、中岛等)、胡汉民(笔名汉民、辨奸、去非、民意)、叶夏声(笔名梦蝶生)等人对马克

---

① 《新民丛报》目录署名饮冰子,正文署名冰子。饮冰子和冰子都是梁启超的笔名。
② 中国之新民也是梁启超的笔名之一。

思主义思想展开研究,并将研究成果发表在这一刊物上。值得注意的是,这几人中除宋教仁之外,廖仲恺、朱执信、胡汉民、叶夏声等人都是广东人。他们的文章中就含有大段来自《共产党宣言》和马克思其他论著的译文,如 1906 年《民报》第 2 号上朱执信的一篇题为《德意志社会革命家小传》的文章。该文所说的"德意志社会革命家"就是"马尔克"(即马克思),文中介绍了《共产党宣言》的写作背景和历史意义,摘译了《共产党宣言》中的一些片段。以下是第一章开始的两个段落的英译本、日译本和朱执信译本的对比:

The history of all hitherto existing society is the history of class struggles. Freeman and slave, patrician and plebian, lord and serf, guild-master and journeyman, in a word, oppressor and oppressed, stood in constant opposition to one another, carried on an uninterrupted, now hidden, now open fight, a fight that each time ended, either in the revolutionary reconstitution of society at large, or in the common ruin of the contending classes. (Marx & Engels, 1908:8; tr. Moore)	由來一切社會の歷史は、階級鬪爭の歷史なり。 希臘の自由民(Freeman)と奴隸(Slave)、羅馬の貴族(Patrician)と平民(Plebian)、中世の領主(Lord)と農奴(Serf)、同業組合員(Guild-master)と被職人(Journeyman)、一言以て之を掩へば壓制者と被壓制者,此兩者は古來常に相反目して或は公然、或は隱然、其戰爭を繼續したりき。而して此戰爭の結局する每に、即ち社會全體の革命的新建設は成る。否らざれば則ち交戰せる兩階級、俱に共に壞殘するに了る。 (Marx & Engels, 1906:6-7;幸德秋水、堺利彥譯)	自草昧混沌而降,至于吾今有生,所謂史者,何非階級爭奪之陳迹乎。取者與被取者相戕,而治者與被治者交爭也。紛紛紜紜,不可卒記。雖人文發展之世,亦習謂常,莫之或訝,是殆亦不可逃者也。 (勢伸,1906:6)

据考,幸德秋水和堺利彦所依据的译本是穆尔(S. Moore)的英译本,这是一个经恩格斯审校的译本,也是流行世界的最权威的英译本。以上三种文本比较可见,日译本对其所依据的英译本还是比较忠实的,但朱执信的译文则体现了当时对马克思主义传播的一个典型方式:译述,即夹译夹述,亦译亦述。字里行间似有严复译文的文风。这种译法时而紧贴原文,时而见机发挥。上面的原文是两段,朱执信对第一段的翻译还算是准确,但他的译文并没有采用亦步亦趋的方式,而是根据自严复译《天演论》以来形成的一种规范,将原文之意了然于心之后,再以桐城派文风进行译写。"自草昧混沌而降"让人联想到严复《天演论》中"计惟有天造草昧,人工未施"(赫胥黎,1931:1,严复译)一语。对第二段的翻译,朱执信则采取了概括式的译法,略去原文中的几对并列结构,因为其中包含了一些对当时中国人来说还不知所以的术语,如日译本所译出的"中世の领主"(中世纪领主)、"同業組合員"(公会成员)等等,而将整段的内容做了概括性翻译:"取者與被取者相戕,而治者與被治者交爭也。紛紛紜紜,不可卒記。雖人文發展之世,亦習謂常,莫之或訝,是殆亦不可逃者也。"译文可谓文采飞扬。当时距曾轰动一时的《天演论》问世,才不到十年,以这样的文风来传播马克思主义,其效果自然会不同凡响。译文中还有一个值得注意的地方:朱执信并没有将日译本中的"階級鬪爭"照译成"阶级

斗争",而是译成了"阶级争斗"。"斗争"与"争斗",字序不同,意思相当,但情感色彩有异:"斗争"具褒义,而"争斗"则顶多是中性,这或许体现出了朱执信所代表的同盟会当时对马克思主义思想的一种解读。

朱执信还在这篇文章中首次完整地翻译了《宣言》第二章中关于对所有权和资产阶级生产关系实施强制性干涉的十大措施。以下是这十大措施的穆尔版英译本、幸德秋水和堺利彦的日译本及势伸(朱执信的笔名)中译本:

穆尔英译本	幸德秋水与堺利彦日译本	势伸中译本
1. Abolition of property in land and application of all rents of land to public purposes. 2. A heavy progressive or graduated income tax. 3. Abolition of all right of inheritance. 4. Confiscation of the property of all emigrants and rebels. 5. Centralization of credit in the hands of the State, by means of a national bank with State capital and an exclusive monopoly. 6. Centralization of the means of communication and transport in the hands of the State. 7. Extension of factories and instruments of production owned by the State; the bringing into cultivation of waste lands, and the improvement of the soil generally in accordance with a common plan. 8. Equal liability of all to labor. Establishment of industrial armies, especially for agriculture. 9. Combination of agriculture with manufacturing industries: gradual abolition of the distinction between town and country, by a more equable distribution of the population over the country. 10. Free education for all children in public schools. Abolition of children's factory labor in its present form. Combination of education with industrial production, etc., etc. (Marx & Engles, 1908:33-34; tr. Moore)	一、土地所有權の廢止、及び一切の地代を公益事業に用ゐる事。 二、重き累進率の所得税。 三、一切相續權の廢止。 四、移民及び叛逆者の財產沒收。 五、國家の資本を以て全然獨占の國民銀行を作り、信用機關を集中統一する事。 六、交通及び運輸機關の國有。 七、國有工場及び國有生產機關の擴張。荒蕪地の開墾、及び劃一制度に應ずべき一般土地の改良。 八、平等に就働の便を興ふる事。産業的(殊に農業的)軍隊の設立。 九、農業と製造工業との聯絡。全國の人口を按排し、漸次に都會と地方との區別を廢する事。 十、公立學校に於て、一切の兒童に無料の教育を施す事。現在行はれ居るが如き兒童の工場勞働を廢止する事。教育と產業との聯絡等。 (Marx & Engels, 1906:25;幸德秋水、堺利彦译)	(1) 禁私有土地,而以一切地租充公共事业之用。 (2) 课极端之累进税。 (3) 不认相续权。 (4) 没收移居外国及反叛者之财产。 (5) 由国民银行及独占事业集信用于国家。 (6) 交通机关为国有。 (7) 为公众而增加国民工场中生产器械,且于土地加之开垦,更时为改良。 (8) 强制为平等之劳动,设立实业军。(特为耕作者,原注。) (9) 结合农工业,使之联属,因渐泯邑野之别。 (10) 设立无学费之公立小学校,禁青年之执役于工场,使教育与生产之事为一致。 (势伸,1906:7-10)

以上对朱执信的引用并不算完整,因为原译本中有大量的夹注,而且有的夹注的篇幅比较长,如果原样引用的话,篇幅较大,版面上不方便与原文进行对比,如译文第二条,正文只有七个字,但夹注却长达五百多字:"累进税者,德语之 Progressiv abstuft Steuern 也。孟德斯鸠、卢梭等既尝倡之,而近世德之华格纳 Wagener 及康 Kon、英之麦克洛 Maculloch 等皆主张之。而反对之者则倡比例税,为布留 Beaulieu、希尔孟 Hermann、因乃斯得 Gneist 等是也。而其反复争论,盖有多说,要之,以为累进税者强取于富人而寒实业家之心。即弥勒著论,亦不免此也。弥勒《经济学原理》谓,累进税只宜加于遗产相续,他则不宜,实迷于此说者也。后世学者增加其种类,谓所得税等皆可以累进之法行之。然又谓当于其增加之率为之制限。凡此一皆虑富家之因而不利耳,未尝比较其轻重。而推其误谬之源,则在未解资本之性质也。付[对]于此问题,当别著论明之。要之,累进税者,使富人应其财产而纳税之率增加,不但数量增加而已。即如常人税百二三者,稍富百六七,大富百十,乃至百二十。然则富者以税故渐即贫,而应其贫,税随之轻,卒至凡人齐等,无大贫富,税率亦近均一矣。所谓极端累进税者如是。不劳而富均,又无所苦,策之最上者也。近日行累进税之国渐多,于瑞士其成效尤著,抨击者日息而颂美者渐多,抑亦进步之一征也。顾其累进之率甚微,不足以抑富家。又有其制限,至一定之度,其上更不增加,故效不大见。即如日本,其所得税率用累进法,其最低额为对于三百元税千之十,其最高额为对于十万元税千之五十五,自十万以往,税率以千五十五为限,而其税率之增加率自四分一乃至十分一,然则其所助于均贫富者恐微也。"(势伸,1906:7-9)这个注释,即便在今天看来也很震撼,译者旁征博引,对西方经济学之精通,让人敬佩,尤其是此时的朱执信年方 21 岁!在同一时期,另一广东籍革命家廖仲恺,也在《民报》上发表了一系列介绍和讨论社会主义的译文和文章。廖仲恺自幼生在美国,父母均是广东惠阳人。他父亲去世之后,他又回到了广东,后来去了香港求学,进一步强化了英语。1903 年,也就是在他 26 岁的时候又东渡日本留学。这些经历让廖仲恺具有了一般国人所没有的多语能力。在日期间,他与孙中山建立了深厚的友情。受孙中山的影响和委托,廖仲恺对社会主义思想进行了系统的研究。他翻译了美国十九世纪末期的知名社会活动家和经济学家乔治(Henry George,旧译亨利·佐、亨利·乔)的《进步与贫乏》(*Progress and Poverty*,今译《进步与贫困》)的"序言"和"问题"一节,刊载于 1905 年 11 月的《民报》第 1 号上。1906 年,他又在《民报》上先后发表了《社会主义史大纲》《无政府主义之二派》《无政府主义与社会主义》《虚无党小史》等译文,对不同的革命流派进行介绍和辨析。针对当时各种思潮混杂,从而造成人们思想混乱的情况,他还专门选择了美国学者"柏律氏"(W. D. P. Bliss)所著的 *A Handbook of Socialism*(《社会主义指南》),对当时几种流行的思潮进行比较。1906 年,他以"渊实"的笔名在《民报》第 9 期上发表了一篇题为《无政府主义与社会主义》的文章,该文的主要内容就是译自上面这本书的第二章"What Socialism is Not"(什么不是社会主义),书中对当时的几种主要思潮进行了分类和比较。廖仲恺在谈及他译此文的目的时说："现世界之革命者,有三大主义：一、社会主义(Socialism)；一、无政府主义(Anarchist)；一、虚无主义(Nihilism)。其学说,其历史,其派别,其运动,各各不同。译者深喜研究其真相,并拟一一绍介之于学界,但恨学识浅陋,言不成章,故立志专译泰东西各国名著,以导我先路。"(渊实,1906:1)如果说梁启超对马克思主义的研究是一种消化吸收之后化为己有的产出,那么朱执信、廖仲恺、胡汉民、叶夏声等人对马克思主义的研究则是一种亦译亦述、夹译夹述的讨论,直接翻译的译文有之,阅读了原文之后的心得有之,更典型的则是一种将"译述"融为一体的译写方式,因此他们发表的文章往往标以"译述"的字样。

随着梁启超对社会主义的讨论,以及同盟会会员在《民报》上发表的一系列介绍马克思主义思想的文章,马克思主义很快便成了留学和流亡日本的中国革命家及知识分子的热门话题。胡汉民等同盟会会员还在《民报》上展开了与以梁启超为代表的变法派人士的一场论战,而论战的焦点之一就是对社会主义的理解。这一论战在当时十分轰动,这一论战的一个重大成果就是让所有注意到这场论战的中国知识分子注意到了马克思主义的思想,这其中就包括当时在留日中国学生中十分活跃的无政府主义者。1908年,一位署名"民鸣"的译者在由中国留日学生创办的无政府主义者刊物《天义》上发表《共产党宣言》第一章的中译文。人们一般认为,无政府主义与社会主义是完全不同的两种思想和理论体系,其实这是一个误解：欧洲曾经有多个社会主义分支,无政府主义就是其中的一个分支,这也就是说：无政府主义实际上也包含了社会主义的元素,相对封建主义来说,它还是具有积极的进步意义的,但无政府主义绝对不是马克思的科学社会主义。不过,早期的无政府主义者都会自觉地研究马克思主义。1872年,在国际工人协会海牙代表大会上,马克思与巴枯宁(Михаил Александрович Бакунин)为首的无政府主义进行了坚决的斗争,最终将其开除出共产国际,从而与无政府主义彻底决裂,避免了共产国际这一社会主义的组织沦为无政府主义者的工具。

这一阶段对马克思主义的翻译与传播虽然第一发生地是日本,貌似对国内的影响不大,其实不然。从另一个角度上看,这一阶段实际上同时也是中国民主革命的蓄势待发期,一大批日后在中国民主革命中发挥了举足轻重作用的人物此时正同聚日本,如孙中山、康有为、梁启超、陈独秀、黄兴、朱执信、廖仲恺、宋教仁、陈天华、章太炎、胡汉民、汪精卫、陶成章、章炳麟、蔡元培、秋瑾、朱德、林伯渠、吴玉章、董必武、杨殷、苏兆征、张云逸、李四光等等。李大钊也于1914年赴日留学。日后这批人回国之时,便是马克思主义在中国的燎原之际。

1907年《新民丛报》在日本停刊,1908年《民报》在日本停刊,翻译与传播马克思主义的主战场开始向国内转移。

在这一阶段,推动马克思主义传播的主要有三股力量：其一,以梁启超为首的变法派,其传播平台为《新民丛报》;其二,以孙中山为首的同盟会,其传播平台为《民报》;其三,中国留日学生中的无政府主义者,其传播平台为《天义》。这三个刊物都是由中国革命家和留学生在日本创办的。

与第一阶段的星火期相比,这一阶段的一个突出特点是译者对马克思主义的译述有了明确的目的性,对马克思论著以摘译为主,开始有了篇幅较大的翻译,采用的主要是"译述"的方式,亦译亦述,夹译夹述,这种译法的一个好处就在于译者可以结合自己对马克思主义思想的理解和中国所面临的实际问题展开有针对性的探讨,因而这一传播方式所产生的意义就十分重大。尤其是当时一大批日后在中国革命过程中发挥领军人作用的革命家和进步知识分子都云集日本,这就为马克思主义最后进入中国做好了充分的理论和思想准备,这也是我们称这一阶段为"初燃期"的理由所在。这一阶段的另一个突出特点就是对马克思主义的翻译主要是由一批流亡和留学日本的革命家及进步知识分子从日语译本转译的。其中,广东革命家起到了主导作用。

3 燎原期

马克思主义在中国翻译与传播的第三阶段是燎原期,起止时间是 1912 年至 1920 年。

就马克思主义在中国的传播而言,1912 年注定是一个值得纪念的时期。此时,原本在日本流亡和留学的一些革命家和进步知识分子已陆续回国,经过几年在国内的沉淀和酝酿之后,马克思主义开始在中国大地上渐起燎原之势。

1912 年,中国社会党绍兴支部在上海创办《新世界》半月刊,每期都刊登翻译、介绍和研究马克思主义的文章。该刊 1912 年第 2 期发表"势伸译述 煮尘重治"的文章《社会主义大家马儿克之学说》。这篇文章就是根据上面提到的朱执信 1906 年《民报》第 2 号上的那篇《德意志社会革命家小传》的文章改编(重治)的。同是 1912 年,也是在上海,由传教士李提摩太主导的广学会出版了由胡贻谷翻译的《泰西民法志》。这个书名很容易让人误解为是一部法律著作,其实该书的英文原名是 *A History of Socialism*(《社会主义史》),作者是英国著名的社会主义者托马斯·柯卡普(Thomas Kirkup,胡贻谷译为"甘格士")。译者用"民法"来翻译 socialism(社会主义),在今天看来是不合适的,但在当时却情有可原:显然中国留日知识分子在日本展开的有关社会主义的大讨论还尚未被译者胡贻谷所知,他只好根据自己对这个词的理解做了意译。该书第七章为"马格斯"(即马克思),对马克思的生平和经济学思想做了比较详尽的介绍。还是在同一年,在广州出版的《民生日报》开始连载广东籍人士陈振飞翻译的《共产党宣言》第一章。这是《共产党宣言》当时在国内篇幅最大的译文。仍以第一章的前两个段落为例,其所依据的日译本见上文,陈振飞的译文是:"从来一切社会之历史,阶级争斗之历史也。纵观往古,如希腊之自由民与奴隶,罗马之贵族与平民,中世之领主与农奴、同业组合员与被雇职人等,此等阶级,简言之,即压制者与被压制者是也。此两者自古迄今,常相反目,或公然或隐然而行战争之事,此战争之结局,即成社会全体之革命的新建设,不然,则交战两阶级,惧归破坏焉。"(陈振飞,1912:3)与朱执信的译文相比,陈振飞的译文明显更加贴近日语原文,如原文第一句:该句由两个小句组成,之间的语法关系通过句尾的助动词なり来实现,译文利用汉语文言的"也"字,一方面完美地完成汉语两个小句之间的主谓关系,一方面又在形式上与原文实现了完美的对应,译者只是根据中文的表达习惯将原文的"由来"改为了"从来"。此外,原本被朱执信略去的部分,在这里也都按原文直译出来了,如"希腊之自由民与奴隶,罗马之贵族与平民,中世之领主与农奴、同业组合员与被雇职人",其中"中世之领主""同业组合员"明显是照搬日译本的用词。值得一提的是:原文的"階級闘爭"也跟朱执信的译文一样被译成了"阶级争斗"。究其原因,应该是同盟会成员内部对这一概念的特定解读,因为《民生日报》为同盟会员所办。反观差不多同一时期在日本发表的《共产党宣言》第一章的译本(1908),这个术语则按照日译本直接转写成了"阶级斗争"(民鸣,1908:422)。如上文所述,该译文发表在由中国留日学生中的无政府主义者在日本所办的《天义》上。显然,两个不同的政治群体对于这个术语各有自己的解读。

马克思主义在译入汉语之初,所遇到的最大问题就是术语。马克思主义有一套经济学、社会学、哲学与史学于一体的术语体系,而这个术语体系背后所涉及的是一个巨大的知识库,其中很多术语和概念在当时的汉语词语库中是没有的。俗话说"名不正则言不顺",早期马克思主义在中国的翻译在这方面可以说就遭遇到了极大的困难。以 socialism 一词的翻译为例,1878 年《西国近事》将其译成了"大同",1912 年胡贻谷在其译著《泰西民法志》中将其译成了"民法",这种术语不统一的局面势必会导致概念的混乱,这对马克思主义在中国的传播是十分不利的。直到中国知识分子在日本借鉴了日译者的翻译,才在 1912 年之后迅速地实现了马克思主义术语体系的统一。

五四运动爆发后,广东的革命家和进步知识分子积极配合北京的《新青年》对马克思主义的宣传,《广东中华新报》从 1919 年 7 月至 12 月连续发表了广东革命家杨匏安 40 多篇有关社会主义的译文与文章。对于马克思主义在中国的传播,党史界还曾有过"南杨北李"(谭军、汪云生,2010:8)或"北李南杨"(于光远,1996:20)的说法,称杨匏安为"华南地区最早的马克思主义宣传者""我国马克思主义传播的先驱者之一"(李坚、曾庆榴,1981:15)。如今似乎"南陈北李"的说法更普遍一些,但实际上,当时真正在南方发表有关马克思主义的译文和文章最多的是杨匏安,而陈独秀则主要是在北京和上海发表这类文章。

1919 年 11 月 11 日,杨匏安在《广东中华新报》发表《马克斯主义(Masxism)——一称科学社会主义》一文。他在文中指出:"自马克斯氏出,从来之社会主义,于理论及实际上,皆顿失其光辉,所著《资本论》一书,劳动者奉为经典,而德国社会民主党,且去来查尔而归于马氏,在近世社会党中,其为最有势力者无疑矣。"(杨匏安,1919)这篇文章与李大钊在《新青年》6卷6号上发表的《我的马克思主义观》下篇同时出现在1919年11月,形成了南北呼应。黄永康(2017:68)在《探索与争鸣》上撰文指出:"杨匏安的《马克斯主义》是当时国内此类推荐文章中,无论是基本观点的系统与完整,还是内容的准确性,都是出类拔萃的一篇,堪与李大钊的《我的马克思主义观》上下篇并称为姐妹作。"

杨匏安在《广东中华新报》上发表的一系列文章,在广东这一中国革命的发源地产生了极大的影响。与此同时,广州的另一进步刊物《劳动者》(周刊)发表了一系列号召工农为争取平等自由而斗争的文章,其中唯一一篇翻译的作品是《劳动歌》,这是《国际歌》在中国的第一个译本。译文于1920年10月10号开始连载于《劳动报》第2、4、5、6号之上。译者"列悲",这是两个人名字的合写:"列"为黄凌霜,"悲"为区声白,两位都是广东人。以下是《国际歌》的原文和列悲的译文:

原　　文	列悲译本
Debout! Les damnés de la terre! Debout! Les forçats de la faim! La raison tonne en son cratère: C'est l'éruption de la fin. Du passé faisons table rase, Foule esclave, debout! Debout! Le monde va changer de base: Nous ne sommes rien, soyons tout! C'est la lutte finale: Groupons-nous, et demain, L'Internationale Sera le genre humain.	起来,现在世上受了饥寒困苦的奴仆。 管治将来世界的理性渐渐强起来了。 做奴仆的人呀!起来!快起来!不要固执古人的谬说! 世界的基础快改变了;无产者将成为万有者! 最后的奋斗,快联合,将来之世界只有人类! 最后的奋斗,快联合,将来的世界只有人类全体!
Il n'est pas de sauveurs suprêmes: Ni Dieu, ni César, ni tribun, Producteurs, sauvons-nous nous-mêmes! Décrétons le salut commun! Pour que le voleur rende gorge, Pour tirer l'esprit du cachot, Soufflons nous-mêmes à notre forge, Battons le fer quand il est chaud! C'est la lutte finale: Groupons-nous, et demain, L'Internationale Sera le genre humain.	君主、上帝、空论家,是不能拯救人类的。 工人呀!我们要拯救自己,以谋公众的幸福。 解放精神以脱离掠夺的生活, 这是工人唯一的事业。 最后的奋斗!快联合,将来之世界只有人类! 最后的奋斗!快联合,将来之世界只有人类全体!

续表

原　　文	列悲译本
L'Etat comprime et la loi triche; L'Impôt saigne le malheureux; Nul devoir ne s'impose au riche; Le droit du pauvre est un mot creux. C'est assez languir en tutelle, L'Egalité veut d'autres lois; «Pas de droits sans devoirs, dit-elle «Egaux, pas de devoirs sans droits! » C'est la lutte finale: Groupons-nous, et demain, L'Internationale Sera le genre humain.	国家压制我们 法律欺骗我们 租税困苦我们！ 富贵者则受保护，贫贱者则没有发言权。 法律平等是假的；天下断没有无权利的义务。 最后的奋斗！快联合，将来之世界 只有人类！ 最后的奋斗！快联合，将来之世界 只有人类全体！
Hideux dans leur apothéose, Les rois de la mine et du rail Ont-ils jamais fait autre chose Que dévaliser le travail? Dans les coffres-forts de la bande Ce qu'il a créé s'est fondu. En décrétant qu'on le lui rende Le peuple ne veut que son dû. C'est la lutte finale: Groupons-nous, et demain, L'Internationale Sera le genre humain.	哦，铁路大王呀！矿煤（煤矿）大王呀！ 是否除扑灭工党外便没有事情可干呢？ 平民创造万物，什么是属于你们的呢？ 你们应该把所有的财产，给回原有的主人。 最后的奋斗！快联合，将来之世界只有人类全体！
Les Rois nous soûlaient de fumées, Paix entre nous, guerre aux tyrans! Appliquons la grève aux armées, Crosse en l'air et rompons les rangs! S'ils s'obstinent, ces cannibales, A faire de nous des héros, Ils sauront bientôt que nos balles Sont pour nos propres généraux. C'est la lutte finale: Groupons-nous, et demain, L'Internationale Sera le genre humain.	和平是对我们自己说的，对待敌人要奋斗！ 罢工是我们反对军备最好的武器。 吃人肉的人呀！你们想做新伟人吗？ 我们的枪弹是向我们的长官发的。 最后的奋斗！快联合，将来之世界只有人类！ 最后的奋斗！快联合，将来之世界只有人类全体！
Ouvriers, paysans, nous sommes Le grand parti des travailleurs; La terre n'appartient qu'aux hommes, L'oisif ira loger ailleurs. Combien de nos chairs se repaissent! Mais si les corbeaux, les vautours, Un de ces matins, disparaissent, Le soleil brillera toujours! C'est la lutte finale: Groupons-nous, et demain, L'Internationale Sera le genre humain. (Eugène Pottier, 1887:13 – 15)	城市的及乡村的工党呀！土地是属于我们的。 坐食的人呀！请他走！ 你们用我们的血汗养活你，有如掠夺鸟一样！ 你们终有一日灭亡，太阳照耀此光明的世界。 最后的奋斗！快联合，将来之世界只有人类！ 最后的奋斗！快联合，将来之世界只有人类全体！ （列悲译，1920/1984:28 – 29、59、74 – 75、94）

比较可见，《国际歌》的原文实由六节歌词组成，列悲的译文将其全部译出，在此之后还有张逃狱的译本(1920年11月)、耿济之与郑振铎的译本(1921年9月)、瞿秋白的译本(1923年6月)、萧三的译本(1923年)以及以萧三译本为基础的集体修改版本(1962)。值得一提的是，瞿秋白的译本首次将这首歌配曲而译，从而为后来的译本打下了一个音乐基调，他的这个译本发表在《新青年》之上，但1923年的《新青年》已南迁到了广州，并改为季刊，是中国共产党的一个重要理论刊物。也就是说，《国际歌》有两个重要译本都是在广州出现的。

广东进步刊物上的一系列宣扬马克思主义的译文和文章与上海和北京遥相呼应，真正形成了一个翻译与传播马克思主义的北上广连线，极大地推动了马克思主义在中国的传播。这股马克思主义的热焰很快就从上海和广东蔓延开去，燃烧到了北京，在十月革命和五四运动的合力推动下，短时间内就形成了以北京为中心，以广州、上海为呼应的燎原之势，并产生了两个极为重要的成果：其一，1920年，陈望道翻译的《共产党宣言》全文在上海出版；其二，1921年，中国共产党在上海成立。

这一阶段的翻译延续了第二阶段初燃期的一些特点：翻译的主力军仍是有留日经历的革命家和知识分子，翻译的方法一开始也仍然以译述为主，但随着时间的推移，国人对于马克思主义的需求越来越大，翻译的篇幅逐渐开始由摘译向全译发展，准确性也越来越高。广东革命家在这一段仍然发挥了重要的作用。

4　深化期

马克思主义在中国的翻译与传播的第四阶段是深化期。1921年中国共产党成立之后，对全面而系统地了解马克思主义有了更迫切的需求。此时在中国传播马克思主义的重任就历史地落到了共产党人的肩上。就翻译而言，陈望道的《共产党宣言》全译本的诞生具有里程碑的意义，自此，对马克思论著的翻译逐渐告别译述式和摘译式的传统，转而走向更加严谨的全译。

上文提到的杨匏安，1921年就在广东加入了中国共产党，是中共最早的党员之一。加入党组织后，他在积极参与党的各项工作的同时，仍然积极翻译与传播马克思主义的思想。但此时他的翻译方法较之先前已经发生了较大的变化：先前的翻译主要是"译述"性质，但中国共产党成立之后，杨匏安对翻译的精准性有了更高的要求。1922年他和杨章甫负责筹办的广东青年团机关刊物《青年周刊》正式创刊，他在该刊的3—7期上连载了一篇题为《马克思主义浅说》的长文，文中翻译了日本社会主义学者堺利彦所译的马克思《〈政治经济学批判〉序言》中的部分内容。以下是堺利彦的日译本原文和杨匏安的译文节选：

堺利彦原文	杨匏安译文
人間が社會的にその衣食住を生產するには、知らず識らずの間、必然的に或種の關係を作る。其關係は即ち其社會に於ける物質的の生產力の發達程度に相應する生產關係である。此の生產關係の總和が社會の經濟的構造、即ち真實の基礎を為す者で、此基礎の上に、法律的及び政治的の上建築（Uberbau, superstructure）が組立てられ、又之に相應して或種の社會的自覺が生ずる事になる。ツマリ衣食住を產出する方法が、社會上、政治上、及び知識上の一般生活法を決定する事になる。人の自覺に依つて其の生活法が定まるのでは無く、其反對に、人の社會的生活法に依つて其の自覺が定まるのである。 （堺利彦，1933：120－121）	人类从社会的而生产他的衣食住，不知不觉之间，自然成就了一种关系。这一种关系，就是相应于社会物资生产力的发达程度的生产关系。生产关系的总和，构成社会经济的构造，这就是社会真实的基础构造。凡社会上法律的、政治的、及一切精神上的构造，都建筑在这个基础的上面，并且相应于此而生一种社会的自觉。生产衣、食、住的方法，可以决定社会上、政治上、及精神上一切的生活法。人类的自觉，不能决定人类的生活法；但是人类的社会的生活，倒可以决定人类的自觉。 （杨匏安译，1986：150）

　　由此译文可见，杨匏安在新的历史阶段对马克思主义思想的宣传已经发生了质的转变：译文比原先更加忠实了；原先的摘译、译述转为全译、直译为主。而这一转变也正是马克思主义在中国早期传播方式的一个重要转折。这种力求忠实原著的译法显然是对陈望道《共产党宣言》全译本的翻译方式的继承，凸显了中共在建党之后对马克思主义有了深入的要求，这一力求忠实原著的译法已然成为这一时期的主流。

　　1927年，国民党在上海发动四一二反革命政变，杨匏安成为被国民党"秘字第一号令"通缉的"共产党首要"之一。此时的杨匏安在坚持地下工作的同时，仍在孜孜不倦地翻译和研究马克思主义著作，并以王纯一的笔名在上海南强书局出版《西洋史要》，该书大量引用了马克思在《资本论》第一卷中的观点。尤其难得的是，杨匏安在此书中将马克思主义的思想与中国革命相结合，从马克思主义理论出发，对中国革命的现状进行了分析，如第三章第六节的"中国的农民运动"，从而开创了马克思主义中国化的先河。

　　大革命失败后，杨匏安担任了农民部副部长，根据中国土地革命的需要，他翻译了前苏联经济学家拉比杜斯的《地租论》，并以王纯一的笔名于1930年由上海南强出版社出版。《地租论》是一部深受马克思土地观影响的著作，书中多处引用了《资本论》第三卷中关于地租理论的观点。值得一提的是，《地租论》的附录二"伊里几的地租论"，是杨匏安对列宁的《社会民主党在1905—1907年俄国第一次革命中的土地纲领》的节译。这部译著的出版在一定程度上为我党土地改革政策的制定提供了理论参照。国民党在上海发动四一二反革命政变之后，在广州也发动了四一五大屠杀，时任中共广东区委宣传委员会委员和国民革命军第三军政治部副主任兼黄埔军校政治教官熊锐于4月16日被捕，4月下旬被秘密杀害。熊锐也是我党的一位杰出的马克思主义学者和译者。他是广东省梅县新塘尾村（今梅州市梅江区三角镇）人，1918年东渡日本求学，1919年五四运动之后回国，1920年赴法国巴黎大学文科学习，1922年转至德国弗莱堡大学学习政治经济学，获博士学位，并开始接触和研究马克思主义学说。同年2月，周恩来到柏林,在旅德学生中建立了共产主义旅德支部,熊锐成为了第一批加入的成员。

熊锐旅德期间就在中共旅欧支部的机关刊物《赤光》发表了介绍马克思列宁主义的文章,如《过去一年之德意志》《新苏俄联邦与帝国主义》(1924)。1925年上海五卅惨案发生后,熊锐接周恩来通知,奉命回国,在广州积极进行宣传教育工作。同年底,毛泽东以国民党中央名义在广州开办政治讲习所,熊锐受聘担任教授,讲授《帝国主义之由来及其性质》,为培养北伐干部做了大量的工作。1926,他担任中山大学文学院社会学系副主任、教授;同年秋,兼任中山中学校长。在此期间,他在青年学生中大力宣传马克思列宁主义,并聘请当时拥护马克思列宁主义的进步教授郑伯奇、穆木天、刘侃等到该校讲课①。此外,他还在《洪水》上发表了《革命的经济基础》(1926),并以笔名"尹常"在《人民周刊》上发表了《社会主义史绪论》(1926)、《人类的新史——"红十月"》(1926)、《列宁与国民革命》(1927)和《卢森堡与李卜克纳西被难之八周年纪念》(1927)等文章。

1930年上海平凡书局出版了布哈林(Николай Иванович Бухарин)的《唯物主义大纲》中译本,译者是梅根和依凡。但多年来,梅根是谁,一直是一个谜。经查《梅县文史资料》(参见中国人民政治协商会议广东省梅县委员会文史资料委员会,1991:32 - 35),确认"梅根"就是熊锐,笔名取"根"在"梅县"之意。该书译自布哈林的《历史唯物主义理论》(*Теория исторического материализма*)。布哈林曾任全联盟共产党(布尔什维克)中央政治局委员,是苏联重要的马列主义理论家和作家、国际共产主义运动活动家、布尔什维克党的早期领导人。左亚文(2015:5)指出:"布哈林是马克思主义发展史上难以绕开的一位重量级人物,曾被列宁誉为'党的最可贵和最大的理论家'"。布哈林的这部著作出版于1921年,是一部马克思主义的普及性读物,对马克思主义思想做了全面的介绍。熊锐发现该书对马克思的哲学思想做了深入浅出的阐释,比较适合于向普通民众普及。但他不懂俄语,该书是他由德语译本转译而来。他说:"因为它用唯物观点由浅入深地解释了许多日常感触到的哲学问题,这对于我国青年还有作用,故把它翻译介绍"(中国人民政治协商会议协广东省梅县委员会文史资料委员会,1991:32 - 33)。为了配合这一目的,他采取了比较归化的翻译方式,以利宣传和推广,如他将"Sie schießen wie Pilze aus dem Boden"(Bucharin, 1922:9)译成"雨后春笋",而不是直译成"它们就像蘑菇一样长了出来"(布哈林,1930:11;梅根、依凡译);将"Die Anhänger der Teleologie leichen, wie ein Wassertropfen dem anderen, einem solchen Wilden, …"(Bucharin, 1922:13)译成了"目的论者和这样的野蛮人,恰似一丘之貉"(布哈林,1930:16;梅根、依凡译),而没有直译成"目的论者和这些野蛮人就像一滴水珠和另一滴水珠一样难分彼此"。不可否认,熊锐的译文更加简洁、凝练、接地气,符合那个时代对普及马克思主义的需求。这部著作对推动马克思主义在中国的进一步传播起到了很大

---

① https://baike.baidu.com/link?url=Da-cjDfBkewpzEhm769LhF0U9PJ54GwE1_UiPOO3Pwq-sznmfJDHhv11HH8YhKOnpIO3kQWBJQIYsVjqHnrx9RXSXatDOpMVUCBxNS5WPZC.

的作用。

四一二反革命政变时,另一位马克思主义翻译者也险遭毒手,他就是柯柏年。柯柏年,本名李春蕃,笔名马丽英、丽英、福英等,广东潮州人,自中学起就积极参加革命活动。1923年,他在上海沪江大学求学时就翻译了恩格斯的《社会主义从空想到科学的发展》的正文部分,并以《空想的科学的社会主义》为题,署名"丽英",在《民国日报》副刊《觉悟》上连载。后来,他又翻译了列宁的《帝国主义论》在该报上发表,但因此被学校开除。1924年,柯柏年加入中国共产党。1925年,与瞿秋白、张太雷等人先后离开上海,回广东参加国民革命战争。在此期间他翻译发表了列宁的《国家与革命》、马克思的《一八四八年六月巴黎无产阶级之失败》,后者是马克思的《法兰西阶级斗争》的第一章。

四一二反革命政变的第三天,也就是4月14日当夜,汕头的国民党反动派到柯柏年所在《岭东日日新闻》社去抓人,被他机智躲过,死里逃生。他辗转到达上海,找到了组织,从此改名柯柏年,并在上海一边从事地下工作,一边积极翻译马克思主义著作,先后翻译出版了马克思的《哥达纲领批判》、恩格斯的《社会主义从空想到科学的发展》、列宁的《帝国主义论》和《国家与革命》、德国工人哲学家狄慈根(Joseph Dietzgen)的《辩证法的逻辑》和《辩证法唯物论》、凯恩斯(John Neville Keynes)的《经济学方法论》等等。

1935年,红军到达陕北并建立起陕北根据地之后,党中央为了加强对马克思主义的翻译与传播,于1938年5月成立中央马列学院,开始系统全面地翻译马克思、恩格斯和列宁的论著。此时的翻译与第二阶段相比有一个明显的不同,即从日译本转译不再是主要的传播方式,转而从欧洲语言(英德俄法)来翻译。一部部大部头的马恩列论著译本相继问世,仅在延安时期,《共产党宣言》就出了多个译本。一大批学者开始对马克思主义展开深入的研究,并开始着手马克思主义中国化的进程。

1937年,抗日战争爆发,柯柏年转辗到达延安。组织上根据他的所长,于1938年委任他为中央马列学院西方革命史室主任,专门从事马克思主义著作的翻译工作。他先后翻译和合作翻译了马克思的《法兰西阶段斗争》、恩格斯的《德国的革命与反革命》、马克思和恩格斯的《马恩通信选集》、列宁的《论战斗的唯物论底意义》,并与张仲实、艾思奇等人编写了《马恩列斯思想方法论》。后来,中央研究院与中央党校合并后,柯柏年又被调入中央宣传部翻译室工作,继续从事马克思主义著作的翻译工作。该翻译室的任务是翻译苏联出版的12卷《列宁选集》。1944年起,柯柏年在任中央军委外事组翻译科和联络科长期间还完成了《纪念恩格斯》的翻译工作。

在敌后坚持地下工作并同时从事马克思主义翻译工作的广东革命家还有多位,做出突出贡献的有杜国庠和许涤新。杜国庠是许涤新的入党介绍人,两人都在1935年于上海被捕,且都在狱中经受住了考验。幸运的是,他们后来都被营救出狱。他们二人在翻译与传播马克思主义方面有一个共同点——都致力于马克思主义理论中国化的研究。

经杜国庠(笔名：杜守素、林伯修、吴念慈、林柏)翻译的马克思主义论著有很多，代表性译文有：河上肇(日本)的《马克思致所谓意识形态经济》(杜守素译，1926)；高根(苏联)的《理论与批评》(林伯修译，1929)。译著有：日本佐野学的《旧唯物论底克服》(林伯修译，1929)、《无神论》(林伯修译，1929)；猪侯津南雄的《金融资本论》(林伯修译，1929)；苏联普列汉诺夫的《艺术论》(林柏译，1929)、《史的一元论》(吴念慈译，1929)；亚克色利罗德的《社会学底批判》(吴念慈译，1929)；德波林的《辩证法的唯物论入门》(林伯修译，1930)；乌达诺夫的《唯物论与经验批判论》(吴念慈、柯柏年合译，1930)。从以上译文和译著可见，杜国庠的翻译速度是非常快的，仅1929年和1930年就发表和出版了大量译文和译著，因篇幅关系，还有很多没有列出来(详见熊则初、黄学盛，1989)。1930年之后，杜国庠的译著明显减少，这是因为他的学术兴趣开始转移到用马克思主义理论来研究中国古典哲学之上，代表作有《先秦诸子思想概要》(1946)、《先秦诸子批判》(1948)等等，尤其是他运用马克思主义理论对墨子所展开的研究，在学界影响很大，因而他也是在社会科学的研究中将马克思主义中国化的先驱之一。

经许涤新翻译的马克思主义著作有恩格斯的《恩格斯论〈资本论〉》(1939，与章汉夫合译)、《怎样学习〈资本论〉》(1940)等。许涤新最大的贡献是他致力于将马克思主义的经济理论中国化，写出了《广义政治经济学》一书，开创了广义政治经济学理论。1949年以前，许涤新的著作还有《抗战与民生》《三民主义读本》《胜利前后的市情》《中国经济的道路》《官僚资本论》《新民主主义经济论》《工商业家的出路》《现代中国经济教程》《新民主主义与中国经济》《经济论衡》等等。

由于马克思主义在中国早期传播的深化期仍处于中华人民共和国建国之前，因此实际上这是一个非常艰难的时期。上文提到的活跃在这一阶段的五位广东革命家中，就有四人被捕，一人险些被捕，被捕的四人中就有两人壮烈牺牲，由此可以看出他们当时所处的环境是多么的险恶。但正是他们怀着一颗追求真理的初心，才使他们无论身处什么样的环境，都坚持对马克思主义思想的翻译与研究，从而为马克思主义在中国的传播默默地做出了可歌可泣的重大贡献。

5 结 语

综上所述，马克思主义在中国的传播是一个星火燎原的过程，经历了星火期、初燃期、燎原期和深化期。广东革命家除了第一个阶段没有重要贡献之外，在其他三个阶段，均功不可没，尤其是在第二个阶段，因为没有这一阶段对马克思主义思想的翻译和普及，马克思主义很可能还要再晚几年才能进入中国。在第三和第四阶段，广东革命家更是成绩斐然，他们在极其险恶的环境下译出的马克思主义著作占据了国内同类译著的半壁江山。

广东革命家之所以在翻译与传播马克思主义方面做出如此突出的贡献,乃是与广东所处的地理位置及文化传统有关:广州地处沿海,自古与海外通商,思想相对开放,易于接受异域新生事物和思想,而且出国留学也相对方便。他们出国之后,受到进步思想的影响,自然会想到要把新知引入祖国,好让国人也能尽快摆脱贫苦、落后,走向繁荣富强。当这批有志之士在接触到马克思主义思想之后,深为共产主义的远大理想所折服,随即对共产主义产生了不可动摇的信仰,义无反顾地投身中国革命的血与火之中。在这批广东革命家中,就有四位译者为革命献出了宝贵的生命,他们是廖仲恺、朱执信、杨匏安和熊锐。就马克思主义在中国的早期翻译与传播而言,同一个地区同时涌现出这么多优秀的翻译家和理论家在中国实属罕见。以往这方面的研究,多是孤立的个案史料整理,没有把他们作为一个群体来考察,更没有从翻译的角度来对这一群体在这一领域的成果展开研究。也正因为如此,广东革命家在这一领域做出的卓越贡献一直没有得到应有的重视。回顾他们的经历,让人感慨、感动、感奋,希望本文能够通过对他们光辉事迹的介绍,告慰这些把马克思主义带到中国来的先驱们——历史不会忘记他们。

参考文献

[1] Bucharin, N. 1922. *Theorie des Historischen Materialismus. Gemeinverständliches Lehrbuch der Marxistischen Soziologie*[M]. Hamburg: Verlag der Kommunistischen Internationa

[2] Huxley, T. H. 2011. *Evolution and Ethics and Other Essays*[M].北京:中央编译局出版社.

[3] Marx, Karl & Friedrich Engels. 1908. *Manifesto of the Communist Party*[M]. S. Moore. Trans. New York: The New York Labor News Co.

[4] Marx, Karl & Friedrich Engels. 1906. 共产党宣言[J]. 幸德秋水,堺利彦,译.社会主义研究[C](1):1-35.

[5] Pottier, Eugène, 1887. *Chants Révolutionnaires*[M]. Paris: Dentu et Cie, Éditeurs, Libraire de la Société des Gens de Lettres, 13-15.

[6] 冰子,1902.饮冰室自由书——干涉与放任[N].新民丛报,(17):63-65.

[7] 布哈林,1930.唯物史观大纲[M].梅根、依凡,译.上海:平凡书局.

[8] 陈振飞,1912.绅士与平民阶级之争斗[N].民生日报:9月20日.

[9] 黄学盛、熊泽初,1992.杜国庠传略[A].载中共广东省委党史研究室(编),广东党史资料(第20辑)[C].广州:广东人民出版社,262-279.

[10] 黄永康,2017.杨匏安是当之无愧的中国传播马克思主义先驱之一[J].中共创史研究:67-72.

[11] 赫胥黎,1931.天演论[M].严复,译.北京:商务印书馆.

[12] 堺利彦,1933.唯物的历史观[C].堺利彦全集(第四卷)[M].东京:中央公论社,120-121.

[13] 李凤苞,2016.钱德培欧游随笔 李凤苞使德日记[M].穆易,校点.长沙:岳麓书社.

[14] 李坚、曾庆榴,1981.记华南地区最早的马克思主义宣传者杨匏安烈士[J].中山大学学报,(6):

15-21.
- [15] 林乐知(口译),蔡锡龄(笔述),1878. 五月初九日美国非拉特尔费亚省来信[A]. 载西国近事汇编[C],(二):19.
- [16] 梁启超,1897. 大同译书局叙例[A]. 时务报[N],(42):3-4.
- [12] 梁启超,1903. 中国之社会主义[J]. 新民丛报汇编:1077-1078.
- [13] 列悲,1920. 劳动歌[A]. 劳动报,(2、4、5、6). 载沙东迅(编),劳动者[C]. 广州:广东人民出版社,1984年.
- [14] 马尔格斯 Marx,恩尔格斯 Engels,2016. 共产党宣言[J]. 民鸣,译. 万仕国,刘禾,校注. 天义·衡报(上卷)[C]. 北京:中国人民大学出版社. 7421-7431.
- [15] 势伸,1906. 德意志社会革命家小传[J]. 民报[N],(2):1-17.
- [16] 孙中山,1986. 民生主义[A]. 载孙中山全集(第九卷)[C]. 北京:中华书局,355-427.
- [17] 孙中山,2011. 孙中山选集(下册)[M]. 北京:人民出版社,2011.
- [18] 谭军,汪云生,2010. 杨匏安对马克思主义思想的传播[J]. 学理论,(2):8-9.
- [19] 于光远,1996. 纪念革命先烈杨匏安百岁诞辰[J]. 炎黄春秋,(11):20-21.
- [20] 中国人民政治协商会议广东省梅县委员会文史资料委员会,1991. 熊锐(1894—1927)(梅江区)[A]. 载梅县文史资料(第31辑)[C]. 政协梅县第十届学习文史委员会:27-35
- [21] 中国之新民,1902. 进化论革命者颉德之学说[J]. 新民丛报[N],(18):17-28.
- [22] 熊则初,黄学盛,1989. 杜国庠主要著、译年表[J]. 学术研究,(2):72-75.
- [23] 杨匏安,1986. 马克思主义浅说[J]. 杨匏安文集[C]. 广东:广东人民出版社,150-151.
- [24] 杨匏安,1919. 马克斯主义(Marxism)——一称科学社会主义[J]. 广东中华新报[N]:11月11日.
- [25] 渊实,1906. 无政府主义与社会主义[J]. 民报[N],(9):1-7.
- [26] 左亚文,2015. 布哈林对社会主义建设理论的独特贡献[J]. 长江论坛,(6):5-7.

(责任编辑　张晓明)

质、制、治：法律文学对外翻译与国际传播进路*

广东外语外贸大学　赵军峰　龙新元**

摘　要：法律与文学的冲突不言而喻，融合尚待正名。法律文学的对外翻译传播关涉法律与文学的共在、历史与现实的交通、知识与审美的并重、自我与他者的对话，法律文学之质、法律文学翻译之制、法律文学传播之治务须厘清。本文从"法律与文学"运动谈起，明确法律文学的名与实，基于《水浒传》英译剖析"适格"法律文学译者的三重身份及所应遵循的翻译策略，兼论新时代法律文学国际传播的若干要点。

关键词："法律与文学"运动；法律文学；对外翻译；国际传播

Title: Approaches to the Categorization of Legal Literature, Institutionalization of the Outward Translation and Governance of the International Communication

Abstract: The conflict between law and literature is self-evident, but their integration needs to be further considered. The outward translation and communication of legal literature highlight the co-existence of law and literature, the confluence of history and reality, the representation of legal knowledge and aesthetics, and the interaction between Self and Other. In this connection, it's necessary to get clear about the categorization of legal literature, the institutionalization of the outward translation and the governance of the international communication. This paper intends to take Law & Literature Movement as the starting point, clarify the name and nature of legal literature, and then analyze the triple identities of eligible translators of legal literature and the compound translation strategy they should follow based on the

---

* 本文系广东外语外贸大学翻译学研究中心 2022 年招标科研项目"法律文学翻译中的形象生成研究"（编号：CTS202203）阶段性成果。

** 作者简介：赵军峰，博士，广东外语外贸大学翻译学研究中心主任，高级翻译学院教授，博士生导师。研究方向：法律翻译、翻译史。联系方式：benjizhao@hotmail.com。龙新元，广东外语外贸大学高级翻译学院博士研究生。研究方向：法律文学翻译、翻译史。联系方式：jasonlonggdufs@163.com。

English translating of *Shuihu Zhuan*. Some suggestions concerning the international communication of legal literature in the new era will also be discussed.

Keywords: Law & Literature Movement; legal literature; outward translation; international communication

1 引　言

现代文艺学强调以"文学消费"和"文学接受"替代传统文艺学的"文学欣赏"和"文学鉴赏",认为文学阅读具有复杂现实性,既是审美活动,也是认识活动,既是社会交流活动,也是文化价值阐释活动(童庆炳,2015:334-348)。文学固然附着有理性逻辑难以解释的浪漫内容(刘星,2019:I),但其仍是法律的原型,"诸般中国古代法律原料迄今为止仍深埋于近乎难以触及的中国文学的富矿之中。"(Wu,1921:502)民国法哲学家吴经熊于西法东渐的时代开展中法西传的法学翻译实践,除法典译介外,亦尝以文学典籍翻译传播法律思想(吴苌弘、陈立群,2020)。新时代的对外翻译传播旨在确立文化身份、建构国家形象和提升国际地位(吴赟,2022:36),有学者认为中国法律法规有必要主动走向世界,贡献中国法治经验与智慧,建构中国法治形象(Dong & Hu,2020:32)。然而,囿于法律语篇的机构性(杜金榜,2004;赵军峰、张锦,2011),译介法律条文抑或法学著作而实现的知识输出往往并非受众友好,文学叙事相较信息性文本更易于呈现社会生活(Ward,1995:6-7)。有鉴于此,本文拟从"法律与文学"运动出发,为法律文学立言立解,基于赛珍珠和沙博理英译《水浒传》对比剖析"适格"法律文学译者的三重身份与翻译策略,进而论述法律文学国际传播中主体所应秉持的传播理性。

2 中西"法律与文学"运动

西方有关法律与文学的专题论说至少可溯至威格默(Wigmore,1907:574)的法律小说清单,将其划分为"(A)描写审判场景,包括精妙的交叉盘问环节;(B)描写律师或法官的典型特征及职业生涯;(C)描写刑事案件侦破、追捕、惩处的法律方法;(D)描写人物角色的权利与角色受法律的规制与影响。"而后美国最高法院大法官卡多佐(Cardozo,1925)聚焦司法判决意见的文学风格,所著 *Law and Literature* 被公认是

"法律与文学"宣言。"法律与文学"运动的系统起步以 1973 年首版的 *The Legal Imagination* 为标志,怀特(White,1985:xiii - xiv)强调法律最伟大的力量并不是某种规则抑或判决,而在于法律语言的文学性本身,法律具有创造性,是门说和写的艺术。

二十世纪七十年代美国法理学界发生"经济学转向",法律经济学或称法律的经济分析风行,法学家倡导以"科学"的经济学话语代替法律话语,表征出"冷漠的功利主义"(heartless utilitarianism)(Binder & Weisberg,2000:3)。有学者持不同观点,尝以文学的"想象"对抗经济学的"分析"(苏力,2002:109)。是故"法律与文学"运动并不应被简单论为对法律语言审美价值的铺陈,而是更具有政治意义,即"反体系化、反官僚化、反权威化"(White,1988:746)。该运动扎根于英美判例法传统、抗辩式的诉讼程序以及后现代主义思潮,如德里达的解构主义及拉康的心理分析学派等,或许也正由于后现代的不确定性和偶然性,"法律与文学"并未成为学界普遍接受的基本理论命题(苏晓宏,2011:62 - 63),仅存在四个具有相对共识性和独立性的研究路径:作为文学的法律(law as literature)、文学中的法律(law in literature)、有关文学的法律(law of literature)、通过文学的法律(law through literature)见下表。

表 1 "法律与文学"在西方

研究路径	理论基础	研究范畴
作为文学的法律 law as literature	阐释法理学 interpretive jurisprudence	法律的文学修辞、法律文本(包括立法条文的规范文本和法律事实的证据文本)的阅读和阐释
文学中的法律 law in literature	文学法理学 literary jurisprudence	文学的法律价值、伦理意志及有关人性的"元思考"在现实法学理论和实践层面的映射
有关文学的法律 law of literature	传统法学研究	规制文学创作的法律(涉及著作权、版权、制裁淫秽书刊等)
通过文学的法律 law through literature	叙事法理学 narrative jurisprudence	文学的教化和规约功能(教益学派);将"讲故事"融入法学研究,用文学的方法表达法律问题

"法律与文学"运动于二十世纪九十年代在中国崭露头角,但本土研究域的形成"并非所谓的法学发展的自身或内在规律或法律(学)的移植",更类似于"找张虎皮"而为"中国的此类研究冠名",上述研究路径在中国法学实践中均有对应,其中最主要的是文学中的法律(苏力,2021:3 - 4)。涉法文学是中国实践的主要兴趣所在(刘星,2019:18),中国学者热衷借鉴"以文证史""诗史互证"的史学分析方法,从中国古代文学中发掘研究中国古代法律制度的史料(苏力,2017:5 - 6)。"中国古代文学的所有作品,尤其是名家名著中……占主导地位的东西往往是法律描写,或者在日常生活描写中不动声色地体现了一定的法律思想意义。"(余宗其,2002:90)历史上,中国法律与中国文学互动互构,一如白居易诗与唐代法律、《水浒传》与宋代法律、关汉卿戏剧与元代法律、《西游记》等明清小说与明代法律、《红楼梦》与清代法律等等(同上,2002)。古典文学立体生动地镌刻

了历朝历代的立法、司法与执法事实,法律与文学交相融合的可能性不言自明。

3 法律文学之质

"法律与文学"运动发生自法学界,以文学为本位的研究并不多见,在发展、规模及影响力方面稍逊,却也体现有理论自觉意识(董燕,2015:147),中国社会主义法制文学、法律文艺学、涉法文学、法治文学等术语应时而生,相关概念范畴、侧重与特征见下表。

表 2 中国"法律与文学"研究的文学视角

概念术语	范畴与定位	侧重与特征
中国社会主义法制文学	凡从社会主义现实生活、从社会主义的法的观念出发,而又创作在社会主义时代,而且运用文学艺术手段,完成对维护中国社会主义法制和揭露违法的社会现象的塑造任务,无论何种体裁、风格、样式,只要是反映了法律与犯罪的作品,概属中国社会主义法制文学的性质和范畴。(曾晓林,2016:52)	以宣传颂扬社会主义法制建设为主,具法律意识性但研究对象严格限定于社会主义历史阶段。(魏军,2009)
法律文艺学	是发展了的总体文艺学,以中国为策源地,以涉法文学为核心研究对象,是一种法律视角下的文学研究。(余宗其,2001)	关注涉法文学本体论、创作论、批评论、史论以及美学五个板块。
涉法文学	是以审美的、个性化的方式对人和法律之间所发生的各种关系进行艺术表述的一个文学族类(范玉吉,2001:65-66),更多是写实主义的,须确保为读者提供的法律知识、观念和法理学思想正确无误(范玉吉,2004:101)。	相较法制文学对于过去和现在的法律事件的实然层面的关注,涉法文学更关心或然,着眼未来的普遍意义,以法哲学为支撑,具有普法宣传与教育传知功能。
法治文学	非虚构的纪实文学,是对规范化、抽象化、模块化的法治理论所对应的社会情境素材的还原,是对法律的历史和社会面进行强化和探索认知的载体。(汤海庆,2013-07-26)	除却对真实性的强调外,法治文学更带有鲜明的时代标记,服务于全面依法治国的国家需求。

西方文化从源头起便充斥着法律的技术和意象,法律自始至终都是富于想象力的文学作家关注的对象(Posner,2009:4);中国亦如是,一如黄帝时期"刑起于兵"、夏商西周"礼始于祭"等。"十九世纪之前,中国有关社会秩序的法律观念完全是自主发展的,从未受到任何外来因素的干扰"(David & Brierley,1985:518),也少为异域他者所了解,更遑论法律文学。表 2 中的概念术语主要面向中国近现代的文学法律现象,对中国古代的法律文化传统观照稍显不足,古时以法为主线的文学存量可观,且多是经典中的经典,文学中的文学。因此,本文拟将被公认是传统法律文化载体的古典文学作品称作法律文学,法律文学意指兼具法律性与文学性,可帮助大众理解法律,同时起到道德

教化和社会控制作用的叙事文学典籍。其既具备法制文学的普法传知功能,也强调涉法文学的真实性与普遍价值,亦如法治文学般负有时代使命。法律文学的核心要义在于对法律文化的传承和对法律史实的再现,类似"法律与文学"运动对文学经典性的深描,本文认为未经岁月磨洗的作品是不足以承受法律之重的,历史会筛除看似以法为主题但内容却空洞肤浅,甚至企图以血腥犯罪、奸淫肉欲等情节满足读者猎奇心理以谋取利益的伪经典。判断法律文学名实统一的关键系该文学能否引发读者对于有关人性的永恒法律难题的思考,法律文学可以帮助读者理解那些"反映了深刻人性的法律问题的复杂和恒久,如秩序、复仇、刑法、冤案、婚姻家庭、乱伦、契约、承诺、生死和自由等"(苏力,2021:15),也唯独有厚度的文学方能经受不同读者在不同历史时期的反复推敲和阐释。

4 法律文学对外翻译之制

法律文学强调法律性与文学性的圆满调和,对外翻译务须实现法律知识与文学审美的并置,有必要立足文化传真的现实外交诉求构建复合性策略,指导法律文学的对外翻译。本文认为,法律文学对外翻译之制系于"立格"和"传意","格"指规矩、规范和标准,"意"指意义、信息和意图(赵军峰,2018:195)。"立格"认为法律文学译者应具有历史法律理性,克服历史与法律无意识(屈文生,2022a),坚持知识考古以实现法律文化的充分映射。术语是文化翻译的生命(潘文国,2021:71),"立格"强调审慎处理法律文学中的术语,落实依"法"翻译。"传意"要求译者因人而译,具备分众化的精准翻译意识,采用目标读者与国际受众喜闻,国家政府、机构组织等集体受众乐见的文学性和本土化表达。"立格+传意"复合性翻译策略的内涵即法律文学对外翻译须阐明中华优秀传统法律知识,如实再现符合史实及法律事实的内容信息,并在此基础上引发读者共情,建构文学本体的审美交流价值,推动法律文化国际传播。

《水浒传》系世代累积型叙事文学,记述了封建专制制度下朝廷高官公然干预司法,地方墨吏罔顾刑律的社会现实(傅承洲,2016:4),以古白话书就礼法合流的王政传统,描绘伦理秩序下的家国天下,绿林社会尊崇礼义道德,无法而无不法。《水浒传》成书于明万历年间,数百年情节演绎实现了违法现象与正法精神的叙事并行,蕴藉有深邃的道德教诲意涵。梁山早期以王伦为首,以"打家劫舍"为生;中期以晁盖为尊,以"共聚大义"为号;后期以宋江为主,以"替天行道"为纲,表征出权力与秩序的互相解构、思想与律令的潜在冲突,揭示了儒法作为原始的自然法理的理想性,生成了极具代表性的中华传统法律形象。以下基于赛珍珠与沙博理英译《水浒传》对比论证"立格+传意"的必要性。

4.1 立格

法律文学对外翻译旨在系统介绍中国法律传统,是种变向的法律和文化翻译,术语处理至关重要,保持术语统一,规范核心概念和关键表述是必须遵循的原则(赵军峰、薛杰,2023:29)。法律文学译者须发掘经典中或隐或显的法律信息,包括形象化表达背后的法律内容,坚持以术语译术语,以术语译修辞,以概念显化保障法律文化传真。

(1) 只等午时三刻监斩官到来开刀。那众人仰面看那犯由牌上写道:

江州府犯人一名,宋江,故吟反诗,妄造妖言,结连梁山泊强寇,通同造反,律斩。

犯人一名,戴宗,与宋江暗递私书,勾结梁山泊强寇,通同谋叛,律斩。

监斩官江州府知府蔡某。(施耐庵,2006:459)

…for the time after noon when the executioner was to come to kill them. And the crowd lifted their heads to read the tablets whereon were written the accusation against the two and it said, "The revolutionist in Chiang Chou, Sung Chiang, who willfully wrote a poem to overturn the state and stirred up wild talk to make people afraid, who joined himself to the robbers in the lair at Liang Shan P'o that they might all join together in revolution. According to law, he is to be beheaded."

For Tai Chung the accusation read, "The prisoner, Tai Chung, who secretly wrote his own letter for Sung Chiang, and who went and enticed out the robbers at Liang Shan P'o that joined together they might all cause revolution. According to law he is to be beheaded. The superintendent of the execution is the one surnamed Ts'ai."(Buck, 1948:380)

All were waiting till three quarters after noon, when the supervisor would come and the executions would take place. The spectators read the announcements of criminal conviction. They ran as follows:

Jiangzhou Prefecture. Criminal Song Jiang. Wrote a rebellious poem, spread evil rumors, and colluded with bandits in Liangshan Marsh to foment a rebellion. Sentenced to be decapitated.

Criminal Dai Zong. In order to help Song Jiang, secretly handed over a private letter, colluded with the bandits in Liangshan Marsh and plotted with them to foment a rebellion. Sentenced to be decapitated.

Supervisor of executions: Cai, Prefect of Jiangzhou. (Shapiro, 2009:1203 - 1205)

宋自建国始内忧外患,少数民族屡屡犯境,农民起义频频爆发,现实危机影响立法原则,迫使宋朝在基本法外加重刑罚,重典惩治贼盗,以救时弊(中国法制史编写组,2017:184)。上为宋江、戴宗被捕后论罪斩首的情节,涉及诸多中国古代文化信息和法律术语,对外翻译应正校译名,弄清名称术语在自我文化语境中的真实含义(潘文国,2021:73 - 79)。基于《宋刑统》比照分析赛珍珠和沙博理的翻译倾向,不难发现两位译者的法律知识储备和自身文化立场存在根本差异。《宋刑统》记载,"十恶"中唯有"恶逆以上四等罪"(谋反、谋大逆、谋叛、恶逆)处绞、斩刑,"绞、斩之坐,刑之极也,死者魂气归于天,形魄归于地。"(窦仪等,2015:5 - 6)斩刑亦有轻重,分正午行刑和午时三刻行刑,阴阳家认为午时三刻是每日阳气最重之时,此时间斩死者魂无所归。文中"午时三刻"实际意指宋江二人罪大恶极,译为"three quarters after noon"为宜;同理,文中"开刀"指曹市斩首,译为"execution"为宜。宋江和戴宗罪行有异,但翻译术语"犯人"应坚持"同一律"(屈文生,2022b:16),赛珍珠译为"revolutionist"体现其主观情感倾向,揭示出历史文化语境对其选择决策的影响。犯罪种类方面,宋江犯"十恶"之首的"谋反",立法解释为"谓谋危社稷",具体牵涉《贼盗律》中"谋反逆叛"和"造妖书妖言"两项罪名,据《宋刑统》规定,"诸谋反及大逆者,皆斩;诸造妖书及妖言者,绞"(窦仪等,2015:8,229,249);戴宗则犯"谋叛"罪,"谓谋背国从伪"(同上:8),故按律当斩。据以术语译术语的基本原则,反诗、妖言、造反、谋叛、律斩或可对译为 rebellious poem, evil rumors, foment a rebellion, plotted with bandits to foment a rebellion, sentenced to be decapitated。文中"监斩官"并非刽子手,而是负有监督职责的高级行政官员,赛珍珠的"误译"变向迎合了西方有关中国传统司法、执法野蛮落后的负面想象;沙博理将"犯由"译为"criminal conviction",意指"刑事定罪",体现其法律翻译意识,沙以清晰简明的法言法语对译法律概念术语,基本再现了法律文学的法律性。

(2)宋江原是郓城县小吏,为彼官司所逼,不得已哨聚山林,权借梁山水泊避难,专等朝廷招安,与国家出力。(施耐庵,2006:680)

I was once a small official in the city of Yun Ch'en and because I was persecuted in the court and had not whither to escape there was no way left for me but to run to the mountain and become a robber, and now am I hiding from my trouble in the lair at Liang Shan P'o. I do but wait there until the Emperor commands me to come forth and serve my country. (Buck, 1948:569)

Originally I was a small functionary in Yuncheng County. A judicial proceeding compelled me to become an outlaw and take refuge in Liangshan Marsh. I am waiting for an imperial amnesty so that I may devote my services to our country. (Shapiro, 2009:1789-1791)

上为宋江自诉弃官为贼的初衷与苦衷,文中"哨聚山林"即落草为寇,《宋刑统》在《贼盗律》中有明确规定,"谓背诞之人,亡命山泽,不从追唤者,以谋叛论,首得绞刑,从者流三千里。"(窦仪等,2015:233)"哨聚山林"具法律意义,是种违法行为。据以术语译修辞的原则,此处译出"outlaw"为宜。宋代承袭前朝的府制行政区划分,郓城在历史上是受济州府管辖的县级行政单位,应译作"Yuncheng County",另"官司""招安"作为特定的传统法律术语,建议对译为"judicial proceeding"和"imperial amnesty"。

4.2 传　意

"立格"以文化传真为要旨,"传意"以形象生成为目的。法律文学对外翻译是一种跨语言、跨文化、跨法系的系统性交际行为(赵军峰,2018:197)。既是交际,便强调自我与他者的有效对话,译者在坚持自我的同时必须充分尊重他者,对法律性的强调绝不等同于去文学化,传统法律形象生成的必要条件是翻译文学仍具备本体论的审美价值,是受众易于理解,乐于品读的文化产品。法律文学应更"文学"地走向世界,以其真实的形象参与世界文学的建构(刘云虹,2021:76-82)。

(3) 一人造反,九族全诛。(施耐庵,2006:239)

If one man turns rebel against the throne, nine generations must suffer from it. (Buck, 1948:599)

When a man rebels, his family and all his relations must pay with their lives. (Shapiro, 2009:1887)

前文提到,谋反罪位列"十恶"之首,《贼盗律》首门即"谋反逆叛",宋时统治者对于此中犯罪的敏感与仇恨程度可见一斑。"九族全诛"是对"严厉的株连法律规定的笼统概括"(余宗其,2002:109)。《宋刑统》中有关谋反罪的刑罚规定为,"父子年十六以上,皆绞。十五以下及母女、妻妾、祖孙、兄弟、姊妹,若部曲、资财、田宅,并没官;男夫年八十及笃疾、妇人年六十及废疾者,并免;伯叔父、兄弟之子,皆流三千里,不限籍之同异。"(窦仪等,2015:229)若采用厚翻译的策略完整译出,必然对法律文学的审美再现产生影响。沙博理将"九族"译为"his family and all his relations",大抵可实现传意的目的,相形之下赛译稍显望文生义。

(4) 不容祭祀亲兄,以致杀伤人命唆令男女故失人伦,拟合凌迟处死。据武松虽系报兄之仇,斗杀西门庆奸夫人命,亦则自首,难以释免。脊杖四十,刺配两千里外。(施耐庵,2006:313)

It was this old hag who led this woman to drive out Wu Sung and prevent him from making sacrifice to his elder brother, and for this murder was done. Thus by enticing the woman and enticing the man she enticed them to violate a sacred relationship. According to the law, therefore, the old woman ought to die by the slicing of her flesh from her bones, bit by bit.

As for Wu Sung, although it was meet that he should revenge his brother's death and although he did quarrel and kill His Men Ch'ing, and although he went himself and reported his deed to the magistrate, yet his crime could not be forgiven and he must be branded on his face and exiled to some place many hundreds of miles away. (Buck, 1948:253)

And whereas she told the woman to prevent Wu Song from sacrificing to the memory of his brother, as a result of which he killed her; and whereas she provoked the man and woman into indecent behavior: it is therefore decided that Mistress Wang shall be executed by being sliced to death. Wu Song, although he was avenging his brother when he fought and killed the adulterer Ximen Qing, and although he voluntarily surrendered, cannot be completely exonerated. He is to be given forty strokes on the back, tattooed with the mark of the criminal and exiled to a place two thousand li distant. (Shapiro, 2009:811)

上即武松为兄复仇后自首受审,朝廷刑部禀明省院后发回东平府的审判决定。就体例而言,沙博理以斜体及法言法语突出刑事判决书有别于文学叙事的语言特性;从内容来说,沙博理借其法学知识背景甚至几乎实现了法律翻译中所追求的法律对等。具体到术语外译层面,宋朝在刑罚上创制有刺配刑、凌迟刑等,刺配"是将杖刑、刺面、配役三刑同时施加于一人",杖刑数量与流配距离的远近依所犯罪责大小而定;凌迟指"以利刃零割碎剐肌肤、残害肢体,再断其喉,是古代死刑中最为残酷的一种执行方法"(中国法制史编写组,2017:188)。凌迟并未入律,只在敕令中,是宋开国时的特殊国情所决定的,与宋朝宽仁为本的刑法原则相冲突,"与人类文明进步背道而驰的"(孔学,2004:43)。赛珍珠选择完整还原术语内涵,可能引发受众误读,加深西方对于中国刑法严苛血腥的片面认知;沙博理英译《水浒传》被定义为国家翻译实践,作为制度化译者(任东升,2015),沙博理主动删减了不利于建构积极法律形象的信息,以"be executed by being sliced to death"模糊化凌迟的残忍,实现了传意。至于"刺配",赛珍珠漏译了作为刺配基本组成部分的杖刑(脊杖四十),且未译出刺配距离,其选择模糊的是中国古代法律裁决的理性与尺度,不利于受众感知刑法适用情况。要之,"立格+传意"复合性翻译策略对译者"适格性"要求较高(宋雷,2007)。作为"适格"的法律文学译者,除却必要翻译能力外,至少应在法律、文学、文化维度上具备充分的知识素养与敏感性,对应三重身份:机构守门人、文艺创作者、文化搭桥师。

4.3 "适格"法律文学译者的三重身份

法律文学对外翻译的第一维度是法律维,对应第一重身份:机构守门人。"机构"一词取自社会学,指代人类社会化的路径;守门人(也称"把关人")概念由卢因(Lewin,1947)提出,强调对于资源抓取、信息流动享有控制权。类似于法庭译员充当庭审的机构守门人(赵军峰、张锦,2011:24-25),法律文学译者充当法律文学对外翻译的机构守门人,是文化传真的把关者,也是传统智慧的分享者,还是法律形象的建构者。法律文学对外翻译的第二维度是文学维,对应第二重身份:文艺创作者。法律文学译者探索文以载道、文以化人的现实路径,以文法互补实现法律形象的海外生成。"一篇好的文学作品的社会效应可抵得上一百篇法学论文"(黄智虎,2001:48),而"文学翻译如果不翻译文学性,起码不是正确的选择。"(王东风,2020:1)法律文学对外翻译的第三维度是文化维,对应第三重身份:文化搭桥师。法律文学对外翻译讲"立格",是出于文化传真的诉求使然。历史上"翻译产品被视作一种受特定文化主导的文化事实……是目标语文化导向的"(Toury,2012:18),反映的是他者走向自我的内向型输入;新时代法律文学对外翻译具自利性,强调传统法律文化更"中国"地走出去,体现的是自我走向他者的外向型输出。立足法律文学对外翻译的法律维、文学维、文化维,本文倡导构建法律文学对外翻译与国际传播的"质—制—治"三维模式如图所示。

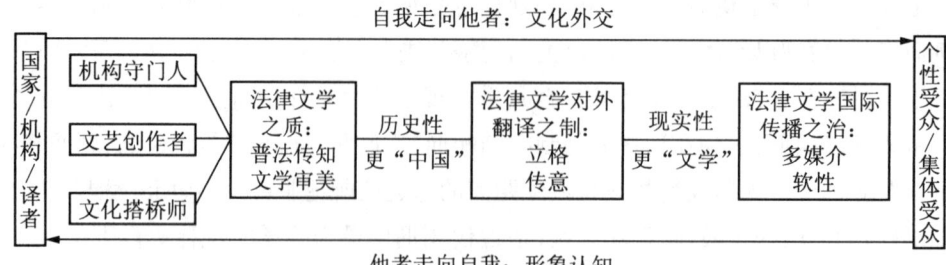

图 1 法律文学对外翻译与国际传播"质—制—治"三维模式图

借鉴中国籍翻译家沙博理英译《水浒传》的国家翻译模式,本文认为法律文学的对外翻译应以国为主,翻译主体包含高位主体(国家)、中位主体(机构)和低位主体(译者),分别起到设计与监理、组织与推广、立格与传意的职能(任东升,2019:70)。在得到国家层面的授权委托后,译者与翻译、传播、出版、外宣等机构协商确定待译法律文学及底本。"立格+传意"翻译策略指导下,"适格"译者落实依"法"翻译、据"史"翻译的同时尽可能再现文学性,助推法律文学更"文学"地走向世界。翻译传播主体还应具备精准传播视野,针对不同个体与集体受众、一般与特定受众,"构建多样化、多渠道、多模态的传播体系"(吴赟,2022:43),采用多媒介手段及软性传播策略实现法律文学的国际传播之治。

5 法律文学国际传播之治

讲故事、传文化、树形象的时代需求催生对外翻译,国际传播为故事讲得好、文化传得进、形象立得正提供保障。翻译与传播一体两面,译是基石,传是顶石。建国以来,中国文学国际传播未曾间断,代表性实践有《中国文学》(1951—2001)、熊猫丛书(1981—2007)、《大中华文库》(1994—)等,然认可度乏善可陈,反映深层次结构性问题,法律文学的国际传播也应留意若干要点。

其一是主体。法律文学的国际传播无疑是个边缘化的命题,如赛珍珠般的独立译者大多也是传播主体,享自主权,可任选传播形式和媒介,程序相对简易、策略相对浅显、媒介相对单一、个性相对突出。然而,伴随传播体系渐趋完善,自律现状必然走向他律现实。"国家政府一直是、迄今仍然是最有能量、最活跃也最具影响力的传播主体。"(李智,2020:109)官方作为项目发起者、服务提供者、流程把关者,有助于消解潜在无序风险。其二是受众。国际传播目的性强,受体主要指对象国民众、国际社会一般性公众以及主权国家、国际组织和公司企业等集体受众(同上:198-199)。接受群体不同,传播模式有别,主体应具体问题具体分析,转变"一刀切"的传统认识,分众化以实现精准传播。长期以来,西方大国在国际社会场域占据话语上风,文化交流很大程度上受西方宰制,然近数十年,西方受历史主义、女性主义、后殖民主义等理论裹挟,就本质主义与建构主义、经典叙事学和后经典叙事学争论不休,推动经典作品体系的重建扩容,为发展中国家文学译介提供了难得的历史机遇(赵亮,2019:137)。应将西方大国作为法律文学国际传播的主要对象,同时以"一带一路"为抓手,基于区域性法律文化诉求针对沿线各国的具体国情创新传播机制。其三是媒介。法律文学国际传播除可基于国内机构及其驻外分支实现"造船出海",也可尝试与国际主流、地方知名的媒体与出版集团合作,借助其行业地位和象征资本寻求"借帆出海",从而在一定程度上摆脱"说了不愿听,听了传不开"的接受困境,解决文化失语难题。万物互联的新媒体时代,媒介即权力,媒介即现实,伴随媒介融合,传统纸媒、音频媒介、视频媒介一体化,自媒体、多媒体、融媒体普及化,法律文学国际传播亦可借助社交媒体网络平台以增强读者黏性。其四是策略。法律文学国际传播是争取法治沟通的新兴途径,传播诉诸软性策略,彰显时代性,以人民为中心,以动人故事与丰富联想为核心竞争力,以非经济性的文化构建和形象生成为旨归(徐志,2019:127-128)。法律文学的国际传播旨在分担法律制度和法学著作译介负有的文化传知使命,旨在借助能够引发共情的文学包装法律,以期实现中华传统法律形象跨语言、跨文化、跨法系的生成。

6 结 语

法律文学博大精深,做到讲好实属不易;对外翻译方兴未艾,翻译中国任重道远。从传统律学到现代法学,发展以法律翻译和法律移植为底座,中国法学受"他者"影响甚巨,成就翻译法学之名,也导致西方对于中国传统法律文化的认知相对负面,相关评论呈现无法化倾向,以野蛮落后为主论调,有待正名。中华优秀传统法律文化不仅现于律例法典,更藏于法律文学,法律文学的对外翻译与国际传播对于中华传统法律形象的再建构至关重要。本文从中西"法律与文学"运动出发,为法律文学立名定实,法律文学的复合性话语特性敦促作为机构守门人、文艺创作者、文化搭桥师的"适格"译者遵循"立格+传意"复合性翻译策略,实现自我与他者的有效对话。新时代法律文学国际传播是一种系统性交际行为,有必要从主体、受众、媒介及策略角度明确法律文学走出去所应秉持的传播理性,真正落实坚持自我、尊重他者。

参考文献

[1] Binder, G. & R. Weisberg. 2000. *Literary Criticisms of Law* [M]. New Jersey: Princeton University Press.

[2] Buck, P. S. 1948. *All Men Are Brothers* [M]. New York: The George Macy Companies, Inc.

[3] Cardozo, B. N. 1925. Law and literature [J]. *Yale Review*, 14:699-718.

[4] David, R. & J. E. C. Brierley. 1985. *Major Legal Systems in the World Today: An Introduction to the Comparative Study of Law (third edition)* [M]. London: Stevens & Sons.

[5] Dong, Xiaobo & Hu, Bo. 2020. Enhancing legal cultural soft power: from the perspective of translating Chinese laws and regulations [J]. *China Legal Science*, 8(1):31-63.

[6] Lewin, K. 1947. Frontiers in group dynamic: II. Channels of group life: social planning and action research [J]. *Human Relations*, 1(2):1430-1453.

[7] Posner, R. A. 2009. *Law and Literature (third edition)* [M]. Cambridge & London: Harvard

University Press.

[8] Shapiro, S. 2009. *Outlaws of the Marsh* [M]. Beijing: Foreign Languages Press.

[9] Toury, G. 2012. *Descriptive Translation Studies—and beyond (revised edition)* [M]. Amsterdam & Philadelphia: John Benjamins.

[10] Ward, I. 1995. *Law and Literature: Possibilities and Perspectives* [M]. New York: Cambridge University Press.

[11] White, J. B. 1985. *The Legal Imagination (abridged edition)* [M]. Chicago & London: The University of Chicago Press.

[12] White, J. B. 1988. Law and literature: "No Manifesto" [J]. *Mercer Law Review*, 39: 739-751.

[13] Wigmore, J. H. 1907. A list of legal novels [J/OL]. *Ill. LR*, (2):574. https://heinonline.org/HOL/LandingPage?handle=hein.journals/illlr2&div=59&id=&&page=. Accessed 07/11/2022.

[14] Wu, J. 1921. Readings from ancient Chinese codes and other sources of Chinese law and legal ideas [J]. *Michigan Law Review*, 19:502-536.

[15] 董燕,2015. 新时期以来中国文学与法学的交叉研究[J]. 中国社会科学,(8):145-148.

[16] 窦仪等,2015. 宋刑统校证[M]. 岳纯之,校证. 北京:北京大学出版社.

[17] 杜金榜,2004. 法律语言学[M]. 上海:上海外语教育出版社.

[18] 范玉吉,2001. 涉法文学:文学和法学共同视域中的文学族类[J]. 华东政法学院学报,(3):65-69.

[19] 范玉吉,2004. 论涉法文学的普法宣传功能[J]. 华东政法学院学报,(5):98-101.

[20] 傅承洲,2016. 从《水浒传》看封建专制制度下的贪腐问题[J]. 明清小说研究,(1):4-14.

[21] 黄智虎,2001. 新时期文学的法治使命[J]. 法学天地,(10):47-48.

[22] 孔学,2004. 论凌迟之刑的起源及在宋代的发展[J]. 史学月刊,(6):38-43.

[23] 李智,2020. 国际传播[M]. 北京:中国人民大学出版社.

[24] 刘星,2019. 法律与文学:在中国基层司法中展开[M]. 北京:北京大学出版社.

[25] 刘云虹,2021. 中国文学外译批评的审美维度[J]. 外语教学,(4):76-82.

[26] 潘文国,2021. 中籍英译通论[M]. 上海:华东师范大学出版社.

[27] 屈文生,2022a. 历史翻译与中国历史话语的构建与传播[J]. 上海师范大学学报(哲学社会科学版),(4):16-26.

[28] 屈文生,2022b. 中国立法文本对外翻译的原则体系——以民法英译实践为中心[J]. 中国外语,(1):10-20.

[29] 任东升,2015. 从国家翻译实践视角看沙博理翻译研究的价值[J]. 上海翻译,(4):25-28.

[30] 任东升,2019. 国家翻译实践概念体系构建[J]. 外语研究,(4):68-73.

[31] 施耐庵,2006. 水浒传(金圣叹批评本)[M]. 长沙:岳麓书社.

[32] 宋雷,2007. 从"翻译法律"到"法律翻译"——法律翻译主体"适格"论[J]. 四川外语学院学报,(5):106-111.

[33] 苏力,2002.孪生兄弟的不同命运——《法律与文学》代译序[J].比较法研究,(2):109-114.
[34] 苏力,2017.法律与文学:以中国传统戏剧为材料[M].北京:生活·读书·新知三联书店.
[35] 苏力,2021.为什么未老先衰?——"法律与文学"在当代中国[J].法律科学,(5):3-16.
[36] 苏晓宏,2011.法律与文学在中国的出路[J].东方法学,(4):62-68.
[37] 汤海庆,2013-07-26.法治的文学和文学的法治[N].人民法院报,(005).
[38] 童庆炳,2015.文学理论教程[M].北京:高等教育出版社.
[39] 王东风,2020.诗学效果与诗学翻译[J].上海翻译,(4):1-6.
[40] 魏军,2009.中国法制文学导论[M].北京:中国人民公安大学出版社.
[41] 吴苌弘,陈立群,2020.吴经熊的法学翻译实践对当代中国法学外译的启示[J].上海翻译,(5):76-80.
[42] 吴赟,2022.对外翻译传播的内涵属性与实践路径——以中国经验为例[J].英语研究,(2):35-45.
[43] 徐志,2019.理论与路径:国家形象建构中的软性传播研究[J].新媒体研究,(3):127-128.
[44] 余宗其,2001.鲁迅与法律[M].北京:华艺出版社.
[45] 余宗其,2002.中国文学与中国法律[M].北京:中国政法大学出版社.
[46] 曾晓林,2016.法制文学研究:路径、成果与创新[J].赣南师范学院学报,(2):52-55.
[47] 赵军峰,张锦,2011.作为机构守门人的法庭口译员角色研究[J].中国翻译,(1):24-28.
[48] 赵军峰,2018.法律翻译学科建设:理念与思考[J].外国语言文学,(2):192-202.
[49] 赵军峰,薛杰,2023.新时代中国特色法治术语的翻译策略:立格与传意[J].上海翻译,(1):27-33.
[50] 赵亮,2019.中国经典作品国际传播的新时代使命[J].人民论坛,(34):136-137.
[51] 中国法制史编写组,2017.中国法制史[M].北京:高等教育出版社.

(责任编辑　张晓明)

对外翻译传播:译文话语的"辞屏"建构*

福州大学 陈小慰**

摘 要: 肯尼斯·伯克提出的"辞屏"说指基于语言使用的基本功能,修辞者受动机驱动,运用语言象征,对现实进行选择、凸显、遮蔽,旨在引导受众做出与话语动机相切合的反应。作为词语概念意义与象征意义的结合体,"辞屏"为人类使用语言促进有效互动,进而改善相互之间的关系提供了重要的"使能"条件,也为我们在对外翻译过程中有意识地努力构建有利于实现翻译动机的"辞屏",促使中国立场和文化得到更好正面传播提供了理论和实践支持。文章从"辞屏"的反射、折射与"使能"特点入手,提出"辞屏"的作用不仅只体现在语言的接受端,更重要的是,还体现在语言的使用和有目的地呈现某些方面的过程中。基于对外翻译传播与"辞屏"建构的关系,结合现实案例,从"理性"辞屏、"情感"辞屏、"形式"辞屏和"审美"辞屏等几方面分析说明,旨在论证"辞屏"建构在对外翻译传播中的意义和运用。

关键词: 对外翻译传播;辞屏;象征;动机;使能

Title: Translation for International Communication: Construction of Target "Terministic Screens"

Abstract: The concept of "terministic screens" developed by Kenneth Burke involves the motivated use of symbols to select, present and conceal so as to direct attention to particular aspects of reality rather than others and guide the audience to respond as expected based on the essential function of language. A combination of the conceptual meaning and the symbolic meaning of words, the notion provides a significant "enabling" condition for human beings to use language for more effective

---

* 本文系国家社科基金项目"服务国家对外话语传播的'翻译修辞学'学科构建与应用拓展研究"(17BYY201)阶段性成果。
** 作者简介:陈小慰,福州大学教授。研究方向:翻译理论与实践、西方修辞与翻译。联系方式:joychen-fzu-edu-cn@qq.com。

interaction, better understanding and cooperation between each other, as well as a theoretical and practical support for making strenuous efforts to construct "terministic screens" conducive to realizing the motivation in the process of translation for international communication, in an attempt to make Chinese stance and culture better and positively known to the outside world. Approaching from the features of reflection, deflection and enabling, the article points out that "terministic screens" play a role not only in the receiving end, but more importantly, during the process of language use and presence of intended aspects. Following a discussion of how the construction of "terministic screens" bears on the translation for international communication, it analyzes and explains how they are constructed in such translation from the aspects of "reasoning", "emotion", "form" and "aesthetics", illustrated by real-world cases.

Keywords: translation for international communication; terministic screens; symbol; motivation; enabling

1 引 言

当代西方修辞学以其高度关注人类社会相互沟通,尤其是语言象征在促进这一沟通中所具潜能的学科特点,对我国现阶段的对外翻译传播具有"他山之石"的借鉴价值。对外翻译传播是一种肩负国家使命的现实翻译行为,受特定动机驱动,旨在通过有效运用译文象征诱导译语受众,是一种特殊的跨文化修辞实践,致力于"运用译文语言作为象征手段,诱导从本质上会对象征做出反应的译语受众予以合作。"(陈小慰,2022:53)合作的基础要求话语双方在象征资源的使用上相互影响,充分互动,增进了解和理解,以促进译文受众形成预期的态度和行动。因此,深入思考意义及词语象征的取舍与实现对外翻译传播目的之间的关系,在实践中有效运用译文话语,理应成为对外翻译传播中高度关注的问题。对此,著名修辞学家肯尼斯·伯克(Kenneth Burke)的"辞屏"(terministic screens)说,可以给我们有益的启发。

2 "辞屏":反射、折射与"使能"

"辞屏"是西方修辞理论中的经典概念资源之一,指基于现实中语言使用的基本功能,修辞者受动机驱动,运用语言象征,对现实进行选择、凸显、遮蔽,旨在引导受众做出与话语动机相切合的反应。这个概念由伯克(Burke,1966:45;1989:116)提出,源自他对摄影中同一物体通过使用不同的滤色镜(color filters)产生不同照片的联想。"照片本来是'事实'的反映,却可以在实质内容甚至形式上表现出明显的差异。这一点取决于摄影师对所记录的事件使用了哪一种滤色镜。"他认为,这也是语言符号使用的一个重要特征,即人们交际时运用的词语就是一个独特的滤色镜,是一种"辞屏"。由此,他进一步指出,"即便我们说任何语辞都是对现实的某种反射,语辞的本质决定了这一反射必然是选择性的,因此它同时也是对现实的折射"(Burke,1966:45;另见刘亚猛,2008:339),强调了虽然语辞反映现实,但在本质上是对现实的选择,也必然存在偏离现实的成分。他同时揭示了辞屏的无所不在:"我们必须使用辞屏,因为不使用语辞我们便无法说话;而无论我们使用什么语辞,它们都必然构成一种相应的辞屏;任何辞屏都必然会把注意力引向一个看待事物的方式而不是其他。"(Burke,1966:50)该理论深刻揭示了语言"象征"在现实社会中的运作特性和潜在的能动力。其精要在于:"象征行为是态度的生动表达和展示(The symbolic act is the dancing of an attitude)"(Burke,1989:79)。语言使用表明使用者的态度和动机,它"将我们的注意力引向某些方面而不是另外一些方面"(Burke,1966:45;1989:116),因此,"每一组象征符号都成为我们感知世界的一种特殊的辞屏。"(Herrick,2018:243)"所有的问题都带有诱导性……每个问题都选择了一个博弈场。在选择当中,答案的性质实际上已然形成。"(Burke,1941:67)这"并非指结论隐含在论证的前提中,而是说一个给定的语词只能允许某些结论,而排除其他结论。"(Bygrave,1993:58)

"辞屏"是词语概念意义与象征意义的结合体。"对伯克而言,语言不是用来描述客观存在的中立工具。相反,象征符号是我们存在的本质,是我们面对世界的媒介,是我们促使变化产生的手段。语言始终具有策略性;我们说话时的语言选择一方面塑造了我们的认知,同时也揭示了我们的动机。"(Herrick,2018:242)霍瑟(Hauser,2002:9)也指出,"每一句话语都传递着某种态度。"象征传达着丰富的心理和文化意义。语言可以有多种解释,激发受众不同的想象。意义是变化多样的,栖息在人的内心深处,受到其生长环境、社会、文化经历的影响。当人读到某个词或概念时,这些经历会激活不同的象征义,直接影响读者的解读、理解、认知甚至行为。语言的象征义为人类使用语言促进有效互动,进而改善相互之间的关系提供了重要的赋能工具。可以说,对词语象征义的有效阐释和使用,构成了"辞屏"的核心,也是修辞的核心。

之后还有学者使用了"概念屏"(conceptual screens)等说法,认为:"当我们阅读文本时,我们总是依赖某些东西,不一定是任何特定的批评或解释方法,而是某些概念屏,让文字对我们具有意义。这些概念屏与生活、社会、文化经历密不可分。生长环境和社会惯习相近的群体和不同的群体概念屏不同,对文字的解读也不同。"(Jasinski,2001:

xxvi)。霍瑟则将其称为"动机词汇"(vocabulary of motives)(Hauser,2002:215)。他认为,所有动机词汇都是对动机的传达,所以每一个动机都通过辞屏体现出来,强调某些方面而忽略其他方面。"辞屏提供了一个局部的视角,遮蔽了我们为强调其他概念可能性,而选择不同词汇时可能做出的其他解释。"(同上:217)

针对"辞屏"具有选择性和偏离性这一点,刘亚猛发人深省地指出,"从认识论的角度看是人类只能无可奈何地身陷其中的一个困境,从修辞的角度看却是人类进行象征行动的一个使能条件(enabling condition)","使目的和动机能够在象征行动中得到体现和实现。"(刘亚猛,2008:339)这一观点从构建的角度突出了"辞屏"在促进人类互动中积极的一面和人类的修辞作为空间。语言表达是一种显示,它同时能够暗示,所以,任何写在纸上、说在口中的语言都是在唤起注意和关注,同时在受众的思维中激发暗示意义。惠伦(D. Joel Whalen)说:"你不能强迫人们被说服——只能激发他们的欲望,并向他们展示你想法背后的逻辑。绳子是推不动的,只能靠拉。人也一样。只有当他们完全理解并全心投入时,他们才会真正信奉某一个看法或思想"(引自 Perloff,2017:25)。真正的说服不是靠别人唇枪舌弹强迫就范的,而是靠自己对对方的论点产生认同甚至无意识认同完成的。也即"靠自己说服自己改变态度或行为"(同上)。

Terministic screens 在国内有多种译名,如"术语视界"(姚喜明、王惠敏,2009)、"术语视屏"(王志伟,2012)和"术语滤网"(时闻等,2019)等,但"辞屏"(刘亚猛,2008)这一译名最能体现伯克的修辞哲学思想,同时也比较简洁中性,在中文语境中不易产生仅与"看"或"过滤"相关的联想。"辞"涵盖所有语言符号,不仅仅指专门学科的专门用语"术语";而"屏"则体现了人类不仅需要通过语言符号观察世界、认识世界和理解世界,同时还可以使用语言来描写世界、呈现世界,建构世界。换言之,"辞屏"指所有受动机驱动的话语,其作用不仅只体现在语言的接受端,更重要的是,还体现在语言的使用和有目的地呈现某些方面的过程中。这一点对对外翻译传播尤其具有启发意义。

与"辞屏"构建紧密相关的是"选择"和"表达",以达到突出"呈现"(也译"在场")某些动机要素的效果。根据话语动机和具体使用场合,通过策略性"选择"和"表达"这两个可以充分体现修辞者修辞意图的途径,对内容和形式进行调适,有利于凸显和呈现符合话语动机的成分,促使受众对话语产生认同。修辞者选择话语内容和恰当的表达形式体现了不同的"辞屏"视角,其有效导向的"呈现"将直接对实现话语动机和修辞目的产生正向影响。

3 对外翻译与受动机驱动的"辞屏"建构

"'辞屏'理论基于人类使用语言总是具有动机性这个现实特点,能够有效促发译者进一步关注语言受现实动机驱动的本质和积极运用语言的空间,将语言使用与现实社会更紧密地联系起来。"(陈小慰,2022:180)充分认识"辞屏"所具有的能动力,有助于我们在对外翻译传播中积极运用这一概念资源,在翻译过程中有意识地努力构建有利于实现翻译动机的"辞屏",促使中国立场和文化得到更好的正面传播。

语言象征的使用具有动机性和策略性。同理,翻译作为一种特殊的象征行为,译文的语言象征代表着信息发出者的立场、对受众的态度以及对所使用的语言象征希冀达到的效果(同上:187)。象征行为的主要修辞功能是引发认同。同样,翻译是人类之间通过象征资源的相互影响,运用译文象征努力实现预期翻译目的、诱导合作的象征行为过程。实际上,韦氏英语词典中,翻译的定义除了"把一种语言翻译成另一种语言"(a rendering from one language into another),还有"将一组象征符号转换为另一组象征符号"(to transfer or turn from one set of symbols into another)①。翻译时需要译出原语中的深度内涵,更要考虑译文在译入语受众内心可能产生的解读和感受,而这些与其背景知识、社会经历、思维方法和诸多语境因素影响密切相关。因此,译者需要重视译文词语表达与动机相关联的象征内涵,"想象受众可能产生的反应"(Herrick,2018:12)。

举中国文化术语或关键词的翻译"辞屏"建构为例。对事物的命名,向来位居修辞行为的中心。"命名或标记的过程从来都不是无害或不会导致不良后果的。我们在话语实践中使用的语辞绝不仅仅只是词语本身。""命名或标记同时涉及两种权力意义——一方面它可以起压制作用,另一方面也可以具有建设性。名称和标签既可以制约后续的思想和实践,也可以发挥使能和促进作用。"(Jasinski,2001:120)人文领域的术语和科技领域不同,重在其内涵的传递,而不在其形式的一成不变。意大利哲学家维柯(1989:216)在其《新科学》中曾说,"在希腊人之间,名称(name)和性质(character)意义相同……可以互换。""'名称'和'定义'(definition)两个词在意义上也相同,例如在修辞学里在'名称'(nominis)这一项目之下有寻求对事实的定义。"实际上,许多人文概念在具体使用时,其含义会随语境的变化而变化。因此,翻译遇到中国文化术语或关键词时,没有必要拘泥于其在表达形式上的固定性。除非在特定情况下,如条目式的术语词典等,只能相对受制于语言表达本身,否则在现实翻译中,常常有必要根据中文语境多生临时义的特点,努力满足实现特定翻译文本的目标和动机的需求,因为在这些具体文本的翻译中,实现预期目标和动机的必要性明显要大于保留术语固定性的需求。更何况许多文化术语或概念只是一般性术语或准术语,与科技领域最具专业性的纯术语有本质上的不同。如果过多强调文化关键词固定不变的术语性,可能会造成现实翻译与语境相冲突,译文不知所云的后果。

例如,"守正创新"是概念化的时政热词之一。单独出现时,或许可以译为 integrity

---

① https://www.merriam-webster.com/dictionary/translate [2022-08-31]。

and innovation,但一旦出现在具体语境中,受特定翻译动机驱动,必然需要构建不同的翻译辞屏。如中国共产党十九届六中全会决议中"党领导人民……守正创新,创造了新时代中国特色社会主义的伟大成就"一句中的"守正创新",官方最后的确定译文为:innovating on the basis of what has worked in the past.①在其他情况下(例如在不同文本类型中),或许就需要有其他切合语境的选择。

翻译中辞屏的建立,与翻译动机紧密关联,直接影响译文辞屏的内容和形式选择。又如杭州西湖景点"虫二"的翻译。如果脱离现实翻译动机,只考虑原文的语言层面,那么,要把景点名意义和汉语的拆字游戏同时凸显的理想译文可能确实难以办到。这可以是语言研究者的关注所在,但不应该令译者却步。因为单从语言层面来看,不可译是十分常见的现象;而从现实出发,任何受动机驱动的翻译话语都是可译的,是可以通过构建某种辞屏来对受众做出符合翻译动机的方向性引导的。比如,作为吸引游客的景点文字标牌(存在空间有限等修辞局限),Fascinating Open Lakeview(风月无边)可以是一种精心构建的辞屏,旨在吸引匆匆而过的游客。汉语中的拆字游戏可以忽略,因为脱离语境的面面俱到,反倒可能让受众不知所云,不解其意指向。而若是在空间稍多的景点说明文字翻译中,辞屏的范围可以扩大,添加简单的补充(如 The Chinese original contains a play of words);但如果是文化景点介绍文本,翻译的目的就是要让受众了解"虫二"的来历故事,那么,译者构建的辞屏就必然要涉及对相关汉语拆字游戏的解释。

因此,为确保对外翻译传播的有效性,我们需要客观地看待政治文化术语或名称、概念的翻译问题,不宜过多强调其规范性、准确性和一致性。对此,许多学者都有共识。如时闻等提出,"译名的语境化实践非常重要。对外话语传播过程中,政治术语翻译应同具体的语境结合起来,以译名为线索自主建构'术语滤网'(辞屏),同时兼顾受众的可接受性,从而增强传播的有效性"(时闻等,2019:86)。

4 对外翻译传播实践"辞屏"建构的几个维度

辞屏具有选择性和偏离性,但同时又为我们提供了使能条件,体现修辞的价值。如何正面积极地发挥其策略性作用,在译文构建上做出符合翻译预期的引导,又如何通过译者与受众的充分互动和调动修辞资源的努力,让译语读者在浑然不觉中(以他们熟悉和能理解的方式)跟随辞屏的诱导,发生认知和态度的转变,促进合作,是值得我们思考的问题。

---

① 参见李京泽,《走进中国共产党"翻译国家队":第三个历史决议是如何翻译的?》,中国新闻网 http://www.hi.chinanews.com.cn/hnnew/2021-12-28/4_148348.html [2022-07-21]。

长期从事对外翻译传播的黄友义（2022:3）提出，要做好对外翻译传播，需要译者"贴近中国发展的实际，贴近国外受众对中国信息的需求，贴近国外受众的思维习惯。""面对不了解中国历史文化，不懂中国语言的外国受众，我们要用他们习惯的表达方式讲述中国故事。"（同上:295）"在忠实原文的基础上，……译文要让国外受众能理解，能接受。我们的翻译目的就是用外语传播中国理念，用外语推动国际交流，用外语影响国际受众。"（同上:299）换言之，就是在翻译过程中尽可能地与受众建立"认同"，以争取其对旨在通过翻译对外传播的原文信息产生认同。"毋庸讳言，修辞者可能必须在某一方面改变受众的看法，但这只有在他和受众的其他看法保持一致时才办得到。"（Burke，1969:56；另参见刘亚猛，2004:110-111）"认同既是修辞的必要归属，又是一种策略手段。"（刘亚猛，2008:346）受众唯有在认为说话人认同其思维、情感、价值观念和表达方式的情况下，才可能对说话人予以认同。

要达到这些要求，首先，译者必须清楚，通过翻译行为，对外传播某个文本的动机所在。旨在实现什么目标，要改变什么现实，并且在翻译过程中努力实现这个目标。要求译者在翻译过程中精心选择象征资源，通过构建不同层面的辞屏，使译文诉求因势而动，适应受众、场合、时间、地点，以利于确保译文的有效性，诱导受众产生符合翻译目的的意向、观念和情感，促进实现预期翻译目的。赫里克（Herrick，2018:13-15）总结了有助于修辞者实现其说服目的的四种修辞资源，分别为 argument（理性诉诸/说理论证，回应受众的理性诉求），appeals（情感诉诸，回应受众的情感诉求），arrangement（形式诉诸/篇章结构，回应受众的形式诉求）及 aesthetics（审美诉诸/运用审美手段，回应受众的审美诉求）。霍瑟（2002:128-129）则提出，信息的说服力可以从几个层面展开：一是对说话者或作者的看法，它会影响受众对话语的信赖度；二是受众对所涉话题的情感介入（话语能否吸引其兴趣），很大程度上会动摇其对事物观点的判断；三是论点本身的说理论证是否充分，这是最能够打动和影响人的一点。以下结合笔者承担的"经典中国"对外出版项目扶贫文本的翻译实践，说明译者如何有意识地在翻译中从以下几个维度构建译文辞屏。

4.1 "理性"辞屏

"理性"辞屏，以论辩说理的真实度、可能性、逻辑性和清晰度作为译文的核心诉求，按照受众能够接受的说理方式，"依靠充分说理论辩的支撑得出结论"（Herrick，2018:13）。"在一种文化中具备可能性和合理性的'道理'，在另一种文化中可能显得荒谬怪诞，难以采信；在一种文化中被认为不言自明、理应持有的观点，在另一种文化中可能被视为论据不足或逻辑缺失，不具说服力。"（陈小慰，2022:238）。在西方修辞视域中，"论辩"不作日常"辩论"或狭义的论辩性文本类型理解，而是指"旨在人们内心引发某种有效行动""赢得人们内心的认同"（Perelman & Olbrechts-Tyteca，1969:9,14）的任何话语活动,是一种"交流活动"(范·爱默伦,汪建峰,2019:21),以强化受众对论辩者所提观点或看法的信奉以及认同。论辩还是一种合作的工作,只有当论点建立在修辞者假定听众同意的前提时,这一合作才能得到保证(Graff & Winn,2006:50)。因此,在对外翻译传播中,"理性"辞屏的建构需要关注针对受众而言译文合乎理性话语特点,说理充分,存在可接受性。

> 例1 所有这些实践路径都体现了"先富带后富"的理念。
> These practices have fully reflected the CPC's aspiration to achieve common prosperity by encouraging people who become prosperous first to help those who lag behind work towards a better life.

此例与"理性"辞屏的建构有关。翻译动机在于让国际受众清晰了解中国共产党倡导的"共同富裕"的理念("先富带后富")。这里,针对译文受众的"说理"可信度、可能性和清晰度(涉及价值观)是构建上述译文"辞屏"需要重点考虑的因素。译者对前后两个"富"做了比较符合常理的译文选择。若做相同处理,除了违反英文通常忌重复的行文规范外,其"说理"的充分性可能会遭到质疑,令受众难以理解,甚至对中国共产党产生偏颇的认识,违反信息发出者希望通过译文语言象征希冀达到的效果。

4.2 "情感"辞屏

"情感"辞屏,以情感作为译文的核心诉求,体现于对受众情感的侧重,即在情感层面上努力说动受众。论辩说理明显偏向理性,情感诉诸则更多在于激发某种"出自内心的东西,如情感或信念"(Herrick,2018:14),包括受众的喜好、需求、欲望和价值观等。当代修辞学家廷德尔(Christopher W. Tindale,2015:14)认为,情感等因素能够促进受众接受某个主张。情感在人际交往当中有时比理性更能发挥主导作用。情感不是认知、思维,却能影响人的认知和思维。情感可以产生内在的驱动力,决定我们对事物的态度和行为,改变我们对人对事的价值判断。(陈小慰,2019:24)

作为说服力产生的重要因素,情感正日益引起学者们的重视。"情感"辞屏与情感共情密切相关。共情意味着具备想象他人视角、思想、动机以及情感状态的能力。其中情感为核心要素。共情能力强的人,能分辨受众的情感,并能站在受众的立场去体验对方。(李克,2022:13)胡范铸(2022:4)等也提出,情感是构成共同体最关键的要素,"是决定人与人之间关系最核心的因素"。在充满激进主义和极端意识形态的世界中,"情感是最能让人确信的。……出于这个原因,了解其他文化中的情感,就变得越发重要了。"情感认同是决定态度转变的关键,受特定语言文化社群价值观的影响。不同语言文化的民族有共通情感,但在价值观、信仰以及情感体验、情感判断、情感表达方式和认同尺度上也存在诸多不同。因此,在对外翻译传播中,"情感"辞屏的构建需要立足于对受众情感惯习和词语情感象征内涵的充分了解和把握,结合具体语境,做必要调适。

  例 2 积极倡导"我为人人、人人为我"的全民公益理念,开展丰富多样的体验走访等社会实践活动,畅通社会各阶层交流交融、互帮互助的渠道。
  While advocating the philosophy of "All for one and one for all", various field visits and fact-finding tours have been organized to enhance the communication among different sections of society and reach out to people in need.

此例与"情感"辞屏的建构有关。翻译目的为对外分享中国扶贫经验和所取得的成就。其中,"互帮互助"是中国人常见的情感表达,但在这一特定语境中主要指扶贫助弱。基于对翻译动机的充分考量,译文通过构建 reach out 这一辞屏(该短语在英文里指 to make an effort to do something for other people①,含有"主动伸出援手"之意),更有助于传达主动相助的真诚蕴含,容易诱导受众产生共鸣和预期影响力。此外,"我为人人、人人为我"的表达在中国十分常见,其译文采用了英语中出现频度更高的平行文本 All for one and one for all(此为 19 世纪法国作家大仲马所著《三个火枪手》一书中主人公的座右铭②)。这一熟悉辞屏的构建增加了译文的亲和感,也使原文的公益理念更符合西方受众情感表达惯习,有可能对其产生有效影响。而"社会各阶层"中"阶层",在选择时注重其象征内涵也十分重要。strata 强调的是不同特质的同类人,与语境冲突;而 sections of society 的表达在英语中十分常见,其同义词有 groups in society、levels of society、walks of life、groups of population,还可以见到 weaker sections(弱势群体)等表达③,与语境恰合度好,可参照使用。

4.3 "形式"辞屏

  "形式"辞屏,以对信息进行有计划的谋篇布局作为译文的核心诉求,体现为追求"达到在说服力、清晰度和美感方面的增效作用"(Herrick,2018:14)。修辞形式具备诱导合作的潜能。不同语言有各自为其受众所熟悉的语言系统、句法结构规则和组篇方式以及文本类型层面的习见结构。因此,在对外翻译传播中,更多表现为根据译语受众熟悉的行文惯例,构建符合受众预期、可资辨别的"形式"辞屏,使译文要旨在受众端得到更好的展现和实现,助力实现翻译动机。

---

① https://www.merriam-webster.com/dictionary/reach%20out [2023-01-26]。
② https://www.dictionary.com/browse/all-for-one-and-one-for-all [2023-01-26]。
③ https://www.classicthesaurus.com/section_of_society/synonyms [2023-01-26]。

例3 2020年是脱贫攻坚的收官之年,所有未摘帽的贫困县都将摘帽,但贫困帽的摘除并不意味着扶贫工作的结束,在乡村振兴背景下,扶贫工作被赋予了新的时代内涵。

2020 is the final year scheduled for China to win its battle against extreme poverty, when all registered poor counties will get out of poverty. However, removing the label is not the end, but the beginning of a new journey towards rural revitalization. In this new context, poverty alleviation has been added with new implications in response to the changing times.

此例旨在对外翻译传播中国决胜扶贫攻坚的决心以及脱贫胜利与乡村振兴无缝对接的国家蓝图愿景。译文在"形式"辞屏的构建上充分考虑到中文特点为大量使用用逗号隔开、呈线性流动的"流水句",多用重复作为衔接手段(如"摘帽"、"扶贫工作"等),而英文语法严谨,主谓宾条理分明,除去强调,格外少用重复作为语篇衔接手段,在翻译中使用指代替换、上义词替换、断句等进行处理,同时结合对语境的全面分析(翻译动机、受众和修辞制约因素),使用一个对比句式,将原文采用间接表达的部分进行了明示和凸显,从形式上突出呈现了脱贫攻坚胜利后对接乡村振兴的国家布局,条理和逻辑比较清晰。

4.4 "审美"辞屏

"审美"辞屏,以从审美角度增加话语对受众的感染力作为译文的核心诉求,通过策略性运用以辞格为主的任何能够"在象征性表达的基础上增加形式感、美感和影响力的元素"(Herrick,2018:15),"使需要强调的内容得到更好的呈现"(Perelman & Olbrechts-Tyteca,1969:172),并促成受众内心产生预期效果。但是,不同文化有不同的审美偏好和表现方式,不同文化的受众也会对辞格所包含的形象和寓意有不同的预期和解读。因此,在对外翻译传播中,"审美"辞屏的构建需要充分考虑各种静态和动态的语境制约因素,使其能很好地服务翻译动机。

例4 地球母亲
Mother Earth

"地球母亲"是中国人耳熟能详的比喻,把孕育万事万物的地球比作像母亲一样伟大。这一比喻在许多国家和地区均有共识,唤起的是滋养人类的共同情感。如联合国《2030年可持续发展议程》中就有如下文字:"我们认识到,每一个国家均可根据本国国情和优先顺序,采用不同的方式、愿景、模式和手段来实现可持续发展;我们重申,地球及其生态系统是我们共同的家园。"①"地球母亲"是许多国家和地区共同使用的表述。对上述各国认同追求的共同价值,译文用国际受众熟悉的表达顺序构建"审美"辞屏,有助于更好地吸引译语受众。

> 例5 "巧妇难为无米之炊。"……打赢脱贫攻坚战需要大规模的资源动员与扶贫投入,没有经济增长和财政收入的增加,扶贫便是"巧妇难为无米之炊"。
>
> There is a Chinese saying that goes, "Even a clever housewife cannot cook a meal without rice", meaning that one cannot make something out of nothing. ... To win the battle against extreme poverty, social mobilization of resources and investment is required, which is supported by economic growth and the increase of fiscal revenue, without which poverty alleviation will be impossible.

原文中"巧妇难为无米之炊"是一富有中国特色的隐喻式谚语,指缺少必要的条件,再能干的人也很难做成事。在此句中重复使用了两次,用来喻指经济发展与扶贫的关系,以形象化说法增加原文的说服力。翻译时,这一生动的中国文化隐喻可通过精心构建"审美"辞屏予以有效传递。对其第一次使用,译文用译语受众能够理解的方式,保留了原文隐喻,同时通过前后补衬,突出呈现了其中国文化所属及其内涵。而对后面的重复使用则遵从英文通常忌重复的行文规范,做了切合语境的释译处理。

5 结 语

现实中的语言使用不仅仅描述经验或客观现实,而往往是受动机驱动,"反射""折射"现实,通过选择,引导我们关注某些事而忽略其他。"辞屏"的选择性与背离性是现实社会中语言使用的基本现实,同时也为人类有效开展象征行为提供了一个使能条件,使修辞目的的实现成为可能。对外翻译传播,作为一种运用语言象征资源诱导社会行为发生的"修辞性交际"行为(陈小慰,2022:136),要发挥好其作用,有必要积极运用这一"使能"条件,在对外翻译过程中有意识地努力构建有利于实现翻译动机的"辞屏",以促使符合翻译预期的意义在象征资源的互动中产生,推动中国立场和文化得到更好的正面传播。

---

① *Transforming Our World: the 2030 Agenda for Sustainable Development*(《变革我们的世界:2030 年可持续发展议程》,参见 https://sdgs.un.org/2030agenda [2023-01-26]。

参考文献

[1] Burke, Kenneth. 1941. *The Philosophy of Literary Form: Studies in Symbolic Action* [M]. Baton Rouge: Louisiana State University Press.

[2] Burke, Kenneth. 1966. *Language as Symbolic Action: Essays on Life, Literature, and Method* [C]. Berkeley: University of California Press.

[3] Burke, Kenneth. 1969. *A Rhetoric of Motives* [M]. Berkeley & Los Angeles: University of California Press.

[4] Burke, Kenneth. 1989. *On Symbols and Society* [M]. Chicago: The University of Chicago Press.

[5] Bygrave, Stephen. 1993. *Kenneth Burke: Rhetoric and Ideology* [M]. London & New York: Routledge.

[6] Graff, Richard, & Wendy, Winn. 2006. Presencing "Communion" in Chaïm Perelman's new rhetoric [J]. *Philosophy and Rhetoric*, 39(1):45-71.

[7] Hauser, Gerard A. 2002. *Introduction to Rhetorical Theory* [M]. Long Grove: Waveland Press.

[8] Herrick, James A. 2018. *The History and Theory of Rhetoric: An Introduction* [M]. 6th ed. London & New York: Routledge.

[9] Jasinski, James. 2001. *Sourcebook on Rhetoric: Key Concepts in Contemporary Rhetorical Studies* [M]. London: Sage Publications.

[10] Perelman, Chaïm & Lucie Olbrechts-Tyteca. 1969. *The New Rhetoric: A Treatise on Argumentation* [M]. South Bend, IN: University of Notre Dame Press.

[11] Perloff, R. M. 2017. *The Dynamics of Persuasion: Communication and Attitudes in the 21st Century* (Sixth Edition) [M]. New York and London: Routledge.

[12] Tindale, Christopher W. 2015. *The Philosophy of Argument and Audience Reception* [M]. Cambridge: Cambridge University Press.

[13] 陈小慰,2019."亲和翻译":提升公共翻译"有效性"的一个策略[J].上海翻译,2019(4):23-27+9.

[14] 陈小慰,2022.翻译修辞学与国家对外话语传播[M].浙江:浙江大学出版社.

[15] 范·爱默伦,弗朗斯,汪建峰,2019.介乎辩证理性与修辞有效性的论辩区间——弗朗斯·范·爱默伦教授访谈录[J].当代修辞学,(1):21-25.

[16] 胡范铸,张虹倩,胡亦名,2022.共同体构建视域下"共情修辞"的目标、问题、路径——兼论"元主体""他者意识""话语权补偿"概念[J].外国语,(6):2-11.

[17] 黄友义,2022.从翻译世界到翻译中国[M].北京:外文出版社.

[18] 李克,2022.叙事共情的修辞机制[J].外国语,(6):12-20.

[19] 刘亚猛,2008.西方修辞学史[M].北京:外语教学与研究出版社.

[20] 刘亚猛,2004.追求象征的力量:关于西方修辞思想的思考[M].北京:生活·读书·新知三联书店.

[21] 时闻,刘润泽,魏向清,2019.政治话语跨文化传播中的"术语滤网"效应与术语翻译策略反

思——"一带一路"话语传播为例[J]. 中国外语,(1):79-88.
[22] 王志伟,2012. 从戏剧主义与术语视屏看博克的语言哲学思想[J]. 外国语文,(4):58-62.
[23] 维柯,1989. 新科学[M]. 朱光潜,译. 北京:商务印书馆.
[24] 姚喜明,王惠敏,2009. 论肯尼斯·伯克语言观中的术语视界[J]. 上海大学学报(社会科学版),(6):122-130.

(责任编辑　张晓明)

毛泽东著作政治话语英译对比:基于语料库的考察*

西安外国语大学 黄立波**

摘 要:本研究运用语料库方法,尝试从毛泽东著作文本前50位高频主题词入手,构建毛泽东著作政治话语体系,从译出和译入视角对比 Selected Works of Mao Tse-Tung (《毛泽东选集》,SWM)、Collected Works of Mao Tse-Tung (《毛泽东集》,CWM)和 Mao's Road to Power: Revolutionary Writings, 1912—1949 (《毛泽东革命著作 1912—1949》,MRP)三种英译本对毛泽东政治话语体系呈现的差异,并解释其产生的原因。

关键词:毛泽东著作;政治话语体系;译入(正向翻译);译出(逆向翻译);语料库

Title: A Comparison between Direct and Inverse Translations of the Political Discourse of Mao Zedong's Works: A Corpus-based Investigation

Abstract: The present study employs the corpus approach and attempts to reconstruct the political discourse system of Mao Zedong from the top 50 high-frequency subject words in his works. A comparison is made between the three English versions of Mao's works, including Selected Works of Mao Tse-Tung (SWM), Collected Works of Mao Tse-Tung (CWM), and Mao's Road to Power: Revolutionary Writings, 1912—1949 (MRP) in terms of the direction of translation, namely, direct and inverse translations. The differences in representing Mao's political discourse system in English are detected, and the causes are discussed.

Keywords: Mao Zedong's works, political discourse system, direct translation, inverse translation, corpus

---

* 本文系国家社科基金项目"基于语料库的毛泽东著作英译中外对比研究"(15BYY035)阶段性成果。
** 作者简介:黄立波,西安外国语大学外国语言文学研究院教授,博士,博士生导师。研究方向:翻译学、语料库语言学和翻译文化史研究。联系方式:libohuang2003@hotmail.com。

1 引 言

"话语"通常对应英语 discourse 一词。根据 Pearce(2007:56),discourse 广泛应用于语言学、批评理论、文学研究、社会学、人类学、哲学、社会心理学等诸多学术领域,语言研究中,discourse 主要有三种含义:1)任何自然生成的比句子大的言语或书写片段;2)语言语境与其他各类语境,包括情境语境及更广泛的社会、文化和政治等语境的结合;3)与特定社会领域或惯例相联系的语言,如广告话语、网络话语等。本研究所讨论的政治话语与三种意义均相关,但与后两者更接近,即一方面与政治语境相结合,另一方面是与政治领域密切相关的语言使用。"体系"是指"若干有关事物或某些意识互相联系而构成的一个整体"(中国社会科学院语言研究所词典编辑室,2016:1288)。本研究将话语体系定义为:特定社会群体或个人在特定时期,针对特定对象或就特定问题进行讨论时所采用的言语模式,包括特定概念或术语,及其之间借助其他语项建立的逻辑关系。根据这一定义可发现,话语体系会因社会文化差异而不同,同一社会文化中也会随时间变迁而有差异。就政治话语而言,纽马克(Newmark,1991:147)指出,"政治语言的核心在于抽象概念术语",并且此类概念术语常可以是"孤立的、突显的和超语境的",同时又受价值观和文化局限。也就是说,概念术语是政治语言的核心,具有独立于语境的显著性,属于价值观及文化负载词的一部分。

毛泽东著作①话语自成体系,是完整而有序的语言系统,是现当代中国社会政治生活的语言缩影,一定意义上也是毛泽东思想,是国家意志的体现。毛泽东政治话语体系研究主要关注毛泽东著作中的核心术语概念及其相互关系。本研究借助语料库方法,尝试从毛泽东著作文本中的高频主题词(包括政治术语和非术语)入手,构建毛泽东政治话语体系,并从译出和译入视角考察 *Selected Works of Mao Tse-Tung*(《毛泽东选集》,SWM)、*Collected Works of Mao Tse-Tung*(《毛泽东集》,CWM)和 *Mao's Road to Power: Revolutionary Writings, 1912—1949*(《毛泽东革命著作 1912—1949》,MRP)三种英译本(其中,从翻译方向看,SWM 是由我国政府组织的国家翻译实践层面的译出,即从母语翻译到外语,亦称逆向翻译;CWM 和 MRP 属于国外组织或科研机构的译入,即从外语翻译到母语,亦称正向翻译)②对毛泽东政治话语体系的呈现,对比其差异

---

① 本研究所关注的毛泽东著作指诗词以外的其他所有文本形式。
② SWM 是由中宣部《毛选》英译委员会组织的英译本,1961—1965 年以 4 卷本形式由外文出版社出版;CWM 是 1978 年由美国联合出版物研究处(U.S. Joint Publications Research Service)出版的 10 卷本毛泽东著作英译,其参照底本是 1975 年香港近代史料供应社翻印日本学者竹内实主编的 10 卷本《毛泽东集》;MRP 是由美国毛泽东研究专家施拉姆(Stuart Reynolds Schram)主持的毛泽东著作 10 卷本翻译项目,项目开始于 1992 年,目前已出版 8 卷。关于三种译本详情可见王克非、黄立波(2021:3-4)。

并做出一定解释。

2 毛泽东政治话语体系构建

首先我们从中文版《毛泽东选集》1-4卷(以下简称《毛选》)频次100以上的前50个高频主题词入手,借助搭配考察,勾勒毛泽东政治话语体系概貌。

2.1 前50位高频主题词分类

据本研究统计,《毛选》形符数378 985,频次100以上的前50位主题词使用频次高达33 024词次,占《毛选》总词数的8.71%;类符数14 593,前50位高频词占总类符数的0.34%。这些高频主题词以名词为主,包含部分带有动词意味的名词,因而具有较好代表性,可以代表毛泽东著作的主题并作为构建毛泽东政治话语体系的基础。我们从语义及使用角度,将50个高频主题词划分为政治专有名词、政治普通名词、阶段性政治词语、政治理论词、哲学概念范畴词、主体普通名词和非主体普通名词7大类(如表1所示)。

表1 《毛选》1-4卷50个高频主题词分类

分　类	高频主题词
政治专有名词	中国、党、国民党、共产党、苏联
政治普通名词	革命、战争、敌人、斗争、政治、经济、军事、民族
阶段性政治词语	红军、围剿、抗日、农会、根据地
政治理论词	主义、帝国主义、阶级、无产阶级、资产阶级
哲学概念范畴词	矛盾、发展、问题、阶段、条件、事物、认识、过程、方法、世界、目的、时期、运动
主体普通名词	农民、群众、人民、民众、地主
非主体普通名词	工作、方面、战略、东西、情况、任务、力量、地方、县

表1中的高频主题词[①]几乎覆盖整个毛泽东著作文本,涉及多个领域。以这些高频主题词为核心,本研究借助语料库工具尝试构建毛泽东政治话语体系。也就是说,这些高频主题词可以作为毛泽东政治话语体系架构的基本节点词,以这些节点词为基础,考察其搭配与共现,就可以构建出毛泽东政治话语的基本框架。

2.2 前50位高频主题词的搭配词考察

我们从各个主题词的词簇(lexical cluster)入手,分析每一个主题词跨距左5右5

[①] 需要指出的是,如"苏联""农会""县"等个别词语,尽管词频较高,但与其他词语的共现不存在显著特征,限于篇幅以下不做深入讨论。

的搭配词模式,考察上述 7 类高频主题词的搭配规律。结合 WordSmith Tools 工具生成的频次 10 次以上(包含 10 次)的高频 3 词词簇,以及每个高频主题词左右各为 5 词的跨距,考察搭配词项的数量及活跃度,总结归纳围绕每一个高频主题词的毛泽东政治话语系统。

(1) 政治专有名词

政治专有名词"中国"3 词词簇频次最高的是"中国 革命 的"(163)①和"中国 人民 的"(144)两个三元结构,频次 10 次以上的 3 词词簇占到文本总词数的 0.30%,并且以"中国人民"和"中国革命"为主,说明在毛泽东著作中与"中国"一词搭配活跃度最高的词是"人民"和"革命"两词。"中国"一词右 1 位搭配词统计也证实了这一点,"人民"(416)位居第一,"革命"(290)位居第二。排在第三位以下的搭配词频次均在 60 以下。值得注意的是,"中国"左 1 位搭配词频次 10 次以上的词包括:反对(23)、援助(23)、进攻(20)、侵略(18)、说(16)、我们(16)、灭亡(13)、解决(12)、代表(10)、压迫(10)、懂得(10)共 11 个,其中高频的 5 个词(反对、进攻、侵略、灭亡、压迫)均是带有消极意义的动词。"中国"一词左 2、3、4 位搭配词第一位分别为帝国主义(61)、日本(45)、帝国主义(31)。根据左 5 和右 5 搭配词,可围绕"中国"一词对毛泽东话语做如下推理:面对帝国主义(包括日本)的反对(进攻、侵略、灭亡、压迫),中国人民的主要任务即革命。

就"党"一词的 3 词词簇看,最高频的词簇包括"党 的 组织"(45)、"我们 党 的"(42)、"国共 两 党"(39)、"两 党 的"(39)等结构。从频次 10 次以上的 3 词词簇中还可发现,今天中国官方话语中经常出现的话语方式:党的组织、党的建设、党的政策、党的领导、党的任务、党的干部、党的工作、(党)的领导机关、党(的)活动办法、党的路线等。根据"党"一词左 5 和右 5 搭配词可发现,毛泽东著作中"一党"的搭配,主要讨论国民党一党专政,论及"两党"时,则主要为国共两党之间的合作或统一战线。

"国民党"一词搭配中,3 词词簇频次最高的是"国民党 反动 政府"(34)、"国民党 政府 的"(32)两个结构。其余部分以及"国民党"一词的左 5 右 5 搭配模式显示,右搭配频次较高的主要是"反动""反动派""军队""统治区"等,左 1 搭配频次较高的动词包括:消灭、粉碎、反对、帮助、打倒等。右 1 位搭配词"合作"频次不高。

"共产党"一词的 3 词词簇中频次最高的是"共产党 领导 的"(22)和"共产党 八路军 新四军"(18)。左 1 位高频搭配动词包括:解散、发展、取消、消灭、反对、污蔑等,左 2 左 5 搭配词中"国民党"是一个高频词。说明"共产党"与"国民党"共现率高,主要呈现为"国民党"对"共产党"的"解散""取消""消灭""反对""污蔑"等意义。

(2) 政治普通名词

毛泽东文本中高频政治普通名词包括:革命、战争、敌人、斗争、政治、经济、军事、民

---

① 文中词语后括号中的数字为该词在文本中出现的次数,下同。

族等8词。其中,搭配活跃度最高的是"革命"和"战争"两词,这两个词也是1949年以前中国政治生活的主要内容。其次是"政治""经济"和"民族"。

"革命"一词频次10次以上的3词词簇有70多项,占文本总量0.35%,搭配活跃度高。其中最突出的3词词簇为"中国 革命 的"(173),与上文"中国"一词搭配特征相互印证,这两词在毛泽东政治话语中的共现率最高。"革命"一词左1位搭配词前30位名词包括:中国、民族、世界、人民、民主主义、国民、全国、无产阶级等名词,参加、领导、反对、指导、实行等动词;右1位搭配词前30位以名词为主,更为丰富,包括战争、力量、根据地、运动、斗争、事业、高潮、阶级、任务、党、势力、时期、统一战线、胜利、队伍、失败、精神、人民、发展、理论、实践、军事等。

"战争"一词最高频的3词词簇为"游击 战争 的"(89)、"的 游击 战争"(85)、"革命 战争 的"(54)。总体而言,左1位搭配强度最高的名词是"游击"和"革命"两词,其余前30位名词包括国内、帝国主义、民族、反革命、侵略、日本、自卫等;动词包括缩短、指导、进行、参加、解决等。右1位名词包括罪犯、问题、时间、时期、过程、发展、根据地、力量等。可以发现,其中问题、时期、过程、发展等词均属于表1中的哲学概念范畴词,说明高频主题词之间共现率也比较高。

"敌人"一词3词词簇主要有三种模式:1)修饰性结构"……的敌人",如"我们的敌人""革命的敌人""人民的敌人"等;2)动宾型结构"……敌人",如"消灭敌人""战胜敌人""歼灭敌人"等;3)名词性结构"敌人的……",如"敌人的力量""敌人的进攻"。其中以动宾型结构的左1位动词搭配词最为丰富,如反对、粉碎、对付、轻视、消耗、投降、打击、破坏等。

"斗争"一词3词词簇频次10次以上的较少,仅有5条,说明"斗争"一词在文本中的搭配活跃度相对较低。从左1右1搭配词看,主要以名词为主,且左1位搭配要比右1位搭配丰富:左1位名词搭配词包括武装、革命、群众、经济、民族、政治、解放、抗日、顽固派、人民、矛盾、土地改革等,右1位名词包括形式、方式、问题、胜利等。

"政治""经济""军事"这三个词出现的模式主要是"……上",三者之间共现程度较高,其中"政治"与"经济"共现度最高,"军事"与其他两词共现度相对较低。

"民族"一词与"抗日""统一战线""革命"等高频主题词共现度较高,亦属于搭配活跃度较高的词汇。右1搭配比左1搭配词要丰富得多,右1前30位的搭配名词包括:革命、压迫、战争、解放、利益、敌人、问题、斗争、团结、抗战、国家、工商业、矛盾、工业、解放战争、资本主义、独立、自决权、危机等;左1位则以动词为主,包括:反对、背叛、发展、出卖、建立等。

(3)阶段性政治词语

阶段性政治词语是指描述中国革命历史上特定时期的词语,这些词语在特定时期频次较高,搭配范围有限,但在毛泽东著作中依然属于高频主题词,充分体现这些时期在中国革命发展历史上的重要性。对这些主题词的高频使用也是毛泽东政治话语体系的一个重要部分。《毛选》高频主题词中的阶段性政治词语包括：红军、围剿、抗日、农会、根据地。

其中"红军"一词全称为"中国工农红军"，"红军"名称使用的时段是1927至1937年，抗战爆发后，国共实现合作，"红军"更名为"八路军"和"新四军"。"红军"一词左1位频次前30搭配词包括中国、扩大、主力、苏联、进攻、反对、承认、创造、加入、援助、根据地等；右1位频次前30搭配词包括主力、作战、第四军、士兵、大队、党内、改编、人员、根据地等。"围剿"一词与"红军"的共现率较高，主要是中国共产党领导下的红军对敌人"围剿"的五次反"围剿"。

"抗日"和"根据地"共现率非常高，同时"抗日"还与"民族""统一战线"等高频主题词共现率较高，"根据地"则与"革命""战争"等高频主题词共现率高。

（4）政治理论词

高频政治理论词主要有"主义"和"阶级"两类后缀词，以及由此衍生出来的高频词"帝国主义""无产阶级"和"资产阶级"。

"主义"一词单独运用较少，如"一个主义""两个主义""这个主义""那个主义"等，通常前面和一定名词搭配，产生出一系列特色新词。"主义"左1位前30位搭配名词包括：关门、民权、国际、军阀、盲动、地方、流寇、失败、命令、游击、逃跑、尾巴、堡垒、拼命、集中、空谈、排外、议会、侵略、军事、革命、家族、风头等，还包括陈独秀、迁就、团体、山头、反封建、阿Q、拳头、大汉族、报复等。在《毛选》中，各类"主义"搭配有314条，许多今天已经成为现代汉语常用词。相比而言，右1位搭配词项则较少。还有一类属于独立"主义"词，如频次最高的"帝国主义"，在《毛选》中频次为994次，占整个文本总词汇量的0.26%，覆盖60%以上文本。此外还有：主观主义、宗派主义、法西斯主义、投降主义等。以人名命名的主义还包括：托洛茨基主义、基马尔主义等。此外，还有一些多元组合"主义"词，如不抵抗主义、门户开放主义、"左"倾机会主义、"左"倾关门主义、民族革命主义、不承认主义、不抵抗主义、"左"翼空谈主义、"左"倾空谈主义、民主集中主义、农民革命主义、民族投降主义、阶级投降主义等。①

总体而言，许多"主义"词为毛泽东首创，成为其个人特色语言的一部分，也成为毛泽东著作政治话语的一部分。此类"主义"从色彩上大体可以分为积极意义和消极意义两大类，消极意义词的比例高于积极意义词，但积极意义词的频次和覆盖率要高于消极意义词。

"阶级"一词在相当长一段时间内，也是中国政治生活中的常用词，可以说这个词也是在毛泽东著作语言影响下达到广泛普及的。如《毛选》第一篇即为《中国社会各阶级的分析》，其中几乎包含了之后文本中所有出现频次较高的"阶级"搭配语，包括"无产阶

---

① 关于毛泽东著作中"主义"词的英译可参见石欣玉、黄立波(2022)。

级"和"资产阶级"。毛泽东著作中的"阶级"词可有如下分类：按社会阶层划分，如上层阶级、下层阶级、中层阶级、中间阶级、中等阶级、富有阶级等；按社会身份划分，如买办阶级、大买办阶级、农村阶级、农民阶级、富农阶级、封建阶级、土豪劣绅阶级、工农阶级、市民阶级、高利贷阶级、领导阶级、富农阶级、工农阶级、贫农阶级、绅士阶级、豪绅阶级、买办豪绅阶级、知识阶级等；按社会关系划分，如被压迫阶级、当权阶级、特权阶级、敌对阶级等；按政治观点及态度划分，如抗日阶级、反动阶级、反革命阶级、民主阶级、抗日阶级、革命阶级，以及一般性用法，如社会阶级、国内阶级等。其中，专有名词类"无产阶级""资产阶级"使用频率分别为0.09%和0.13%，文本覆盖率分别为29.75%和29.11%，且二者共现率较高。

（5）哲学概念范畴词

毛泽东著作中的哲学范畴词十分丰富，高频的包括矛盾、发展、问题、阶段、条件、事物、认识、过程、方法、世界、目的、时期、运动等。这些哲学范畴词也是7类高频主题词中数量最大的一类，均有较高搭配活跃度，说明毛泽东语言体现出一定的哲学语言特征。

其中，"矛盾""发展""问题"的3词词簇相对比较丰富。"矛盾"一词在《毛选》中的频次为579次，频率为0.15%，覆盖约26.58%的文本。此外，还包括"主要矛盾""基本矛盾"等专有名词。频次前10位的3词词簇表明，毛泽东著作语言几乎覆盖了现代汉语对矛盾的所有哲学性表达，如主要矛盾、次要矛盾、矛盾的普遍性、矛盾的特殊性等等。与其共现率较高的高频主题词包括阶级、民族等。"发展"一词既可作名词，也可作动词。从高频的3词词簇看，毛泽东著作语言中名词性"发展"频次高于其动词形式。名词性左1位搭配词包括事物、革命、经济、战争、历史、运动、时局等；右1位名词搭配词包括生产、过程、阶段、农业、游击、经济、合作社、工业等。"问题"一词也具有较高的搭配活跃度，几乎可以和上述每一类高频主题词构成名词性搭配结构，如中国问题、革命问题、红军问题、主义问题、矛盾问题、农民问题、工作问题等。

其余阶段、条件、事物、认识、过程、方法、世界、目的、时期、运动等词频次10次以上的3词词簇并不十分丰富，但这些词不仅构成了毛泽东政治话语的核心词汇，也是现代汉语政论性话语的词汇基础，其搭配都有一定的固定模式，限于篇幅此处不一一赘述。

（6）主体普通名词

毛泽东著作中的主体普通名词指用于表达人的概念词语，既包括集体概念也包括个体概念，但高频主题词中主要为集体概念，具体包括农民、群众、人民、民众、地主等。

"农民"是毛泽东政治话语体系中一个重要的高频主题词，在《毛选》中出现频次640次，频率0.17%，覆盖46.20%的篇幅。"农民"一词与高频主题词"阶级""群众""无产阶级""中国"等均有较高共现率。

如前文所述，主体普通名词中，"人民"(1 931次)一词频次仅次于"中国"(2 806次)和"革命"(1 950次)，频率0.51%，覆盖《毛选》82.28%的文本。此外，还有包含"人民"

的专有名词,如人民政府、人民解放军、人民大众、人民群众等,搭配活跃度非常高,尤其是与高频主题词共现率高,如中国人民、人民军队等。"群众"一词与"民众"同义,频次为743次,频率0.20%,覆盖整个文本的49.37%,在毛泽东政治话语中占有重要地位。除独立成词外,还包括:人民群众、群众性、群众组织、群众路线、群众运动、群众观点等用法。相比而言,"民众"频次相对较低,为199次,频率0.05%,覆盖率为29.95%。

"地主"频次306次,频率0.08%,覆盖34.18%的文本。从3词词簇搭配看,"地主"在毛泽东著作文本中多与"大资产阶级""富农""买办"等阶级词汇共现,且前搭配词多带有消极意义。如《毛选》文本中"地主"一词左1搭配词中主要动词和名词包括没收、封建、不法、打击、消灭、对待、推翻、地方、豪绅、反对、依靠、斗争等,其中多数带有消极意义。"地主"与以上"农民"一词有较高共现率。

(7) 非主体普通名词

毛泽东著作文本中的非主体普通名词既可以是抽象意义名词,也包括有具体意义的名词,具体包括工作、方面、战略、东西、情况、任务、力量、地方、县等。此类词语在毛泽东著作语言中频次高,搭配活跃度高,其在《毛选》中的频次、频率及文本覆盖率如表2所示。

表2 非主体普通名词的文本覆盖率

	频次	频率(%)	文本覆盖率(%)
工作	968	0.26	62.03
方面	527	0.14	64.56
战略	446	0.12	21.52
东西	390	0.10	31.01
情况	432	0.11	51.90
任务	457	0.12	51.90
力量	562	0.15	62.66
地方	437	0.12	56.33

根据表2,8个高频主题词的频率均在0.10%以上,其中"工作""方面""情况""任务""力量""地方"等6个词在《毛选》158个文本中的文本覆盖率均在50%以上。充分说明,这些高频非主体普通名词在毛泽东政治话语中的活跃度。

2.3 基于《毛选》的毛泽东政治话语体系

根据以上分析,本研究指出,毛泽东政治话语体系可以围绕上述高频主题词来构建。如前文所述,50个高频主题词所构建起来的话语可覆盖毛泽东1949年之前所有的政治文本话语,具体包括以下主要内容:中国人民、中国共产党的领导、阶级、中国革命、革命战争、革命斗争、红军根据地、国民党一党专制、国(民党)共(产党)合作、抗日民族统一战线、抗日根据地等。总体上可划分为三大类：第一，中国政治社会生活主体类，包括中国、人民、共产党、国民党、资产阶级、无产阶级、民族等；第二，中国政治社会生活主题类，包括革命、战争、抗日、斗争、政治、经济、军事等；第三，其他一般类社会性词语，如工作、任务、力量、矛盾、发展、问题等。

我们借助微词云工具生成前50位高频主题词的共现图(如图1所示)，来呈现毛泽东政治话语体系的概貌。通常高频的主题词会呈现于中央部分，字体越大说明频次越高，外围的主题词频次依次减小。

图 1　高频词所构建的话语体系

借助在线 SketchEngine 的 Word Sketch 功能，我们对毛泽东政治话语体系中的高频主题词搭配词项频次及强度进行统计，以"中国"为例①(如表3所示)。

表 3　高频主题词"中国"搭配词项的频次及强度(部分)

修饰语(Modifier)			宾语(Object_of)			领属项(Possession)			主语(Subject_of)		
词项	频次	搭配强度	词项	频次	搭配强度	词项	频次	搭配强度	词项	频次	搭配强度
人民	448	12.4	援助	20	10.1	命运	14	10.2	亡	6	10.0
共产党	315	12.2	侵略	17	10.0	革命	18	10.1	能	19	9.9
革命	294	11.8	使	29	9.6	战争	18	10.0	会	10	9.6
解放区	59	10.0	灭亡	12	9.5	抗战	10	9.6	变成	4	9.2
社会	39	9.4	变	11	9.4	经济	9	9.4	应该	5	9.0
无产阶级	34	9.2	进攻	12	9.3	特点	9	9.4	反	5	9.0

---

① 限于篇幅，本节仅对高频主题词"中国"一词的搭配结构以表格形式部分呈现，其余高频词从略。

续表

名词修饰语 (N_Modifier)			所属项 (Possessor)			间接宾语 (Indirect Object_of)			并列成分 (and/or)		
词项	频次	搭配强度	词项	频次	搭配强度	词项	频次	搭配强度	词项	频次	搭配强度
阶段	9	11.1	半殖民地	6	11.3	使	16	10.5	中国	8	11.8
现在	13	11.0	今天	7	11.2	强迫	4	10.4	日本	5	11.5
现时	9	11.0	现在	5	10.1	希望	4	10.4	苏联	4	11.2
今天	7	10.8	民主主义	6	10.0	要	4	9.5	共产党	6	10.9
目前	8	10.4	人民	4	10.0						

据统计,"中国"一词可作为修饰语(如中国人民、中国共产党)、宾语(如援助中国、侵略中国)、领属项(如中国的命运、中国的革命)、主语(如中国会亡吗?中国能……)、名词修饰语(如现阶段中国、现时中国)、所属项(如半殖民地的中国、今天的中国)、间接宾语(如使中国……、强迫中国接受……),以及并列成分(如中国和日本、苏联和中国)等。表3呈现了"中国"一词的每个搭配词项的频次和搭配强度。搭配强度值越高,说明高频主题词"中国"与其共现度越高。我们以高频主题词前50位中频次最高的"中国""革命""人民"和"战争"四个词为例,借助Word Sketch的可视化功能,将其搭配词的共现方式呈现如下(图2至图5)。

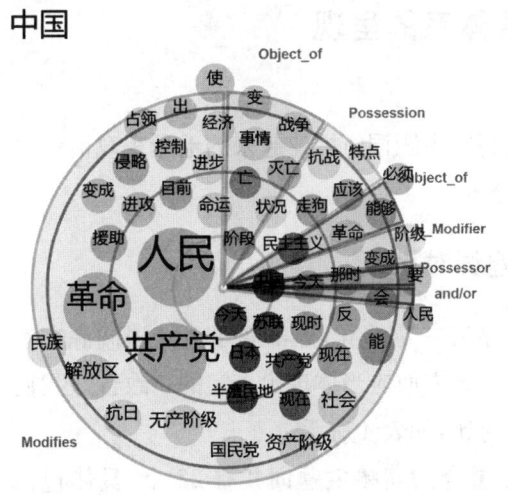

图2 "中国"的搭配词项

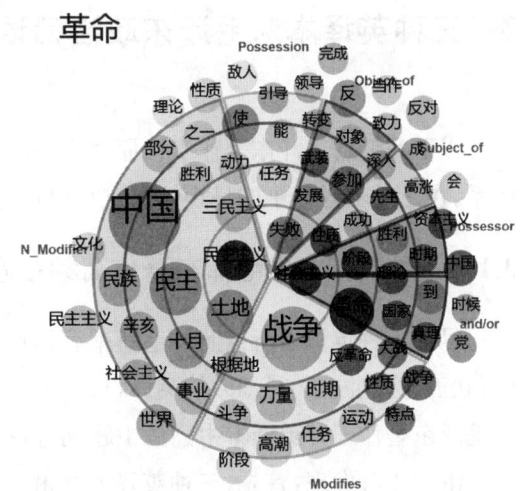

图3 "革命"的搭配词项

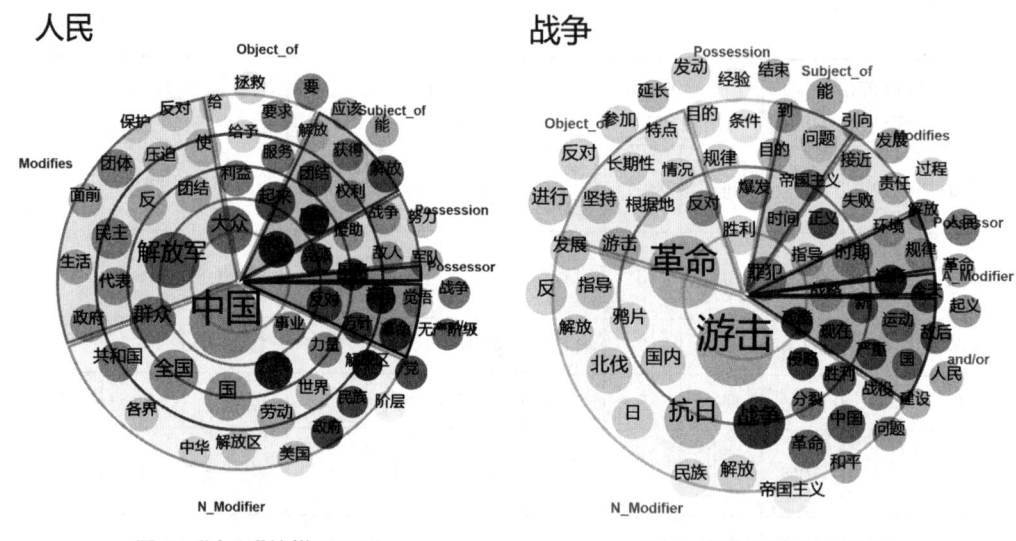

图4 "人民"的搭配词项　　　　图5 "战争"的搭配词项

图2至图5中,每个高频词的搭配词项都包括6—8类。搭配词气泡越大,说明其频次越高;其距离圆心越近,则说明其与该主题词搭配强度越高,共现率高。值得注意的是,每个高频主题词的搭配词项中,有很大一部分同时也属于高频主题词,说明这些高频主题词及其之间交叉互动,形成各类搭配结构,构成了毛泽东政治话语体系的主体框架。需要指出的是,不同类主题词的搭配词在深浅上也表现出一定差异,如"国民党"与"反动"的搭配比较丰富;"敌人"一词与"消灭""粉碎"等搭配频繁;"日本""帝国主义"等词与"打倒""侵略"等搭配比较丰富。

3　三种英译本对毛泽东政治话语体系的呈现

以下我们对毛泽东著作汉语原文中围绕高频主题词所构建起来的毛泽东政治话语体系,在三种英译本中的呈现情况进行对比分析。

3.1　三种英译本中毛泽东著作高频主题词对比

尽管三种英译本所参照的毛泽东著作底本有一定差异,但都属于对汉语同源文本(石欣玉、黄立波,2021:76)的英译,从高频主题词方面应当体现出一定的一致性。我们对毛泽东著作三种英译本中高频主题词进行对比,如表4所示。

由表4可发现:首先,三种英译本中相互重合的高频主题词共有22个,具体包括army、war、peasant(s)、party、enemy、revolution、forces、people、China、struggle、class(es)、time、masses、communist(s)、area(s)、committee(s)、work、imperialism、

表 4　三种英译本中毛泽东著作高频主题词对比

译本	前 50 位高频主题词	独特高频词汇
SWM	army; war; peasant(s); party; enemy; revolution; forces; people; contradiction(s); China; situation(s); struggle; class(es); time; stage(s); masses; bourgeoisie; communist(s); development(s); knowledge; area(s); committee(s); work; things; conditions; power; county(ies); suppression; change; process; base; encirclement; imperialism; Kuomintang; battle(s); landlord(s); practice(s); border(s); movement(s); front(s); proletariat; lines; union(s); fight(s); culture(s); strength; initiative; democracy; task(s); diehard(s)	contradiction(s); stage(s); bourgeoisie; development(s); knowledge; things; conditions; suppression; change; process; base; encirclement; battle(s); practice(s); border(s); proletariat; lines; union(s); culture(s); strength; initiative; democracy; task(s); diehard(s)
CWM	Soviet(s); peasant(s); army; land; masses; government; work; people; committee(s); area(s); China; worker(s); labor; township(s); party; war(s); article(s); time; Kuomintang; revolution(s); year(s); struggle; imperialism; movement; district(s); member(s); class(es); election(s); village(s); Japan; landlord(s); order; grain(s); investigation(s); chairman; enemy; meeting(s); congress; propaganda; soldier(s); forces; county(ies); imperialist(s); resistance; communist(s); world; nation; front; country; policy(ies)	labor; article(s); year(s); election(s); grain(s); chairman; meeting(s); congress; imperialist(s); nation
MRP	army; peasant(s); soviet(s); land; masses; people; party; enemy; work; forces; government; war; China; committee(s); revolution; worker(s); time; area(s); Guomindang; front; township(s); struggle; Japan; soldier(s); movement; country; order; troop(s); class(es); attack; landlord(s); district(s); situation(s); Chiang; propaganda; member(s); victory(ies); group(s); way(s); power; imperialism; village(s); fight; investigation(s); resistance; communist(s); guerrilla(s); policy(ies); world; warfare; principle(s)	troop(s); attack; Chiang; victory(ies); group(s); way(s); guerrilla(s); warfare; principle(s)

Kuomintang、landlord(s)、movement(s)、front(s)，占高频词总数的 44%。其中与《毛选》中文版前 50 位高频词中意义重合的有 20 个，占高频词总量的 40%，说明三种英译本在很大程度上比较一致地呈现了毛泽东著作的政治话语体系的主体。

其次，每种译本也呈现出一些各自独特的高频词汇，如 SWM 中的独特高频词包括：contradiction(s)、stage(s)、bourgeoisie、development(s)、knowledge、things、conditions、suppression、change、process、base、encirclement、battle(s)、practice(s)、border(s)、proletariat、lines、union(s)、culture(s)、strength、initiative、democracy、task(s)、diehard(s)等，共计 24 个，占高频总词数的 48%。英语译文中这些高频主题

词与汉语高频主题词有较高对应率,且这些高频词在 CWM 和 MRP 中频次相对较低;CWM 中的独特高频词汇包括:labor、article(s)、year(s)、election(s)、grain(s)、chairman、meeting(s)、congress、imperialist(s)、nation 等 10 个词,占高频词总量的 20%,这些独特高频词中尤其值得关注的是 imperialist(s)和 nation,这两个词语在其它两种译本中频次相对较低;MRP 中的独特高频词汇包括:troop(s)、attack、Chiang、victory(ies)、group(s)、way(s)、guerrilla(s)、warfare、principle(s)等 9 词,占总高频词汇的 18%。

除上述三种译本之间存在 22 个重合高频词外,两两比较情况下,SWM 和 CWM 重合的高频词仅有 county(ies) 1 个词,SWM 与 MRP 的重合高频词还包括 situation(s)、power 和 fight(s) 3 个。相比而言,CWM 和 MRP 重合高频词则有 Soviet(s)、land、government、worker(s)、township(s)、district(s)、member(s)、village(s)、Japan、order、investigation(s)、propaganda、soldier(s)、resistance、world、country、policy(ies)等 17 个,占高频词总量的 34%。

3.2 具体高频词在三种英译本中搭配对比

高频主题词可体现政治话语体系的主体架构,但孤立的词汇并不一定能够展示整个话语体系。以下以 SWM、CWM 和 MRP 三个版本中重合的 5 个具体高频词为例,借助 Voyant Tools 的可视化工具 word tree 功能,考察同一高频词在三种英译本中的总体呈现方式异同。

(1) war

《毛选》文本中"战争"一词属于高频主题词,其对应项 war 在三种英译本中同样为高频主题词,但其在三种英译本中的使用却表现出一定差异(如图 6 所示)。

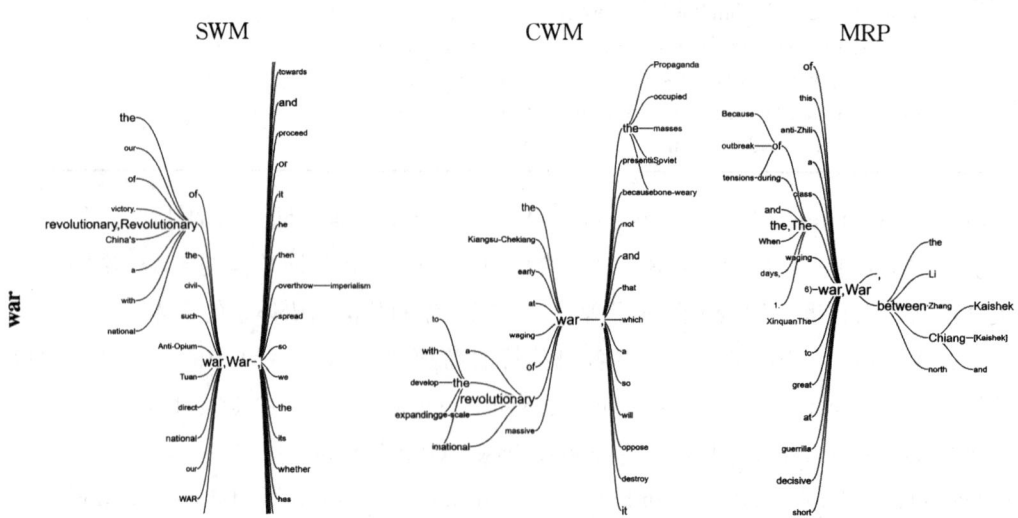

图 6 高频主题词 war 在三种英译本中的搭配共现

根据图 6,SWM 中 war 最突出呈现的内容是 China's revolutionary war,同时包含 national revolutionary war、civil war、Anti-opium war 等,与动词结构的搭配如 overthrow imperialism;CWM 中 revolutionary war 同样比较突出,不仅包含 national revolutionary war,还包括 Kiangsu-Chekiang war(江浙战争)等局部战争表述,主要搭配动词如 waging war;MRP 中 war 一词的树图未体现出"革命战争"的突出地位,反而关于军阀战争的表述比较突出,如 war between Li/Zhang/Chiang Kaishek/north and…等。

(2) party

party 一词同样属于高频主题词,其在三种英译本中的词语树图如图 7 所示。

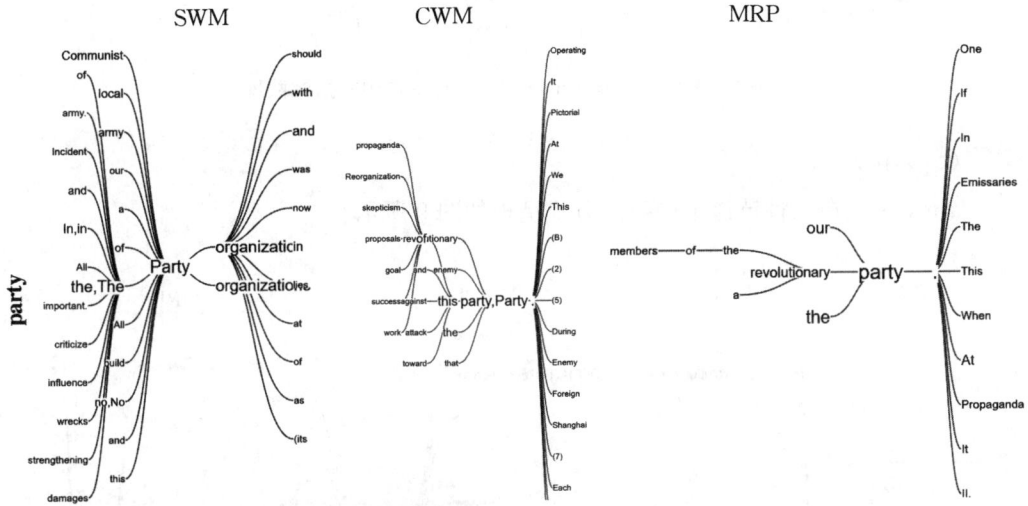

图 7　高频主题词 party 在三种英译本中的搭配共现

根据图 7 所示,party 在三种英译本词语搭配中,SWM 突出的内容包括 communist party organization、local party organization、army party organization 等,搭配动词主要是 should、was、lies 等;CWM 中突出呈现的内容包括 revolutionary party、propaganda/reorganization/skepticism/proposals/goal/success/work of this party 等;MRP 中 party 呈现的信息主要是 revolutionary party、our party 等。

(3) China

China 一词在三种英译本中搭配方式呈现如图 8 所示。

根据图 8 所示,SWM 中 China 一词的树图呈现最突出的主题信息是:the sharp contradiction/national contradiction/antagonism between China and Japan;CWM 中 China 的主要搭配包括:problems/Nationalists/colleges/agriculture/organizations/warlords/masses/fact of/in China 等;MRP 中关于 China 的主要信息包括:farming/warlords/class/situation/industries in China、semicolonial China、save China、unified China 等。

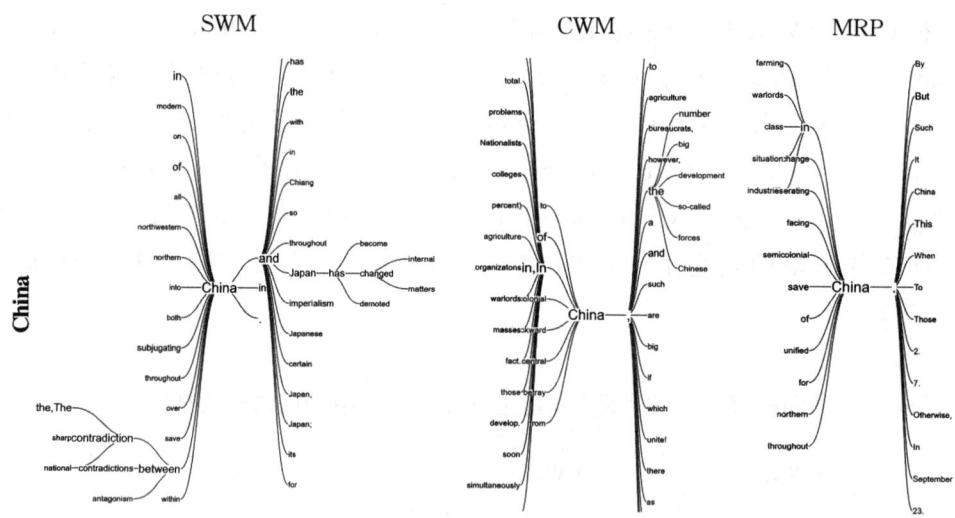

图 8 高频主题词 China 在三种英译本中的搭配共现

(4) army

army 一词在三种英译本中搭配方式呈现如图 9 所示。

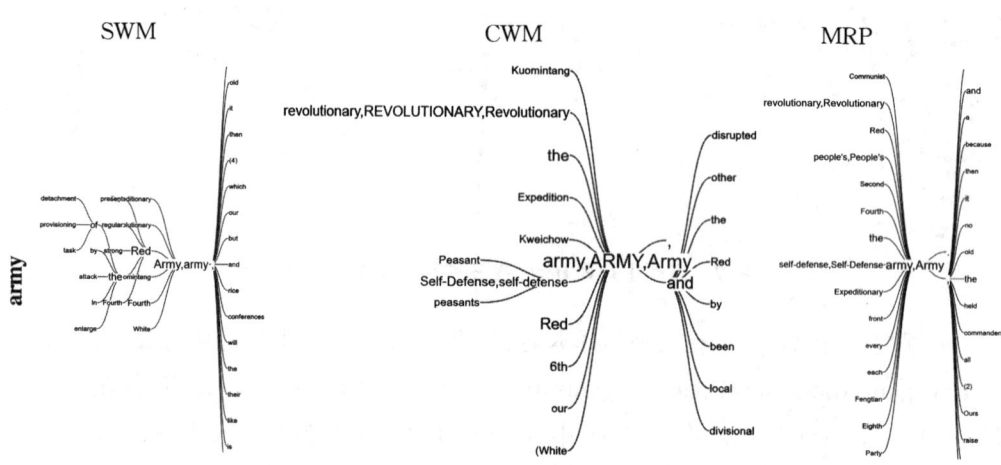

图 9 高频主题词 army 在三种英译本中的搭配共现

根据图 9,SWM 中 army 最突出的搭配呈现为 the Red Army,还包括 revolutionary army、Kuomintang army、(the New)Fourth Army、White army 等;CWM 呈现最突出的信息是 revolutionary army、peasant(s)army、self-defense army,此外还包括 Kuomintang army、Expedition army、Kweichow army、Red army、(the)6th army、White army 等;MRP 中呈现的搭配信息总体与 CWM 相似。

(5) revolution

revolution 一词在三种英译本中搭配方式呈现如图 10 所示。

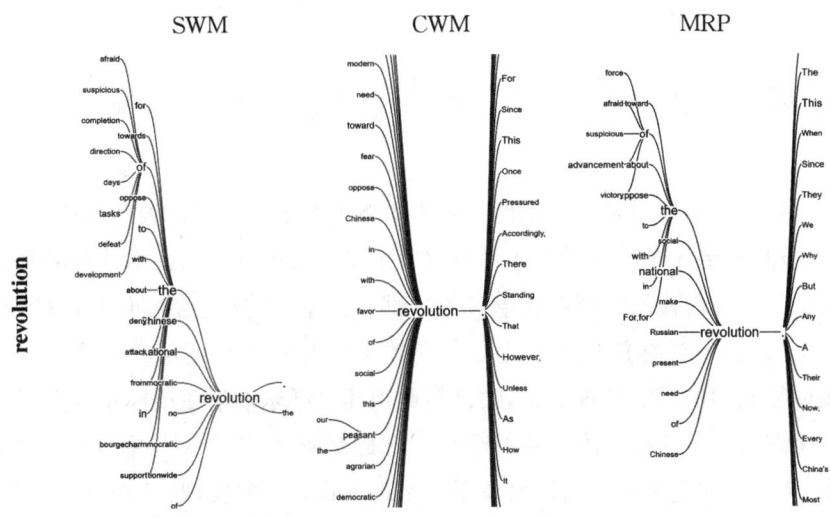

图 10　高频主题词 revolution 在三种英译本中的搭配共现

根据图 10，SWM 中 revolution 的搭配词以形容词、名词最突出，包括 afraid of the revolution、suspicious of the revolution、completion of the revolution、direction of the revolution、days of the revolution、tasks of the revolution、defeat of the revolution、development of the revolution、bourgeoisie revolution、Chinese revolution、national revolution、democratic revolution 等，动词搭配包括 deny、attack、oppose、support 等；CWM 中 revolution 的形容词、名词搭配词包括 modern revolution、Chinese revolution、social revolution、agrarian revolution、democratic revolution、peasant revolution 等。搭配动词包括 need、fear、oppose、favor 等；MRP 中与 revolution 搭配的形容词、名词包括 afraid、suspicious、social、national、Russian、present、Chinese、advancement、victory，搭配动词主要包括 force、oppose、make、need 等。

总体上，就《毛选》所展示的毛泽东政治话语体系看，译出文本 SWM 与两种译入文本 CWM 及 MRP 之间存在一定差异，主要表现在：译出文本 SWM 与《毛选》原作体现出的政治话语体系整体符合度较高；两种译入文本 CWM 和 MRP 则因所依据汉语底本篇目和数量的相似性，二者体现出较多一致性，但就毛泽东政治话语体系的英文呈现看，与译出文本 SWM 存在显著差异。但值得关注的是，MRP 与 SWM 之间也表现出一定的一致性，本研究认为其中一个原因在于 MRP 是开始于 20 世纪 90 年代以后的翻译活动，并且是建立在毛泽东研究基础上的学术性项目，其在一定程度上参照了中国官方版 SWM 译文。相比而言，CWM 完成于 20 世纪 70 年代，并且是一种非学术行为，翻译活动更注重源文本的信息功能。也就是说，时代因素以及对待源文本的态度均是导致不同译文呈现差异的因素。

4 结　语

毛泽东政治话语体系是以一系列特定术语概念及个性化语言表达形式为基础的语言集合。可以说,毛泽东政治话语体系不仅奠定了当代中国政治话语体系的基础,同时许多表达也已成为现代汉语经典化语言的一部分。本文将《毛选》前50位高频主题词划分为7个大类,从高频主题词搭配入手,考察分析高频主题词与其他话语形式,以及高频主题词彼此间的搭配共现关系,尝试借此构建毛泽东政治话语体系框架,并借助可视化工具呈现毛泽东政治话语体系的概貌。在此基础上,同样对三种英译本从高频主题词入手,考察其对毛泽东政治话语体系的呈现方式。研究发现:三种英译本在很大程度上比较一致地呈现了毛泽东著作政治话语体系的主体,但每种译本也呈现出一些独特性;对同一高频词搭配结构在三种英译本中呈现方式对比分析发现,三种英译本在细节方面体现出一定差异。本研究认为,底本选择、成文时代、对待源文本的态度等因素会对译出与译入文本呈现源文本话语体系的方式产生一定影响。

参考文献

[1] Mao, T. 1961. *Selected Works of Mao Tse-Tung* (Vol. 4)[M]. Peking: Foreign Languages Press.

[2] Mao, T. 1965a. *Selected Works of Mao Tse-Tung* (Vol. 1)[M]. Peking: Foreign Languages Press.

[3] Mao, T. 1965b. *Selected Works of Mao Tse-Tung* (Vol. 2)[M]. Peking: Foreign Languages Press.

[4] Mao, T. 1965c. *Selected Works of Mao Tse-Tung* (Vol. 3)[M]. Peking: Foreign Languages Press.

[5] Mao, T. 1978. *Collected Works of Mao Tse-Tung(1917—1949)* (Vol. 1 - 10)[M]. Arlington: Joint Publications Research Service.

[6] Newmark, P. 1991. *About Translation*[M]. Clevedon: Multilingual Matters.

[7] Pearce, M. 2007. *The Routledge Dictionary of English Language Studies*[Z]. London: Routledge.

[8] Schram, S. R. (ed.) 1992. *The Pre-Marxist Period, 1912—1920. Mao's Road to Power: Revolutionary Writings 1912—1949*(Vol. 1)[M]. New York: M. E. Sharpe.

[9] Schram, S. R., and Hodes, N. J. (eds.) 1994. *National Revolution and Social Revolution December 1920—June 1927. Mao's Road to Power: Revolutionary Writings 1912—1949* (Vol. 2)[M]. Armonk: M. E. Sharpe.

[10] Schram, S. R., and Hodes, N. J. (eds.) 1995. *From the Jinggangshan to the Establishment of the Jiangxi Soviets July 1927—December 1930. Mao's Road to Power: Revolutionary Writings 1912—1949* (Vol. 3)[M]. Armonk: M. E. Sharpe.

[11] Schram, S. R., and Hodes, N. J. (eds.) 1997. *The Rise and Fall of the Chinese Soviet Republic: 1931—1934. Mao's Road to Power: Revolutionary Writings 1912—1949* (Vol. 4)[M]. Armonk: M. E. Sharpe.

[12] Schram, S. R., and Hodes, N. J. (eds.) 1999. *Toward the Second United Front January 1935—July 1937. Mao's Road to Power: Revolutionary Writings 1912—1949* (Vol. 5)[M]. Armonk: M. E. Sharpe.

[13] Schram, S. R., and Hodes, N. J. (eds.) 2004. *The New Stage August 1937—1938. Mao's Road to Power: Revolutionary Writings 1912—1949* (Vol. 6)[M]. Armonk: M. E. Sharpe.

[14] Schram, S. R., and Hodes, N. J. (eds.) 2005. *New Democracy 1939—1941. Mao's Road to Power: Revolutionary Writings 1912—1949* (Vol. 7)[M]. Armonk: M. E. Sharpe.

[15] Schram, S. R., Cheek. T., and Hodes, N. J. (eds.) 2015. *From Rectification to Coalition Government 1942—July 1945. Mao's Road to Power: Revolutionary Writings 1912—1949* (Vol. 8)[M]. New York: Routledge.

[16] 石欣玉,黄立波,2021.毛泽东著作英译与国家形象建构:基于语料库的考察[J].外语教学,42(3):75-81.

[17] 石欣玉,黄立波,2022.基于语料库的"主义"词译出译入对比研究[J].语料库语言学,9(2):61-80.

[18] 王克非,黄立波,2021.基于语料库的毛泽东著作英译宏观语言特征分析[J].翻译季刊,(98):1-17.

[19] 中国社会科学院语言研究所词典编辑室,2016.现代汉语词典(第7版)[Z].北京:商务印书馆.

(责任编辑 张晓明)

视听翻译新热点:中国无障碍电影研究
——一项焦点小组访谈的调查*

上海外国语大学 肖维青
巴塞罗那自治大学 刘禹辰**

摘 要:口述影像(audio description)与听障字幕(subtitling for the deaf and hard of hearing)属于基于翻译的媒介可及性服务,与视听翻译(audiovisual translation)有一定重合。媒体可及性的研究于本世纪初开始在西方兴盛,也是视听翻译研究的新热点。在国内,大众比较熟悉的"无障碍电影"这个概念,主要是指配备口述影像或听障字幕的电影。随着中国无障碍电影的发展,很多相关概念与认识有待学界进一步厘清界定。有鉴于此,本研究通过焦点小组访谈的方式,邀请了七位来自不同学科背景的受访者,共同探讨无障碍电影的现状、未来发展以及相关理论问题,并提出了建设性的解决方案,旨在对未来中国无障碍电影和媒介可及性研究正本清源,推动视听翻译发展,并对翻译研究的学科版图贡献新的视角。

关键词:媒介可及性;视听翻译;无障碍电影;口述影像;听障字幕

Title: A New Trend in Audio-visual Translation: A Study of Barrier-free Films in China—Based on a Focus Group Interview

Abstract: Media accessibility, with audio description and subtitling for the deaf and hard of hearing as two of its major forms, intersects with audio-visual translation. Media accessibility came into the spotlight in the West at the beginning of

---

* 本文系国家社科基金重大招标项目"中国电影翻译通史"(20&ZD313)子课题阶段性成果。刘禹辰为本文通讯作者。论文整理得到李颖老师的大力协助,在此谨致谢忱。

** 作者简介:肖维青,上海外国语大学英语学院教授、博士生导师。研究方向:视听翻译、翻译教学。联系方式:wqxiao@shisu.edu.cn。刘禹辰,巴塞罗那自治大学博士生,研究方向:视听翻译、媒介可及性。联系方式:Yuchen.liu@uab.cat。

this century, becoming now a new trend in audio-visual translation studies. In China, the public is more familiar with the concept of "barrier-free films", referring to films with audio description and subtitling for the deaf and hard of hearing. With the development of barrier-free films in China, many related concepts need to be further clarified. Therefore, this study invited seven interviewees from different disciplines to discuss the current situation, future development, and theoretical issues of barrier-free films through a focus group interview, and to propose constructive solutions. It aims to clear the doubts in the study on barrier-free films and media accessibility in China, to promote the development of audio-visual translation, and to contribute new perspectives to translation studies.

Keywords: media accessibility; audio-visual translation; barrier-free films; audio description; subtitling for the deaf and hard of hearing

1 引 言

人类文化教育和休闲娱乐的发展不断得到视听技术的助力,但视听障碍者却无法和健常人①一样,享受科技带来的福祉。世界卫生组织数据显示,全球共有视障人数超过 22 亿,约占全球人口总数 28％,听障人数超过 15 亿,约占全球人口总数 19％②,其中中国视听障碍人数最多。为满足视听障碍人士的文娱需求,口述影像③(audio description)和听障字幕④(subtitling for the deaf and hard of hearing)应运而生。口述影像是一种将画面翻译为语言的符际翻译,通过对场景、角色和动作等进行描述,帮助视障群体欣赏电影电视、戏剧表演和博物馆展览等。听障字幕和标准字幕一样,由屏幕

---

① 李东晓(2020)对如何指涉非残障者进行了相关论述,她采用了"健常人",而非"健康人""健全人""正常人"这些表达,原因之一在于避免对残障者的污名化。本文我们沿用其研究使用的"健常人"的表达。
② https://www.who.int/news-room/fact-sheets/detail/blindness-and-visual-impairment & https://www.who.int/health-topics/hearing-loss#tab=tab_1 最后访问:2022-04-21。
③ "audio description"在中文中目前没有一个固定的术语翻译,由于这个术语的中文翻译属于焦点小组讨论的问题之一,本文采取了受访者最认同的翻译方式,即"口述影像"。相关具体论述见本文第四部分。
④ "subtitling for the deaf and hard of hearing(SDH)"这一表述主要用于欧洲,本文我们进行了一个字面翻译,听障者包括听力损失程度不同的聋人(D/deaf)和重听人(hard of hearing),其在美国对应的说法是"closed captioning(CC)",可译为隐藏式字幕。

底部的对话文本组成,但还包括对其他重要听觉信息,如对音乐、声效的解释,帮助听障者理解电视电影节目。在西方,随着口述影像和听障字幕实践的快速发展,媒介可及性(media accessibility)①的研究于本世纪初开始兴盛,当时认为其隶属于视听翻译,有时还包括口述字幕(audio subtitling)和手语翻译(Greco,2018/2019)。

在欧洲,口述影像和听障字幕的实践与研究主要设置在翻译学科下,高校本科与硕士课程皆有涵盖,如巴塞罗那自治大学(Universitat Autònoma de Barcelona)视听翻译课程中有"口述影像和听障字幕"的教学模块,英国罗汉普顿大学(University of Roehampton)视听翻译课程中也有"媒介可及性:口述影像、听障字幕和重述"的教学模块。随着口述影像和听障字幕的发展,有学者开始认为,媒介可及性等同于视听翻译(Greco,2018/2019),因为除了感官障碍,狭义的视听翻译涉及的是语言障碍,如字幕翻译、配音译制等;而不论语言障碍,还是感官障碍,视听翻译都是克服障碍,和媒介可及性一致。最近,有不少西方学者呼吁无障碍(可及性)研究(accessibility studies)应当作为一门更广泛的、系统的独立学科。媒介可及性作为其子学科,与视听翻译有所交叉,却不完全等同,比如口述字幕——将标准字幕读出来,就不涉及翻译(Greco,2018/2019;Greco & Jankowska,2020)。

而在我国,民众比较熟悉的是"无障碍电影"这个概念。无障碍电影是指为了方便视听障碍群体"观看",经过加工后的电影。"它在原创电影的基础上,对剧情、人物、画面等添加必要的旁白解说、字幕或者手语,帮助视听障碍群体理解电影情节。"(王莉,2021:215)一般来说,无障碍电影多涉及媒介可及性中的口述影像和听障字幕。但因为无障碍电影这个术语相较口述影像和听障字幕更通俗易懂,所以在中国得到普遍接受,也是目前业界最常用的术语之一。从学术视角看,媒介可及性、视听翻译和无障碍电影三个术语相互交叉重叠,值得进一步探讨和研究。

国内对于无障碍电影的研究刚刚起步,呈现不成体系、数量零散、时间跨度小、描述性研究为主、研究深度不足、研究人员少且与西方学界缺乏沟通的情况,涉及受众的接受研究也十分欠缺(Leung,2018;Tor-Carroggio,2020)。此外,国内为数不多的无障碍电影研究学者,也都来自不同的学科,以传媒和翻译为主,互相缺乏跨界交流。因此,本研究通过焦点小组的方式,邀请七位来自不同学科背景的中国学者和无障碍电影践行者进行深度交流,主要是对无障碍电影及其所属的媒介可及性的相关术语表述、国内发展现状和研究方向进行初步探索;并希望以此促进中国无障碍电影研究的长足发展,为视听翻译和媒介可及性研究提供不同的视角。

---

① "media accessibility"在中文中目前没有一个固定的术语翻译,由于这个术语的中文翻译属于焦点小组讨论的问题之一,本文采取了受访者最认同的翻译方式,即"媒介可及性"。相关具体论述见本文第四部分。

2　文献综述

笔者就"媒介可及性""无障碍电影"与"口述影像"几个术语进行了中文文献搜索。以"媒介可及性"为主题,中国知网共出现128条结果①,基本都是与新媒体或数字技术发展有关,与本文所界定的主要针对视听障碍者的无障碍电影服务相关性不强,所以本文对这些文献不予考虑。

在中国知网搜索以"无障碍电影"为主题的学术期刊与论文时,出现70条结果②,时间跨度为2011年至2022年,所属学科背景主要为图书情报与数字图书馆(25.27%),这可能与公共图书馆是无障碍电影的主要实践机构有关(罗杏芬,2019),戏剧电影与电视艺术(19.78%)和新闻与传媒(10.99%),其中核心期刊17篇(24.29%)。搜索到的文献中,大部分是对中国无障碍电影现状的描述或反思,不少是基于无障碍电影践行者的个人经验。2021年我国《著作权法》修订和《马拉喀什条约》批准时,部分学者就其对视障者使用无障碍服务的影响进行了探讨,涉及无障碍电影的电影版权问题(王迁,2013;郭芯宁,2021;蔡斐、王啸洋,2021)。马卫(2020)的专著《无障碍电影:向善向美之路》以"无障碍电影"为题,实则重点关注口述影像,作者根据多年撰稿经验以及与口述影像团队的合作与交流,总结了中国电影口述影像的历史,提出了对于中国口述影像撰稿方法的建议。

中国口述影像的研究最早可追溯到台湾传播学专家赵雅丽,她于2002年出版了有关口述影像理论的专著,从符号学和传播学等角度对口述影像进行解读。截至目前③,中国内地有关口述影像的研究主要也来自传播学领域(李东晓,2013;潘祥辉、李东晓,2013;吴宗艺、谢桢桢,2015;李东晓、熊梦琪,2017/2019;袁伟,2018;高晓虹、陈欣钢,2019;李东晓,2020;赵希婧、李超鹏,2021)。香港城市大学的鄢秀和罗康特(2019)还发现在国内口述影像为主题的文献中,大多数文献将无障碍电影等同于口述影像,且主要关注口述影像的社会意义和推广策略。从翻译学角度出发,研究口述影像的成果则更少,且关注点各不相同(鄢秀、罗康特,2019/2021;肖维青、董琳娜,2019;蒋莉华、李颖,2020)。针对口述影像的定义和学科定位,鄢秀和罗康特(2019)梳理了口述影像在视听翻译范畴下的学科定位、研究和实践现状,并指出口述影像培训和研究面临的相关问题及解决方案,认为口述影像拓宽了翻译学科的视野。这两位香港城市大学的学者(2021)还介绍了"作者口述影像"这一由导演主导的口述影像制作模式,通过分析电影中作者口述影像的特点,探讨了口述影像实践中的导演意图和主客观性问题,结合电影

---

①②③　最后访问:2022-04-21。

学研究,为翻译学跨学科研究提供了启示。有关技术在口述影像中的运用,肖维青和董琳娜(2020)在上海视障人群中开展了语音合成口述影像和真人声音口述影像的接受度比较的探索性研究。蒋莉华和李颖(2020)从多模态视角出发,对口述影像进行多模态话语分析,发现口述影像需要将视觉、音效和对话等多模态的信息整合口述提供给视障者,是一种复杂的翻译过程。

然而,上述研究成果都是以汉语呈现,使国内和西方学术界在相关领域的交流比较困难,这也可能是西方学术界对中国无障碍电影相关情况所知甚少的原因之一。但也有翻译学领域的学者通过在国际上发表英文论文,试图弥补西方与我国关于无障碍电影和媒介可及性的知识鸿沟。杨慧仪(Yeung,2007)对中国台湾和香港的口述影像发展情况做了一个简要的概述,并分享了她于2006年起在香港将口述影像引入大学翻译课堂的经验和反思。梁凯程(Dawning Leung,2018)的博士论文作为一项接受研究(reception study),调查了中国香港口述影像用户在撰稿方面的偏好。董琳娜(Tor-Carroggio)在撰写博士论文期间也进行了一系列关于中文口述影像的调查,涉及口述影像从业人员的情况(Tor-Carroggio & Casas-Tost,2020)、口述影像受众对该服务的看法(Tor-Carroggio,2021)、中文和西方口述影像撰稿指南的对比(Tor-Carroggio & Vercauteren,2020)以及用语音合成代替人声解说的接受研究(Tor-Carroggio,2020)。也有学者通过案例分析(Liu & Tor-Carroggio,2022a/2022b)和语料库分析(Liu,et al,2022)的方式对中文和西班牙语口述影像撰稿方式进行了对比研究。

3 研究方法

"焦点小组访谈作为一种质性研究方法,可以让研究者更加深入全面地了解受访者对其研究对象特定方面的想法和意见,可以获得其他研究方法(如直接观察、问卷调查等)难以获得的真知灼见。"(Saldanha & O'Brien,2014:169)焦点小组一般由6到10位受访者组成,有线上(分为即时或非即时)和线下的不同形式,时间多在一到两个小时左右。"受访者间的互动性是焦点小组区别于针对个人的采访的主要特征,且其互动过程是突发的、动态的且不可复制,除了可以加深受访者已有的观点、态度和信念,他们之间的互相交流还有助于激发新想法或对已有想法进行新的思考,这对行动研究尤其重要。"(Saldanha & O'Brien,2014:173-174)

本研究鉴于其探索性性质,采取了焦点小组的研究方法:笔者首先设计了一个采访大纲,共有10个问题,以便于将讨论集中在本文的研究兴趣上,有助之后的数据提取与分析。访谈问题主要涉及无障碍电影的三个方面:发展现状、相关的理论问题和未来趋势。

本文在招募受访者时采用了目的抽样。由于跨学科性是一个新的研究领域建立过程的特点之一,而国内研究领域涉及无障碍电影或媒介可及性的学者相当有限,且大多来自不同学科,本文选择了来自不同学科背景的七位受访者。他们主要来自传媒学或翻译学领域,其研究受众涉及视障和听障两个群体。由于七位受访者和主持人所处的时区不同,很难将所有受访者全部安排在一次访谈中,在统筹了大家方便参会的时间后,分别进行了两次线上的焦点小组访谈,其对应的会议时间及受访者信息如下表所示。

焦点小组受访者基本信息

会议场次	受访者	工作机构/院校	研究领域
第一次焦点小组访谈: 19/02/2022 (2小时)	韩颖	上海光影之声无障碍影视文化发展中心负责人	无障碍电影
	金海娜	中国传媒大学	视听翻译、电影史、翻译史、跨文化传播
	林皓①	上海外国语大学	手语语言学、手语翻译、手语文化
	肖维青	上海外国语大学	翻译教学、视听翻译
第二次焦点小组访谈: 24/02/2022 (2小时)	桂笑东	中国传媒大学	视听传播、新媒体
	李东晓	浙江大学	媒介社会学、政治传播、媒介文化
	张晓春	英国布里斯托大学②	游戏本地化、媒介可及性、视听翻译、翻译技术

在征得七位受访者的同意后,笔者对两次焦点小组访谈进行了录音。受访者均同意在本研究中以实名出现。访谈结束后,笔者对录音进行了逐字转录。两次访谈共计四小时左右,转录文本总计约6.5万字。随后,根据访谈的问题提纲,笔者通过使用Nvivo12对两次访谈的内容进行了编码分析和信息提取。

4 结果与讨论

访谈结果的分析和讨论主要围绕采访大纲所涵盖的三个主题展开:无障碍电影的发展现状;与无障碍电影研究相关的理论问题;与无障碍电影未来发展相关的问题。

4.1 无障碍电影的发展现状

4.1.1 实践现状

在我国,口述影像涉及的主要视听作品是电影。关于为什么国内的口述影像没有

---

① 采访时,林皓在哈佛大学访学。
② 张晓春现供职于伦敦大学学院。

涉及电视节目,李东晓认为这是因为在我国电视节目是一个很复杂的体系,相对来说,电影无障碍化的难度更小。视障人士的观影方式主要分为线上和线下两种。线下即为去电影院观看无障碍电影,通常影院会提供现场口述影像的服务。桂笑东提出其所在的"光明影院"项目正在做一些技术研发,这项技术可为视障人士在影院观影时提供专用设备,在设备中播放事先录制好的口述影像。韩颖也提及其团队所制作的视听一体无障碍电影。对于线上和线下这两种无障碍电影观影方式,视障人士偏向于去电影院观影,一方面是因为他们觉得这是把自己和健常人平等对待的方式之一;另一方面,李东晓从传播研究和媒介研究的角度出发,考虑到视障者因为出行不便,其社交生活相当封闭,再加上去电影院观看无障碍电影多是免费,这满足了李东晓和桂笑东指出的线下观影为视障者提供的社交功能和公共生活参与的功能,与刘禹辰等(2021)进行一项有关中文口述影像的接受研究的结论之一一致。

  与视障人士相比,听障人士在观看视听作品时障碍相对较小,但韩颖认为听障字幕仍很有必要,因为听障字幕有助于保证听障人士的观影质量。韩颖所处的无障碍电影团队光影之声,自2021年起开始尝试做听障字幕,目前已经为十几部电影制作了听障字幕。在听障字幕的制作方法上,韩颖介绍其团队以视听作品原有字幕为标准,在其基础上进行加工,做成听障字幕。听障字幕制作过程与制作口述影像相比,难度更低、速度更快。尽管如此,视听作品后期导入听障字幕的工作的难度并不亚于口述影像的后期制作。经过与听障人士的调研,部分听障人士反映电影原字幕质量不高,有字幕不清晰、字体太小、字数太多等问题。因此,韩颖团队确立了听障字幕的制作规范,相关要求包括黑底白字和用符号表达环境音和说话人等。

  虽然近年来各大平台上提供口述影像服务的视听作品数量呈增长趋势,但是总量仍然很少。大部分视听障碍者对视听作品的选择都是"有什么就看什么",且对视听作品类别的喜爱倾向与健常人差别不大。李东晓(2013)提到视听障碍者对视听作品的类别没有特殊偏好,最喜欢的仍然是娱乐内容为主的节目,专门为视听障碍人士制作的特殊节目也很少,在焦点小组访谈中,李东晓也认为,这类节目大部分由残联牵头,主要以宣传功能为主,不一定符合受众口味。但到目前为止,我国尚未有全国性的大规模针对视听障碍者视听作品消费习惯的社会调查。

  桂笑东提到,有些现实问题阻碍了无障碍电影的发展,如版权问题和无障碍电影的功能问题。其团队作为一个公益机构,在创作无障碍电影时还会考虑到社会需求,试图帮助视障者提高文化修养和教育水平。这与刘禹辰等(2021)所发现的中文口述影像的教育功能一致。

4.1.2 研究现状

  我国无障碍电影发展呈现实践走在理论前面的情况,首先表现在相关研究的欠缺。

李东晓认为，无障碍电影在实践方面发展快速，相较一些传统媒介和视听翻译实践，比如盲文，发生了明显的变化，表现之一是目前国内已有关于无障碍电影的项目，比如北京传媒大学的光明影院项目。肖维青和金海娜都提到当下无障碍电影研究的一个难题是发表困难，这是因为无障碍电影和媒介可及性在国内都是全新的领域，在学术界没有得到足够认可，与其主题相关的期刊也就很少。她们提到的一个解决方案是用英文写作、在国际期刊上发表。在西方，无障碍电影和媒介可及性的研究比国内发展更早、更成熟，因此如果国内相关学者选择国际期刊发表，其选择面会更广。林皓还指出，要注意国际期刊和国内期刊的学术写作范式上的区别，比如国际期刊大多会涉及理论讨论，而国内期刊可能更重视研究的社会意义和应用价值。

4.2 与无障碍电影研究相关的理论问题

4.2.1 "Audio description"的中文术语翻译

当"audio description"的实践在内地兴起时，民间使用的表述为"无障碍电影"，这是因为当时涉及的视听作品主要为电影，针对的受众为视障人群。而在港澳地区，可能是受英文"audio description"和其在西方发展模式的影响，使用的表述为"口述影像"。当内地学界开始对这一实践产生研究兴趣时，最开始使用的表达仍为"无障碍电影"，但后来可能也是受英文术语和其在西方发展模式的影响，加之港澳地区使用的表述，也开始以"口述影像"指称"audio description"。随着学界与民间的交流日益密切，后者对"口述影像"这一表述也越来越了解，并且有团队开始统一使用这一术语。桂笑东称其团队常用的表述为"口述影像"。李东晓提到她最早是将"audio description"翻译为"影像描述"，但近年来和业界交流密切，受其影响，目前主要使用的表达也是"口述影像"。

所有受访者均赞成"口述影像"是对"audio description"更准确的翻译，与"无障碍电影"有交叠但不完全相同，这既体现在中英文翻译的对等性上，也体现在对研究对象的概念界定上。首先，口述影像针对的视听作品不限于电影，也涉及电视剧、舞台剧、博物馆、体育赛事等等。若是涉及电影以外的视听作品，比如舞台剧，光影之声采取的表达是"这台节目的无障碍版"。其次，自2021年起，内地开始听障字幕的实践，且涉及的视听作品目前主要为电影。因此，无障碍电影既涉及针对视障人士的口述影像，也涉及针对听障人士的听障字幕。而业界的操作多是对一部电影同时提供这两种无障碍服务，光影之声将这种针对电影的无障碍版本称为"视听一体无障碍电影"，如果将这两种针对电影的无障碍服务区分表达，则为"助盲无障碍电影"和"助聋无障碍电影"。第三，口述影像的主要目标受众为视障群体，而无障碍电影的主要目标受众为视听障碍者。借用韩颖所在光影之声团队的表述，口述影像、听障字幕和无障碍电影的关系大概可以用下图表示。

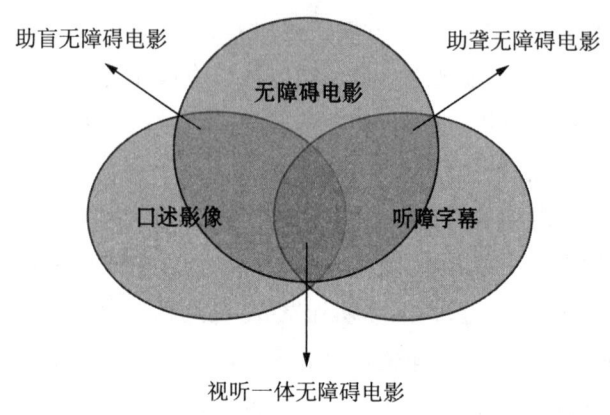

口述影像、听障字幕和无障碍电影的关系

4.2.2 "Media accessibility"的中文术语翻译

"Accessibility"在中文中多被译为"无障碍",比如《国际残疾人公约》的中文版,但所有受访者均赞同将"accessibility"译为"可及性"更为准确。无障碍理念于20世纪30年代发源于欧美国家,当时使用的表述为"barrier-free"。80年代为了建设国内的残障设施,barrier-free作为舶来词,被译为"无障碍"。"Accessibility"这一概念于1993年首次正式出现于一项残障人权利的国际文书中,即《残疾人机会均等标准规则》,与"barrier-free"相比,该概念蕴含三大变化:"从专门面向残障人群的特殊设计向面向全体人群的通用设计转变;从聚焦环境改变向聚焦能力发展转变;从特殊照顾向合理便利转变"(厉才茂,2019:68-69)。鉴于其概念的内涵与外延不同于"barrier-free",虽然"accessibility"在国内的工作实践中一般仍被译为"无障碍",参与本研究的受访者均认为将其译为"可及性""可用性"更为确切。同时,受访者认为"media"翻译为"媒介"优于翻译为"媒体",因为前者概念的内涵和外延更广。广义上讲,媒介不仅包含媒体,也包含供人交往的城市空间、供人移动的交通工具、电影院的无障碍设施等。

总的来说,受访者们均认为"media accessibility"应该译为"媒介可及性"。不过,从语用性的角度出发,不管是上文提到的"audio description"还是本节的"media accessibility",受访者都承认在不同场合,因为侧重点和受众的不同,可以使用不同的表达,比如对于不涉及学术的大众,"无障碍"可能就比"可及性"更简单直白、通俗易懂。

4.2.3 无障碍电影的跨学科性及其学科定位

所有受访者都肯定了无障碍电影及其所属的媒介可及性的跨学科性。首先,无论是媒介可及性还是无障碍电影,都必然会涉及很多学科,如翻译学、语言学、心理学、传播学、社会学、电影学、计算机科学、障碍研究(disability studies)和人权研究(human rights studies)。第二,不同学科的切入点不一样,跨学科研究方法通过引入不同学科的研究范式,比如研究理论和研究工具,有助于对同一个研究对象进行多角度的钻研,从而加强其研究的广度和深度。第三，林皓认为量化研究的引入是目前人文学科发展的一个趋势，桂笑东也提到目前国内高校主张文科和理工科结合，即学科的融合交叉。

关于如何运用跨学科研究方法或进行跨学科合作，受访者均提到一切取决于研究问题和研究对象，从而决定需要哪些不同的切入点。林皓提到，来自不同学科背景的科研人员首先需要拥有共同的研究兴趣，以各自的领域为中心，对对方领域的基本研究范式有所了解，但不必精通，从而各取所需，进行合作。林皓举了对听障人士接收听障字幕的情感过程研究为例，可能会涉及一些心理学的研究范式，比如运用脑电、眼动和量化统计。

然而，媒介可及性作为一个新的领域，其跨学科性也导致了目前对其进行学科定位的困难。受访者们均认为目前相关科研人员可以继续从各自的学科背景出发进行研究工作。张晓春基于自己在欧洲进行科研工作的经历，提到目前跨学科合作比较可行的方式之一是通过建立相关的研究小组或进行相关的科研项目，研究小组或研究项目的成员均可来自不同研究领域，也可以是从业人员或终端用户。另一个例子是桂笑东所参与的光明影院项目，2021年中国传媒大学在新闻传播学科下成立了一个无障碍信息传播研究院，目前该研究院的成员学科背景主要是传媒专业，但不排除未来会吸收来自别的学科背景的成员。而在西方，媒介可及性最开始是以口述影像和听障字幕的形式在翻译学学科下进行研究，鉴于媒介可及性的跨学科性，西方学者也开始号召应将研究从翻译学范式为主转移到其他视角（Greco，2022）。

最后，受访者均认为，媒介可及性这一领域自身的发展，必然涉及立法和制度保障、就业需求、各相关学科的共同促进，可能也会推动该领域相应的学科设置、知识生产和技能培训等。当这一新领域发展足够成熟后，也可能会成为一门独立的学科。

4.3 与无障碍电影的未来发展相关的问题

4.3.1 理论与实践的关系

关于无障碍电影实践和理论的关系，第一，受访者均认为我国无障碍电影呈现实践发展先于并快于相关研究发展的情况，而从事相关研究的科研人员缺乏无障碍电影的实践经验。第二，金海娜和李东晓指出，虽然一定程度的实践经验可能会有助于科研工作的开展，但不同研究问题对研究者的实践了解程度的要求不一样。一些反思性为主的研究——比如历史研究，对科研人员的实践经验要求不高。第三，林皓、张晓春和桂笑东都提到了研究价值、受众需求和研究条件彼此相关，却不完全对应。张晓春主张在科研中结合"自上而下"和"自下而上"两种视角，前者指研究者自己所判断的具有研究价值的课题，后者指与受众交流中受众所反映的需求。林皓、张晓春和桂笑东均提到了在无障碍研究中，对受众的了解非常重要，但同时研究条件或资源也会对研究工作有所限制，比如资金、人力、技术、无障碍电影的版权问题等。桂笑东作为无障碍电影的科研人员和实践者,基于自身经验总结了科研和实践的关系:熟悉理论,了解需求,用实践去倒逼,然后再去服务社会。

关于如何解决无障碍电影研究和实践割离的问题,受访者提到了以下可能性:首先,科研人员和实践者要保持开放包容的心态;当无障碍电影有了一个相对成熟的就业市场后,科研人员和实践者合作在高校进行与无障碍电影相关的培训,从而满足就业需求;举办一些讲座、会议、培训,给普通大众和科研人员一个进行交流的平台,让普通人有机会了解、参与到科研工作中;科研人员若有机会,可以基于自己的研究经验,参与到无障碍电影相关制度、规范、标准的制定中。科研人员与障碍群体之间的合作交流也能促进双方对彼此工作的了解——实践者提升自己的理论修养,科研人员加强对实践的了解,从而有助于双方进一步长期合作,形成以理论指导实践、以实践为基础发展理论的良性关系。此外,林皓还提到了让受众,即视听障碍者参与到科研工作中,也是对这个群体进行赋权的一种方式。

4.3.2 科技与无障碍电影

首先,所有受访者均对科技发展对无障碍电影和媒介可及性的推动作用持乐观的态度。李东晓认为,技术的演进为无障碍(可及性)服务的发展带来挑战与机遇:因为新的媒介形式不断出现的同时,不可避免地为障碍群体带来了新的不同形式的障碍;同时,技术的发展会改变无障碍服务的一些形态、方式、难度和受众,使得一些原有的障碍问题更容易被解决,比如,微信中语音转换文字功能对听障群体的帮助。这与西方学者格列柯的意见一致,他认为信息及通信技术的发展,一方面会造成新的不平等,一方面又是推动无障碍(可及性)发展的重要条件(Greco, 2019)。具体到口述影像,韩颖举例了人工智能语音对其工作的助益。肖维青和董琳娜(2020)也发现,基于接受调查,视障用户对于语音合成的口述影像持支持态度。张晓春和李东晓都提到,在技术更迭的过程中,相关方应当从开发设计新技术或新产品的最初阶段,就将无障碍作为一个考量的因素,从而更好地服务于受众,这与格列柯(Greco, 2018/2019)主张的从被动到主动的方法转变(a shift from reactive to proactive approaches)一致。桂笑东也提到了在发行视听作品时同时发行其无障碍版本的可能性。最后,肖维青和金海娜都提到了技术的发展对科研工作也能起到促进作用,比如一些研究工具的使用,如眼动、脑电等。

4.3.3 无障碍电影的未来发展

韩颖提到目前国内无障碍电影的发展到达了一个由量变到质变的关键阶段,充满了机遇与挑战,随着社会对无障碍电影的了解度和需求量的增大,无障碍电影的数量在增加,但质量却参差不齐。无障碍电影的质量保证涉及诸多因素。首先,我国没有统一的无障碍电影制作标准,韩颖强调解说词的撰写应该作为制定标准的重点。其次,我国无障碍电影的制作主要依赖于志愿者的工作,而志愿者人数有限且流动性大,这可能会导致无障碍电影的质量不能得到保障。韩颖提到虽然社会对这一服务的关注与呼吁在增加,但专业或兼职撰稿人仍然十分缺乏。面对这一困境,桂笑东提到了无障碍电影产业化、市场化、标准化、职业化的需要。桂笑东、李东晓和张晓春都强调了无障碍电影的产业化会推动一个相对成熟的就业市场的形成,从而带动无障碍电影的科研和相关从业人员培训的发展。

另外,从以受众为中心的视角出发,肖维青和金海娜都提到了接受研究的重要性。肖维青认为无障碍电影和受众的互动关系也十分值得研究,因为受众既可以是终端用户,还可以是无障碍电影制作的发起人或参与者。这与格列柯(Greco, 2018/2019)所提到观点相符,他表示无障碍(可及性)相关领域发展经历了以制造者为中心到以用户为中心的转变(a shift from a maker-centred to a user-centred)。肖维青和韩颖均提到可以研究中国无障碍电影的发展史,从而对我国无障碍电影的发展有宏观全局的认识。她们还认为可以对中西方无障碍电影的发展及现状进行对比研究,这既有益于借鉴国外经验,比如某些有争议性的撰稿问题,如主客观问题,在国外视听翻译范畴下已经被广泛探讨过;也有助于向海外推广我国无障碍电影的实践。

5 结论与展望

本文采用焦点小组的研究方法,首次将七位来自不同学科的学者和无障碍电影践行者聚集在一起,对无障碍电影及其相关论题进行了深入探讨。受访者均对无障碍电影在我国的发展持乐观态度,并肯定了其商业化的前景。受访者认同"口述影像"和"媒介可及性"这两个术语的翻译,肯定了无障碍电影研究的跨学科性和系统性。本研究的受访者希望通过对无障碍电影的相关术语表述、国内发展现状和研究方向进行的初步探索,推动视听翻译相关研究发展,并对翻译研究的学科版图贡献新的视角。

参考文献

[1] Chmiel, A. & Iwona, M. 2017. IO1 report: assessment of current AD training practices [R]. [2022-3-10] https://www.adlabpro.eu/wpcontent/uploads/2017/12/20170608_uam_io1_report.pdf., 2017-6-8.

[2] Greco, G. M. 2018. The Nature of Accessibility Studies [J]. *Journal of Audiovisiual Translation*, 1(1): 205-232.

[3] Greco, G. M. 2019. Accessibility Studies: Abuses, Misuses and the Method of Poietic Design [A]. In C. Stephanidis (Ed.). *HCI International 2019. Late Breaking Papers* [C]. Cham: Springer International Publishing, 15-27.

[4] Greco, G. M. 2022. The question of accessibility [A]. In C. Taylor & E. Perego (Eds.). *The Routledge Handbook of Audio Description* [M]. London/New York: Routledge, 13 - 26.

[5] Greco, G. M. & A. Jankowska. 2019. Framing media accessibility quality [J]. *Journal of Audiovisual Translation*, 2(2):1 - 10.

[6] Greco, G. M. & A. Jankowska. 2020. Media Accessibility within and beyond Audiovisual Translation [A]. In Ł. Bogucki & M. Deckert (Eds.). *The Palgrave Handbook of Audiovisual Translation and Media Accessibility* [M]. London: Palgrave MacMillan, 57 - 81.

[7] Leung, H. C. D. 2018. *Audio description of audiovisual programmes for the visually impaired in Hong Kong* [D]. Doctoral dissertation, University College London, London.

[8] Liu, Y., Casas-Tost, H. & S. Rovira-Esteva. 2022. Made in China versus Made in Spain. A corpus-based study comparing AD in Chinese and Spanish [J]. *JostTrans: Journal of Specialized Translation*, 38:180.

[9] Liu, Y., Rovira-Esteva, S. & H. Casas-Tost. 2021. Localising AD scripts from Spanish into Chinese: guidelines for good practices [R]. Presentation at the 7th IATIS Conference, Universitat Pompeu Fabra, Barcelona.

[10] Liu, Y. & I. Tor-Carroggio. 2022a. A Contrastive Analysis of Audio Description Scripts in Chinese and Spanish: A Pilot Study [A]. In C. Taylor & E. Perego (Eds.). *The Routledge Handbook of Audio Description* [M]. London/New York: Routledge, 460 - 475.

[11] Liu, Y. & I. Tor-Carroggio. 2022b. *Comer, Beber, Amar* … y Comparar. Análisis Contrastivo de la Audiodescripción en Chino y Español: Un Estudio de Caso [*Eat Drink Man Woman* … and compare. A contrastive analysis of audio description in Chinese and Spanish: A case study] [J]. *Onomazein*, (57):84 - 101.

[12] Saldanha, G. & S. O'Brien. 2014. *Research Methodologies in Translation Studies* [M]. London/New York: Routledge.

[13] Tor-Carroggio, I. 2020. T(ime) T(o) S(tart) Synthesising AD in China? Results of a Reception Study [J]. *The Journal of Specialised Translation*, (34):171 - 191.

[14] Tor-Carroggio, I. 2021. The Customer is Always Right: Study on Chinese Persons with Sight Loss' Opinion on Their Experience with Audio Description [J]. *Disability & Society*, 36(2):306 - 325.

[15] Tor-Carroggio, I. & H. Casas-Tost. 2020. Who Is Currently Audio Describing in China? A Study of Chinese Audio Describer Profiles [J]. *MonTI. Monografías de Traducción e Interpretación*, (12):78 - 107.

[16] Tor-Carroggio, I. & G. Vercauteren. 2020. When East Meets West: A Comparison of Audio Description Guidelines in China and Europe [J]. *Hikma*, 19(1):167 - 86.

[17] Yeung, J. 2007. Audio Description in the Chinese World [A]. In J. D. Cintas, P. Orero & A. Remael (Eds.). *Media for All: Subtitling for the Deaf, Audio Description, and Sign Language* [C]. Amsterdam: Rodopi, 231 - 244.

[18] 蔡斐,王啸洋,2021.《马拉喀什条约》与我国著作权法的衔接[J].青年记者,(23):77-79.
[19] 高晓虹,陈欣钢,2019.光明影院:无障碍视听传播的研究与实践[J].中国编辑,(3):4-7+25.
[20] 郭芯宁,2021.著作权法与图书馆无障碍服务研究——以修改后的《著作权法》为视角[J].图书馆学刊,43(4):6-8+35.
[21] 蒋莉华,李颖,2020.翻译研究新动向:口述影像的多模态分析[J].外语教学,41(5):99-103.
[22] 李东晓,熊梦琪,2017."可及"之后:新媒体的无障碍传播研究与反思[J].浙江学刊,(6):199-206.
[23] 李东晓,熊梦琪,2019.新中国信息无障碍70年:理念、实践与变迁[J].浙江学刊,(5):14-23.
[24] 李东晓,2020.感官的延伸:新媒体的无障碍传播[M].北京:社会科学文献出版社.
[25] 李东晓,2013.影视媒体的无障碍传播研究:听见看见[M].杭州:浙江大学出版社.
[26] 厉才茂,2019.无障碍概念辨析[J].残疾人研究,(4):64-72.
[27] 罗康特,鄢秀,2021.作者口述影像的理论与实践[J].东方翻译,(4):67-72.
[28] 罗杏芬,2019.公共图书馆无障碍电影口述脚本研究——以广东省立中山图书馆"心聆感影"项目为例[J].图书馆学研究,(17):86-90.
[29] 马卫,2020.无障碍电影:向善向美之路[M].上海:上海人民出版社.
[30] 潘祥辉,李东晓,2013.绘声绘色:中国无障碍电影的发展现状及展望[J].浙江学刊,(4):188-198.
[31] 孙祯祥,2008.构建无障碍网络信息环境的研究[J].图书情报工作,52(9):5.
[32] 王迁,2013.论《马拉喀什条约》及对我国著作权立法的影响[J].法学,(10):51-63.
[33] 吴宗艺,谢桢桢,2015.中国视障口述影像服务的发展现状与大陆推广[J].新闻研究导刊,6(10):20-21+34.
[34] 王莉,2021.中国无障碍电影发展特点与瓶颈探析[J].新闻研究导刊,12(22):215-217.
[35] 肖维青,董琳娜,2020.视听翻译新发展:语音合成在口述影像中的应用——基于针对视障人士的接受实验与调查[J].东方翻译,(2):24-30.
[36] 鄢秀,罗康特,2019.新时代的翻译研究:口述影像理论与实践的重要性[J].东方翻译,(4):8-12+24.
[37] 袁伟,2018.中国电视手语主持发展40年[J].中国广播电视学刊,(12):86-89.
[38] 赵希婧,李超鹏,2021.无障碍视听传播的实践创新与发展趋势——以"光明影院"项目为例[J].青年记者,(7):70-72.
[39] 赵雅丽,2002.言语世界中的流动光影:口述影像的理论建构[M].台北:五南图书出版公司.

(责任编辑 吴天楚)

《翻译研究》征稿启事

　　《翻译研究》是以翻译理论探索为主的学术出版物，由南京大学外国语学院主办，2023 年正式创刊，刘云虹教授担任主编，上海译文出版社出版，每年出版两辑。

　　南京大学外国语学院历史悠久，底蕴深厚。作为近代中国公立高等学校开办最早的外语专业之一，南京大学外语专业自创办起就倡导中西文化融通，促进中外文学、文化与思想的交流与互鉴，涌现出闻一多、吴宓、梅光迪、楼光来、柳无忌、范存忠、陈嘉、徐仲年、何如、张威廉等一大批知名学者，在翻译与跨文化研究方面引领全国潮流。改革开放以来，张柏然、许钧等教授在翻译实践、翻译研究、翻译人才培养等方面不断探索、不懈努力，取得斐然成绩，奠定了南京大学翻译学科的特色与优势。《翻译研究》的创办，正是为继承与发扬这一优良传统，为国内外有志从事翻译理论探索的研究者提供交流平台，推动中国翻译学科的发展。

　　《翻译研究》常设翻译观察、译论探索、译史研究、译家研究、文学翻译研究、译介与传播研究、术语翻译研究、翻译教学研究、翻译技术研究、学术访谈、书刊评介等栏目，实行编辑部初审、专家匿名外审、主编终审相结合的三审制度，欢迎广大学人来稿。来稿敬请遵循以下要求：

　　1. 仅接受研究性论文，不接受翻译实践或文学创作类稿件。

　　2. 论文须为首发，未在其他刊物、书籍和网络等媒体上公开发表过，每篇字数在 8 000—12 000 字为宜，长文不超过 15 000 字。

　　3. 来稿请提供中英文标题、摘要、关键词，如为各类基金项目阶段性成果，请提供项目信息。摘要 200—300 字为宜，关键词 3—5 个为宜。论文体例请参照本书及南京大学《外国语文研究》格式。

　　4. 本刊审稿时间为 3 个月，来稿超过审稿周期而未收到编辑部通知，可自行处理。对录用的稿件，本刊不收取任何形式的版面费。论文发表后，将寄送作者样书两册。

　　5. 来稿文责自负，严禁侵权与学术不端等行为。

　　6. 仅接受邮箱投稿，投稿邮箱为：nju_fyyj@163.com。请在邮件主题中注明"《翻译研究》投稿"。

图书在版编目(CIP)数据

翻译研究.第一辑 / 刘云虹主编.—上海：上海译文出版社,2023.6
(翻译研究)
ISBN 978 - 7 - 5327 - 9350 - 1

Ⅰ.①翻… Ⅱ.①刘… Ⅲ.①翻译-研究 Ⅳ.
①H059

中国国家版本馆 CIP 数据核字(2023)第 099851 号

翻译研究(第一辑)
文学译介与文化传播
刘云虹　主编
责任编辑/张颖　张嫣　　装帧设计/董茹嘉

上海译文出版社有限公司出版、发行
网址:www.yiwen.com.cn
201101　上海市闵行区号景路 159 弄 B 座
上海中华印刷有限公司印刷

开本 787×1092　1/16　印张 12.75　插页 2　字数 229,000
2023 年 6 月第 1 版　2023 年 6 月第 1 次印刷

ISBN 978 - 7 - 5327 - 9350 - 1/G・249
定价:68.00 元

本书专有出版权为本社独家所有,非经本社同意不得转载、摘编或复制
如有质量问题,请与承印厂质量科联系。T:021-60299079